금융사지배구조법

이상복 (서강대)
김선호 (딜로이트 책무구조도 지원센터)

박영사

머리말

이 책은 금융사지배구조법이 규율하는 금융사지배구조 등에 관하여 다루었다. 이 책은 다음과 같이 구성되어 있다. 제1편에서는 금융사지배구조법의 목적, 성격과 법원을 다루고, 제2편에서는 임원의 자격요건, 주요업무집행책임자, 임원 등 겸직을 다루었으며, 제3편에서는 이사회의 구성 및 운영, 이사회내 위원회를 다루었다. 또한 제4편에서는 내부통제 및 위험관리를 다루고, 제5편에서는 대주주 변경승인제도, 최대주주의 자격심사(대주주의 적격성 심사), 소수주주의 권리행사의 특례를 다루었으며, 제6편에서는 처분 및 제재절차, 형사제재, 과태료를 다루었다.

이 책을 집필하면서 다음과 같은 점들에 유념하였다.

첫째, 이해의 편의를 돕고 실무자들의 의견을 반영하여 법조문 순서에 구애받지 않고 법률뿐만 아니라, 시행령, 금융회사 지배구조 감독규정의 내용을 반영하였다.

둘째, 이론을 생동감 있게 하는 것이 법원의 판례임을 고려하여 판례를 반영하고, 금융사지배구조법의 적용이 금융위원회에서 많이 이루어지는 점을 고려하여 금융위원회의 유권해석과 비조치의견서를 "금융위원회 질의회신" 형태로 반영하였다.

셋째, 실무에서 금융위원회가 2006년 발간한 "금융회사의 지배구조에 관한 법률 주요 내용"과 "금융회사의 지배구조에 관한 법률 설명서"가 이용되는 점을 감안하여 주요 내용을 반영하였다.

이 책의 책무구조도 부분은 딜로이트 책무구조도 지원센터의 장형수 부대표, 임규동 전무, 김선호 상무와의 여러 차례 회의를 거쳐 금융위원회의 유권해석이 실무상 중요한 점을 인식하고 유권해석의 대부분을 반영하였다. 특히 책무구조도 실무와 관련해 법 해석을 추가했는데, 이는 김선호 상무의 지원이

컸다.

　이 책을 출간하면서 감사드릴 분이 있다. 바쁜 일정 중에도 초고를 읽고 조언과 논평을 해준 딜로이트 책무구조도 지원센터의 장형수 부대표, 임규동 전무에게 감사드린다. 김선민 이사가 정성을 들여 편집해주고 제작 일정을 잡아 적시에 출간이 되도록 해주어 감사드린다. 출판계의 어려움에도 출판을 맡아준 박영사 안종만 회장님과 안상준 대표님께 감사의 말씀을 드린다.

2025년 5월
공저자를 대표하여
이상복

차 례

제 1 편 서 론

제1장 금융사지배구조법의 목적과 성격

제1절 금융사지배구조법의 목적 ·· 1

제2절 금융사지배구조법의 성격 ·· 2

제3절 금융사지배구조법의 적용범위 ···································· 2

   Ⅰ. 금융사지배구조법 적용 배제 금융회사 ················· 2

   Ⅱ. 외국금융회사의 국내지점에 대한 적용규정 ··········· 4

   Ⅲ. 소규모 금융회사에 대한 적용 배제 규정 ·············· 6

      1. 관련 규정 ·· 6

      2. 소규모 금융회사의 적용범위 ······················· 8

      3. 소규모 금융회사의 사외이사 추천 ················ 9

제4절 금융사지배구조법과 다른 법률과의 관계 등 ············ 9

   Ⅰ. 다른 법률과의 관계 ······································· 9

      1. 금융관계법령 ··· 9

      2. 상법의 특별법 ··· 11

   Ⅱ. 권한의 위탁 ··· 11

      1. 위탁사무 ·· 11

      2. 업무처리 결과의 보고 ································· 12

   Ⅲ. 민감정보 및 개인식별번호의 처리 ···················· 12

   Ⅳ. 공시 ·· 13

      1. 공시사항 ·· 13

2. 소수주주권 행사의 공시 ·· 13

3. 위반시 제재 ·· 13

제2장 금융사지배구조법의 연혁

제1절 제정배경 ·· 14

Ⅰ. 제정이유 ·· 14

Ⅱ. 주요내용 ·· 14

제2절 2017년 4월 18일 개정(법률 제14818호) ······································ 16

제3절 2024년 1월 2일 개정(법률 제19913호) ······································· 17

제3장 금융사지배구조법의 법원

제1절 금융사지배구조법 ·· 17

제2절 관련 법규 및 판례 ·· 18

Ⅰ. 법령 및 규정 ··· 18

1. 법령 ··· 18

2. 규정 ··· 18

Ⅱ. 판례 ·· 18

제 2 편 임 원

제1장 임원의 자격요건

제1절 임원의 자격요건 ·· 19

Ⅰ. 임원의 범위 ··· 19

1. 이사 ··· 19

2. 업무집행책임자 ··· 19

Ⅱ. 임원의 결격사유 ··· 23

1. 미성년자 등 ··· 23

2. 파산선고 후 미복권자 ·· 23

3. 금고 이상의 실형 선고 후 5년 미경과한 자 ······················· 23

4. 금고 이상의 형의 집행유예를 선고받고 그 유예기간 중에
있는 자 ··· 23

5. 벌금 이상의 형을 선고받고 그 집행이 끝나지 아니한 자 등·· 23

6. 영업의 허가·인가·등록 등의 취소 조치를 받은 날부터 5년
미경과자 ·· 24

7. 임직원 제재조치를 받은 날부터 일정 기간 미경과자 ·········· 25

8. 공익성 및 건전경영과 신용질서를 해칠 우려가 있는 자 ········ 29

Ⅲ. 임원의 자격 상실 여부 ·· 31

1. 자격 상실 ·· 31

2. 자격 유지 ·· 31

Ⅳ. 내부통제등 관리의무를 부담하는 임원의 자격 ····················· 31

제2절 사외이사의 자격요건 ·· 33

Ⅰ. 사외이사의 결격사유 ·· 33

1. 최대주주 및 그의 특수관계인 ·· 33

2. 주요주주 및 그의 배우자와 직계존속·비속 ························· 33

3. 금융회사 또는 그 계열회사의 상근 임직원 또는 비상임이사
등 ··· 34

4. 해당 금융회사 임원의 배우자 및 직계존속·비속 ·············· 36

5. 해당 금융회사 임직원이 비상임이사로 있는 회사의 상근
임직원 ·· 36

6. 해당 금융회사와 중요한 거래관계 등에 있는 법인의 상근
임직원 등 ·· 36

7. 해당 금융회사에서 6년 이상 사외이사로 재직한 기간을
합산하여 9년 이상인 사람 등 ·· 40

8. 금융회사의 사외이사로서 직무를 충실하게 이행하기 곤란한
사람 등 ·· 42

Ⅱ. 사외이사의 자격상실 ·· 45

Ⅲ. 사외이사의 전문 자격 ·· 45

제3절 임원의 자격요건 적합 여부 보고 등 ·· 46

Ⅰ. 임원의 자격요건 충족 여부 확인 ·························· 46

Ⅱ. 임원선임·해임 등의 공시와 보고 ·························· 46

　　1. 공시 ·· 47

　　2. 보고 ·· 48

Ⅲ. 위반시 제재 ·· 49

제2장 주요업무집행책임자

제1절 주요업무집행책임자의 임면 등 ·························· 50

Ⅰ. 임면 등 ·· 50

　　1. 임면과 업무내용 ·· 50

　　2. 주요업무집행책임자 범위 ································ 51

　　3. 주요업무집행책임자 요건 ································ 52

Ⅱ. 임기 ·· 52

Ⅲ. 위임 규정 준용 ·· 53

Ⅳ. 위반시 제재 ·· 53

제2절 주요업무집행책임자의 이사회 보고 ···················· 53

제3장 임원 등 겸직

제1절 겸직제한 ··· 54

Ⅰ. 상근 임원의 겸직 ·· 54

　　1. 영리법인의 상시적인 업무종사 제한 ···················· 54

　　2. 영리법인의 상시적인 업무종사 허용 ···················· 55

Ⅱ. 상근 임원의 다른 회사의 상근 임직원 겸직 허용 ·········· 55

Ⅲ. 은행 임직원의 다른 은행 등의 겸직제한 ·················· 56

Ⅳ. 금융지주회사 및 그 자회사등의 임직원의 겸직허용 ········ 57

　　1. 관련 규정 ·· 57

　　2. 대통령령으로 정하는 회사 ······························ 58

　　3. 대통령령으로 정하는 경우 ······························ 58

　　4. 자회사등의 준법감시인 또는 위험관리책임자 겸직 ········ 58

Ⅴ. 위반시 제재 ·· 59

제2절 겸직 승인 및 보고 등 ··································· 61

Ⅰ. 임직원의 겸직 승인 ······································ 61

1. 겸직기준 ··· 62

2. 겸직승인신청서의 제출 ······················· 63

3. 겸직승인의 심사 ································· 64

4. 승인 심사기간의 제외 ·························· 64

Ⅱ. 임직원의 겸직 보고 ······································ 65

1. 필요적 보고사항 ································· 65

2. 임의적 보고사항 ································· 69

3. 보고서류와 보고기한 ·························· 72

4. 임직원의 겸직시 보고의 주체 ··············· 72

Ⅲ. 임원의 겸직 보고 ·· 75

1. 필요적 보고사항 ································· 75

2. 보고서류 제출과 보고기한 ··················· 76

Ⅳ. 임직원 겸직 제한 또는 시정명령 ··················· 82

Ⅴ. 금융지주회사와 자회사등의 손해배상책임 ········· 82

1. 원칙: 연대책임 ··································· 82

2. 예외: 손해배상책임의 배제 ··················· 82

Ⅵ. 위반시 제재 ··· 82

제 3 편   이사회

제1장 이사회의 구성 및 운영 등

제1절 이사회의 구성 ··· 83

Ⅰ. 사외이사 구성요건 ······································ 83

1. 최저 사외이사의 수와 선임의무 ············· 83

2. 사외이사의 수 ··································· 83

Ⅱ. 사외이사 구성요건 미달과 충족 조치 ··············· 84

Ⅲ. 위반시 제재 ·· 84

제2절 이사회 의장의 선임 등 ··· 85
Ⅰ. 이사회 의장 선임의무 ··· 85
1. 원칙: 매년 사외이사 중 이사회 의장 선임의무 ························· 85
2. 예외: 사외이사 아닌 자 중 이사회 의장 선임과 선임사외이사
별도 선임의무 ··· 85
Ⅱ. 선임사외이사의 업무 ··· 86
Ⅲ. 금융회사 및 그 임직원의 협조의무 ·· 86
Ⅳ. 위반시 제재 ·· 86

제3절 이사회의 운영 등 ··· 86
Ⅰ. 지배구조내부규범 마련 의무 ·· 86
1. 지배구조내부규범의 필요적 포함사항 ······························ 87
2. 금융지주회사의 자회사등의 지배구조내부규범 반영사항 결정 ·· 88
3. 지배구조내부규범의 작성 ·· 88
Ⅱ. 지배구조내부규범의 공시의무 ·· 89
1. 지배구조내부규범의 제정 또는 변경 ······························ 90
2. 지배구조 연차보고서 ·· 90
Ⅲ. 지배구조내부규범 작성 및 공시와 준수사항 ································· 92
Ⅳ. 위반시 제재 ·· 93

제4절 이사회의 권한 ··· 93
Ⅰ. 이사회의 심의·의결사항 ·· 93
Ⅱ. 정관 규정 ··· 95
Ⅲ. 위임 사항 ··· 95
Ⅳ. 이사회의 대표이사 등의 내부통제등 총괄 관리의무 이행 감독 ····· 96

제2장 이사회내 위원회

제1절 이사회내 위원회의 설치 및 구성 ··· 96
Ⅰ. 이사회내 위원회의 설치의무 ·· 96
Ⅱ. 보수위원회의 설치 여부 ·· 98

Ⅲ. 내부통제위원회의 설치 생략 ································· 99

Ⅳ. 이사회내 위원회의 구성 ································· 99

Ⅴ. 이사회내 위원회의 대표 ································· 99

Ⅵ. 위반시 제재 ··· 99

제2절 임원후보추천위원회 ·································· 100

Ⅰ. 임원후보의 추천 ·· 100

Ⅱ. 임원후보추천위원회의 구성 ···························· 100

Ⅲ. 주주총회 또는 이사회의 임원선임과 임원후보추천위원회의 추천 ·· 100

Ⅳ. 사외이사 후보 추천과 주주제안 ······················ 101

Ⅴ. 위원의 의결권행사 제한 ································ 101

Ⅵ. 적용 배제 ·· 102

Ⅶ. 위반시 제재 ·· 102

제3절 사외이사에 대한 정보제공 ························· 102

Ⅰ. 정보제공의 방법 ··· 102

Ⅱ. 사외이사의 정보제공 요청과 금융회사의 제공의무 ········ 103

Ⅲ. 위반시 제재 ·· 103

제4절 감사위원회의 구성 및 감사위원의 선임 등 ········ 103

Ⅰ. 감사위원회의 구성요건 ·································· 103

　　1. 감사위원회의 구성과 자격 ······················· 103

　　2. 사외이사가 감사위원의 2/3 이상 ················· 104

Ⅱ. 감사위원회의 구성요건 미달과 충족 조치 ············· 104

Ⅲ. 감사위원 후보의 추천 ··································· 105

Ⅳ. 감사위원이 되는 사외이사의 분리 선임 ··············· 105

Ⅴ. 감사위원의 선임·해임 권한 ····························· 105

　　1. 감사위원의 선임 또는 해임 ······················ 105

　　2. 감사위원이 되는 이사 선임 ······················ 105

Ⅵ. 최대주주 등의 의결권행사의 제한 ···················· 106

Ⅶ. 상근감사의 설치 여부 ··································· 107

　　1. 상근감사 설치의무 금융회사 ····················· 107

2. 상근감사 설치 의무배제 금융회사: 감사위원회 설치 금융회사
·· 108
3. 상근감사 선임과 의결권행사 제한 ······················ 108
Ⅷ. 상근감사 및 사외이사가 아닌 감사위원의 자격요건 ·············· 108
Ⅸ. 위반시 제재 ·· 108

제5절 감사위원회 또는 감사에 대한 지원 등 ······················· 109
Ⅰ. 전문가의 조력 요구권 ·· 109
Ⅱ. 업무지원 부서의 설치의무 ·· 109
Ⅲ. 업무내용 보고 ·· 110
Ⅳ. 감사위원에 대한 정보제공 ·· 110
1. 정보제공의 방법 ··· 110
2. 감사위원 또는 감사의 정보제공 요청과 금융회사의 제공의무·· 111
Ⅴ. 위반시 제재 ·· 111

제6절 위험관리위원회 ·· 111

제7절 보수위원회 및 보수체계 등 ··· 116
Ⅰ. 보수위원회의 심의·의결사항 ··· 116
Ⅱ. 보수체계의 마련 의무 ·· 118
Ⅲ. 성과보수의 지급 ·· 119
1. 성과보수의 이연지급 ··· 119
2. 성과보수의 산정 ··· 120
3. 성과보수 이연지급 대상의 기준 ····························· 121
4. 성과보수 지급 방식 ··· 121
Ⅳ. 연차보고서 ··· 123
1. 지배구조 연차보고서의 공시 ·································· 123
2. 지배구조 연차보고서의 필요적 포함사항 ··················· 123
3. 보수체계 연차보고서의 공시 ·································· 124
4. 보수체계 연차보고서의 필요적 포함사항 ··················· 125
Ⅴ. 위반시 제재 ·· 126

제8절 내부통제위원회 ·· 126
Ⅰ. 내부통제위원회의 심의·의결사항 ···································· 126

Ⅱ. 내부통제위원회의 점검·평가 등 ···································· 127

Ⅲ. 내부통제위원회가 아닌 감사위원회 또는 위험관리위원회의 담당

사항 ··· 127

제9절 금융지주회사의 완전자회사등의 특례 ······················· 127

Ⅰ. 사외이사 미설치 또는 이사회내 위원회 미설치 ············· 127

1. 관련 규정 ·· 127

2. 사외이사 선임의 금지 여부 ·· 129

3. 임원후보추천위원회 설치 ··· 129

Ⅱ. 상근감사 선임의무 ·· 130

Ⅲ. 상근감사의 자격요건 ·· 130

제4편 내부통제 및 위험관리 등

제1장 내부통제

제1절 내부통제기준 ··· 131

Ⅰ. 내부통제기준 마련의무 ··· 131

Ⅱ. 내부통제기준의 필요적 포함사항 등 ·································· 132

1. 내부통제기준의 필요적 포함사항 ···································· 132

2. 내부통제기준의 설정·운영기준 준수의무 ······················ 136

Ⅲ. 내부통제 전담조직의 마련의무 등 ····································· 138

1. 지원조직 구성·유지와 준법감시인의 직무수행 지원 ·········· 138

2. 지점장의 내부통제업무의 적정성 점검 및 대표이사 보고 등 ·· 138

3. 관련협회등의 표준내부통제기준의 제정 및 권고 ··············· 138

Ⅳ. 위반시 제재 ·· 138

제2절 준법감시인 ··· 144

Ⅰ. 준법감시인의 임면 등 ·· 144

1. 준법감시인의 설치 ·· 144

2. 준법감시인의 선임과 해임 ·· 145

3. 준법감시인의 임기 ·· 148
4. 별도의 보수지급 및 평가 기준 마련·운영의무 ················ 150
5. 위반시 제재 ··· 150
Ⅱ. 준법감시인의 자격요건 ·· 151
1. 준법감시인의 자격 ·· 151
2. 준법감시인의 자격상실 사유 ·· 152

제2장 위험관리

제1절 위험관리기준 ·· 153
Ⅰ. 위험관리기준 마련의무 ·· 153
Ⅱ. 위험관리기준의 필요적 포함사항 ··· 153
1. 금융회사의 경우 ··· 153
2. 금융회사가 금융투자업자인 경우 ······································· 154
Ⅲ. 위험관리 전담조직 마련의무 ··· 155
1. 일반 금융회사: 위험관리 전담조직의 구성·유지와 위험관리
책임자의 직무수행 지원 ·· 155
2. 소규모 금융회사: 위험관리책임자 본인만으로 위험관리 조직
운영 ·· 155
3. 내부통제 및 위험관리 전담조직 ··· 155
Ⅳ. 위반시 제재 ··· 156

제2절 위험관리책임자 ··· 156
Ⅰ. 위험관리책임자의 설치 ·· 156
Ⅱ. 위험관리책임자의 임면, 임기 등 ··· 157
1. 위험관리책임자의 선임과 해임 ··· 157
2. 위험관리책임자의 임기 ·· 159
3. 별도의 보수지급 및 평가 기준 마련의무 ···························· 160
Ⅲ. 위험관리책임자의 자격요건 ··· 160
1. 위험관리책임자의 자격 ·· 160
2. 위험관리책임자의 자격상실 사유 ·· 162
Ⅳ. 위반시 제재 ··· 162

제3절 선관의무와 겸직금지 ·· 163

　Ⅰ. 겸직금지 업무 ··· 163

　Ⅱ. 위험관리책임자 겸직 ·· 176

　Ⅲ. 위반시 제재 ·· 177

제4절 금융회사의 의무 ··· 177

　Ⅰ. 직무의 독립 수행 보장의무 ··· 177

　Ⅱ. 임면 보고 ··· 178

　　1. 보고기한 ·· 178

　　2. 보고 내용 ·· 178

　Ⅲ. 자료 또는 정보 제출 요구시 응할 의무 ································· 178

　Ⅳ. 부당한 인사상 불이익 금지의무 ·· 178

　Ⅴ. 위반시 제재 ·· 179

제3장 임원의 내부통제등 관리의무 등

제1절 임원의 내부통제등 관리의무 ·· 179

　Ⅰ. 임원의 관리조치 ··· 179

　　1. 대통령령으로 정하는 임원 ··· 180

　　2. 대통령령으로 정하는 직원 ··· 180

　　3. 대통령령으로 정하는 관리조치 ··· 180

　Ⅱ. 임원의 대표이사등에 대한 보고사항 ····································· 181

　Ⅲ. 관리조치와 보고 등에 관한 사항 ··· 181

제2절 책무구조도 ·· 181

　Ⅰ. 책무구조도의 도입배경 ·· 182

　Ⅱ. 대표이사등의 책무구조도 마련의무 ······································· 183

　　1. 책무구조 관련 법령 ··· 183

　　2. 책무의 구체적인 내용 ·· 183

　Ⅲ. 책무구조도의 구비 요건 ·· 185

　Ⅳ. 책무구조도 마련과 이사회 의결 ·· 186

　Ⅴ. 책무구조도의 제출 및 정정 또는 보완 요구 ························· 186

　　　　1. 책무구조도의 제출의무 ·· 186

　　　　2. 책무구조도의 정정 또는 보완 요구 ································· 188

　　Ⅵ. 책무구조도의 기재내용 변경 ·· 188

　　Ⅶ. 책무구조도의 작성방법 등 ·· 188

　　　　1. 책무구조도 작성시 준수의무 ·· 189

　　　　2. 책무구조도의 제출기간 ·· 189

　　　　3. 책무구조도의 제출 양식 ·· 189

제3절 대표이사등의 내부통제등 총괄 관리의무 ····················· 190

　　Ⅰ. 대표이사등의 총괄 관리조치의 내용 ····························· 190

　　Ⅱ. 대표이사등의 이사회 보고사항 ··· 192

제 5 편　대주주의 건전성 유지 등

제1장 서설

제2장 대주주 변경승인제도

제1절 의의 ·· 196

제2절 승인대상 ·· 198

제3절 승인요건과 승인신청 ·· 201

　　Ⅰ. 승인요건 ·· 201

　　Ⅱ. 승인신청 ·· 202

제4절 승인심사기간 ·· 203

　　Ⅰ. 원칙 ·· 203

　　Ⅱ. 예외 ·· 203

제5절 사후승인과 보고대상 ·· 204

　　Ⅰ. 사후승인 ·· 204

Ⅱ. 보고대상 ·· 204

제6절 의결권행사 제한 및 처분명령 ································ 205

Ⅰ. 의결권행사 제한 ··· 205

Ⅱ. 주식처분명령 ··· 205

제7절 위반시 제재 ··· 205

제3장 대주주 적격성 심사제도

제1절 의의 ·· 209

제2절 승인대상과 적격성 유지요건 불충족 사유의 보고 ········ 210

Ⅰ. 승인대상 ·· 210

Ⅱ. 적격성 유지요건 불충족 사유의 보고 ················ 215

Ⅲ. 자료 또는 정보 제공 요구 ······························ 215

제3절 적격성 유지요건 ··· 216

제4절 요건 미충족시의 조치 ·· 217

Ⅰ. 조치 이행명령 ··· 217

Ⅱ. 의결권행사 금지명령 ······································ 217

제5절 위반시 제재 ··· 218

제4장 소수주주의 권리행사의 특례

제1절 소수주주권의 의의 ··· 219

제2절 소수주주권의 내용 ··· 219

Ⅰ. 주주제안권 ·· 219

1. 상법 ··· 219

2. 금융사지배구조법 ······································· 219

Ⅱ. 주주총회 소집청구권과 업무 및 재산상태 검사를 위한 검사인
   선임청구권 ·· 220

1. 상법 ··· 220

2. 금융사지배구조법 ······································· 220

Ⅲ. 이사 · 감사 · 청산인에 대한 해임청구권 ······················· 221

    1. 상법 ··· 221

    2. 금융사지배구조법 ·· 221

Ⅳ. 이사에 대한 위법행위유지청구권 ······························ 222

    1. 상법 ··· 222

    2. 금융사지배구조법 ·· 222

Ⅴ. 대표소송 제기권 ··· 222

    1. 상법 ··· 222

    2. 금융사지배구조법 ·· 223

Ⅵ. 회계장부열람권 ··· 225

    1. 상법 ··· 225

    2. 금융사지배구조법 ·· 226

제3절 상법상 소수주주권 행사 ·· 226

제6편 처분 및 제재절차 등

제1장 처분 및 제재절차

제1절 금융회사에 대한 조치 ·· 227

 Ⅰ. 금융회사 ··· 227

 Ⅱ. 은행, 보험회사 및 여신전문금융회사 ························· 230

    1. 은행 ··· 230

    2. 보험회사 또는 여신전문금융회사 ······························ 230

 Ⅲ. 보험회사 제재사실의 공표 ···································· 231

제2절 임직원에 대한 제재조치 ·· 231

 Ⅰ. 임원에 대한 조치 ·· 231

    1. 금융회사 ·· 231

    2. 은행, 보험회사 및 여신전문금융회사 ························· 231

 Ⅱ. 직원에 대한 조치요구 ··· 232

1. 금융회사 ·· 232

2. 은행, 보험회사 및 여신전문금융회사 ································· 232

Ⅲ. 관리·감독 책임이 있는 임직원에 대한 조치 등 ······················· 232

Ⅳ. 퇴임한 임원 또는 퇴직한 직원에 대한 조치와 통보 ··············· 233

제3절 내부통제등 관리의무 위반에 대한 제재 등 ·······················233

Ⅰ. 임원 또는 대표이사등에 대한 제재조치 ······························· 233

Ⅱ. 제재조치의 감경 또는 면제 ·· 233

Ⅲ. 금융회사에 대한 조치 ··· 234

제4절 청문 및 이의신청 ···234

Ⅰ. 청문 ·· 234

Ⅱ. 이의신청 ·· 234

1. 이의신청 기간 ··· 234

2. 이의신청에 대한 결정기간 ·· 234

3. 행정기본법의 적용 ··· 235

제5절 기록 및 조회 등 ···235

Ⅰ. 금융위원회의 조치의 기록과 유지·관리 ······························· 235

Ⅱ. 금융회사의 조치 내용 기록과 유지·관리 ······························· 235

Ⅲ. 금융회사 또는 그 임직원의 조치 여부 및 그 내용 조회 ··········· 236

Ⅳ. 금융위원회 또는 금융회사의 조치 여부 및 그 내용 통보 ········· 236

제6절 이행강제금 ··236

Ⅰ. 주식처분명령 불이행 ··· 236

Ⅱ. 이행강제금 부과기간 ··· 236

Ⅲ. 이행강제금 징수 ··· 237

Ⅳ. 은행법 준용 ··· 237

제2장 형사제재

제1절 1년 이하의 징역 또는 1천만원 이하의 벌금 ·······················237

제2절 병과 ·· 237

제3절 양벌규정 ·· 237

제3장 과태료

제1절 1억원 이하의 과태료 ·· 238

제2절 3천만원 이하의 과태료 ·· 239

제3절 2천만원 이하의 과태료 ·· 240

제4절 과태료의 부과기준 ·· 241

참고문헌 ··· 245

찾아보기 ··· 246

제1장 금융사지배구조법의 목적과 성격

제1절 금융사지배구조법의 목적

「금융회사의 지배구조에 관한 법률」("금융사지배구조법") 제1조는 "금융회사 임원의 자격요건, 이사회의 구성 및 운영, 내부통제제도 등 금융회사의 지배구조에 관한 기본적인 사항을 정함으로써 금융회사의 건전한 경영과 금융시장의 안정성을 기하고, 예금자, 투자자, 보험계약자, 그 밖의 금융소비자를 보호하는 것을 목적으로 한다"고 규정한다.

금융사지배구조법("법") 제1조의 규정형식을 보면 "금융회사 임원의 자격요건, 이사회의 구성 및 운영, 내부통제제도 등 금융회사의 지배구조에 관한 기본적인 사항을 정함"을 수단으로, "금융회사의 건전한 경영과 금융시장의 안정성을 기하고, 예금자, 투자자, 보험계약자, 그 밖의 금융소비자를 보호하는 것"을 목적으로 규정한 것처럼 보인다. 그러나 금융사지배구조법의 직접적이고 제1차적인 목적은 "금융회사의 건전한 경영과 금융시장의 안정성"을 기하는 것이고, "예금자, 투자자, 보험계약자, 그 밖의 금융소비자를 보호하는 것"은 금융회사의 건전한 경영과 금융시장의 안정성을 통해 이루어지는 간접적이고 제2차적인 목적이다. 그리고 금융회사 임원의 자격요건, 이사회의 구성 및 운영, 내부통제제도 등 금융회사의 지배구조에 관한 기본적인 사항을 정하는 것은 이러한 목적들을 달성하기 위한 수단이라고 할 수 있다.

제2절 금융사지배구조법의 성격

금융사지배구조법은 상법에 대하여 특별법적 성격을 갖는다. 금융사지배구조법은 2015년 7월 31일 법률 제13453호로 제정되었는데, 상법과는 상호보완적인 관계에 있다. 또한 금융사지배구조법은 행정법적 성격을 갖는다. 즉 처분 및 제재절차에 관한 규정, 그리고 행정질서벌인 과태료에 관한 규정을 두고 있다. 또한 금융사지배구조법은 형사법적 성격을 갖는다. 즉 금융회사와 관계된 공공성을 확보하기 위해 준수사항을 정해 놓고, 이에 위반하는 경우 형벌인 징역형과 벌금형의 제재를 가하는 규정을 두고 있다.

제3절 금융사지배구조법의 적용범위

금융사지배구조법의 적용대상 금융회사는 은행, 금융투자업자 및 종합금융회사, 보험회사, 상호저축은행, 여신전문금융회사, 금융지주회사, 한국산업은행, 중소기업은행, 농협은행, 수협은행을 말한다(법2(1), 영2).

Ⅰ. 금융사지배구조법 적용 배제 금융회사

다음의 어느 하나에 해당하는 자, 즉 ⅰ) 금융회사의 국외 현지법인(국외지점 포함)(제1호), ⅱ) 자본시장법 제8조 제9항[1]에 따른 겸영금융투자업자("겸영금융투자업자") 중 대통령령으로 정하는 자(제2호), ⅲ) 자본시장법 제100조 제1항[2]에 따른 역외투자자문업자 또는 역외투자일임업자(제3호)에게는 금융사지배구조법을 적용하지 아니한다(법3①).

---

1) 자본시장법에서 "겸영금융투자업자"란 은행, 보험회사, 한국산업은행, 중소기업은행, 한국수출입은행, 증권금융회사, 종합금융회사, 자금중개회사, 외국환중개회사, 한국주택금융공사 중 어느 하나에 해당하는 자로서 금융투자업을 겸영하는 자를 말한다(자본시장법8⑨, 동법 시행령7의2).

2) 역외투자자문업자는 투자자문업을 영위하는 외국투자자문업자를 말하고, 역외투자일임업자는 또는 투자일임업을 영위하는 외국 투자일임업자를 말한다(자본시장법100①).

위 제2호에서 "대통령령으로 정하는 자"란 한국수출입은행, 증권금융회사, 자금중개회사, 외국환중개회사, 한국주택금융공사, 신용협동조합, 농업협동조합 중 신용사업을 영위하는 조합, 수산업협동조합 중 신용사업을 영위하는 조합, 새마을금고, 체신관서 중 어느 하나에 해당하는 자를 말한다(금융사지배구조법 시행령6①, 이하 "영").

금융회사의 국외 현지법인(국외지점 포함)은 금융사지배구조법을 적용받지 않는다고 명시되어 있는데, 겸직 승인 및 보고 등에 대한 의무도 없는 것인지가 문제된다. 국외 현지법인은 겸직 승인 및 보고의무가 없으나, 국외 현지법인의 임직원이 국내 금융회사의 임직원 등을 겸직하는 경우에는 그 겸직하는 국내 금융회사는 겸직 승인 및 보고의무가 있다. 겸직하는 임직원은 사실상 원소속 회사(국외 현지법인)와 겸직하는 회사(국내 금융회사) 양자의 임직원이므로, 비록 원소속이 금융사지배구조법 적용을 받지 않는 국외 현지법인이더라도 겸직하는 회사가 국내 금융회사이면 사실상 국내 금융회사의 임직원이 국외 현지법인을 겸직하는 것과 동일하다. 따라서 국외 현지법인은 법 적용대상이 아니므로 겸직 승인·보고의무가 없으나, 겸직하려는 회사가 금융회사인 경우에는 그 금융회사는 법 제11조에 따른 겸직 승인·보고의무가 있다.[3]

▌ 금융위원회 질의회신(문서번호 180369, 회신일자 20181121)

[질의]

ㅁ 금융사지배구조법의 적용 제외 범위: 지배구조법의 적용제외 범위에 국외사무소가 포함되는지 여부

* 국외 현지법인 소속 임직원이 국외사무소 임직원을 겸직하는 경우 지배구조법의 겸직제한 관련 제 규정이 적용되는지 여부

[회신]

ㅁ 금융회사의 해외사무소는 국외지점에 비해 완화된 규제를 적용받고 금융업을 영위하지 않는 점을 감안할 때, 지배구조법 제3조 제1항에 따라 지배구조법의 적용 제외 대상에 해당합니다.

---

3) 금융위원회(2016b), "금융회사의 지배구조에 관한 법률 설명서", 금융위원회(2016. 10), 6쪽.

[이유]

□ 지배구조법 제3조 제1항에서는 금융회사의 국외 현지법인 및 국외지점에 대해 지배구조법의 적용을 제외하고 있습니다.

○ 이에 따라 금융회사 임·직원의 겸직 제한과 관련한 지배구조법상 규정(제10조, 제11조 등)도 국외 현지법인 및 국외지점에는 적용되지 않습니다.

□ 해외사무소는 현지에서 금융업을 영위하는 국외지점과 달리 금융업을 영위하지 않고 주로 현지 정보 획득 및 국내 연락 등의 업무를 수행한다는 측면에서 국외지점에 비해 강화된 규제를 적용할 필요성이 낮습니다.

○ 금융기관의 해외진출에 관한 규정 제8조(해외지사 설치신고 등)는 해외지점을 설치할 때는 설치신고서를 "감독원장에게 신고하여 수리를 받도록" 규정하고, 해외사무소를 설치할 때는 설치신고서를 "감독원장에게 신고"하도록 되어 있어, 설치할 때부터 해외사무소에는 해외지점에 비해 더 완화된 규제를 적용하고 있습니다.

□ 이러한 해외사무소의 성격 및 관련 법규 등을 고려할 때, 금융회사의 해외 사무소의 경우에도 국외지점과 동일하게 지배구조법 제3조 제1항에 따라 지배구조법의 적용이 제외되는 것으로 판단됩니다.

II. 외국금융회사의 국내지점에 대한 적용규정

외국의 법령에 따라 설립되어 외국에서 금융업을 영위하는 자("외국금융회사")의 국내지점에 대해서는 제5조(임원의 자격요건), 제7조(임원의 자격요건 적합여부 보고 등), 제4장(내부통제 및 위험관리 등) 및 제7장(처분 및 제재절차)을 적용하며, 이 경우 외국금융회사의 국내지점의 대표자와 그 밖에 명예회장·회장·부회장·사장·부사장·대표·부대표·전무·상무·이사 등 업무를 집행할 권한이 있는 것으로 인정될 만한 명칭을 사용하여 외국금융회사의 국내지점에서 업무를 집행하는 사람은 금융사지배구조법에 따른 금융회사의 임원으로 본다(법3②, 영6②).

▍ **금융위원회 질의회신(문서번호 190393, 회신일자 20201112)**

[질의]

□ 임원선임 관련 공시 및 보고 의무에 대한 해석: 외국 금융회사의 국내지점에서 근무하는 사람이 외부 고객사와의 원활한 의사소통 및 업무관계를 맺기

위해 마케팅 목적*으로 상대 회사들과 유사하게 전무, 상무, 이사 등의 호칭을 사용할 경우 금융사지배구조법에 따른 임원으로 봐야 하는지 여부

> * 외부 고객사와의 원활한 의사소통 및 업무관계를 맺기 위해 마케팅 목적으로 해당 호칭과 업무 집행 권한의 부여와는 관계가 없으며, 또한 급여를 포함하여 인사상의 어떤 변화도 없음

[회신]

□ 전무, 상무, 이사 등의 명칭은 지배구조법에서 업무를 집행하는 사람으로 정의하고 있고, 대외적으로 업무집행책임자로 인식될 수 있으므로 업무집행책임자로 보아야 할 것으로 보입니다.

[이유]

□ 지배구조법 제3조 제2항에 따르면 외국금융회사의 국내지점의 대표자와 그 밖에 대통령령으로 정하는 사람은 이 법에 따른 금융회사의 임원으로 보고 있습니다.

○ 지배구조법 시행령 제6조 제2항에 따르면 법 제3조 제2항에서 대통령령으로 정하는 사람이란 명예회장·회장·부회장·사장·부사장·대표·부대표·전무·상무·이사 등 업무를 집행할 권한이 있는 것으로 인정될 만한 명칭을 사용하여 같은 항에 따른 국내지점에서 업무를 집행하는 사람을 의미합니다.

○ 위에서 살펴본 바와 같이 지배구조법 제3조 제2항 및 시행령 제6조 제2항에 따르면 업무집행책임자란 명예회장·회장·부회장·사장·부사장·대표·부대표·전무·상무·이사 등의 명칭을 사용하여 금융회사의 업무를 집행하는 사람으로 정의하고 있으므로, 이러한 명칭을 사용하는 자는 업무집행책임자로 간주하는 것이 바람직합니다.

□ 질의하신 사안에서 전무, 상무, 이사 등의 명칭은 지배구조법에서 업무를 집행하는 사람으로 정의하고 있고, 대외적으로 업무집행책임자로 인식될 수 있으므로 업무집행자책임자로 보아야 할 것으로 보입니다.

○ 한편, 업무집행책임자로 오인될 수 있는 명칭이라면 해당 명칭을 사용하는 직원을 업무집행책임자로 보아야 할 것이며, 회사 내부적인 목적에 따라 달라지지는 않습니다.

Ⅲ. 소규모 금융회사에 대한 적용 배제 규정

1. 관련 규정

자산규모, 영위하는 금융업무 등을 고려하여 "대통령령으로 정하는 금융회사"에 대해서는 ⅰ) 법 제12조(이사회의 구성) 제1항 및 같은 조 제2항 본문, 제14조(이사회의 운영 등)에 따른 이사회의 구성·운영에 관한 사항(제1호), ⅱ) 법 제16조 제1항부터 제3항까지에 따른 이사회내 위원회의 설치에 관한 사항(제2호), ⅲ) 법 제21조(위험관리위원회)에 따른 위험관리위원회에 관한 사항(제3호), ⅳ) 법 제22조(보수위원회 및 보수체계 등)에 따른 보수위원회 및 보수체계 등에 관한 사항(제4호), ⅴ) 법 제22조의2에 따른 내부통제위원회에 관한 사항(제4호의2), ⅵ) 법 제33조(소수주주권)에 따른 소수주주권(보험업법 제2조 제7호[4])에 따른 상호회사인 보험회사의 경우 소수사원권을 말한다)의 행사에 관한 사항(제5호)을 적용하지 아니한다(법3③).

위에서 "대통령령으로 정하는 금융회사"란 ⅰ) 최근 사업연도 말 현재 자산총액이 7천억원 미만인 상호저축은행(제1호), ⅱ) 최근 사업연도 말 현재 자산총액이 5조원 미만인 금융투자업자 또는 종합금융회사[다만, 최근 사업연도 말 현재 그 금융투자업자가 운용하는 집합투자재산, 투자일임재산 및 신탁재산(관리형신탁의 재산은 제외)의 전체 합계액이 20조원 이상인 경우는 제외](제2호), ⅲ) 최근 사업연도 말 현재 자산총액이 5조원 미만인 보험회사(제3호), ⅳ) 최근 사업연도 말 현재 자산총액이 5조원 미만인 여신전문금융회사(제4호)의 어느 하나에 해당하는 자를 말한다(영6③ 본문). 다만, 해당 금융회사가 주권상장법인으로서 최근 사업연도 말 현재 자산총액이 2조원 이상인 자는 제외한다(영6③ 단서).

▌ **금융위원회 질의회신(문서번호 170525, 회신일자 20180130)**

[질의]

ㅁ 금융사지배구조법령상 수탁고 산정기준 적용 관련 부동산담보신탁이 관리형신탁에 해당하는지 여부: 금융사지배구조법 시행령 제6조 제3항 제2호에 따라 "대통령령으로 정하는 금융회사" 중 "집합투자재산, 투자일임재산 및 신탁재

---

4) 7. "상호회사"란 보험업을 경영할 목적으로 보험업법에 따라 설립된 회사로서 보험계약자를 사원(社員)으로 하는 회사를 말한다.

산의 전체 합계액이 20조원 이상"인 회사에 해당하는지 여부를 판단할 때, 아래와 같은 신탁계약의 수탁고를 합산하여야 하는지 여부

> ※ 부동산신탁회사가 위탁자 또는 수익자의 요청, 요구 또는 청구에 기속되어 신탁부동산을 처분하여야 하고 부동산신탁회사에게 신탁부동산의 처분에 대한 재량이 허용되지 않는 경우의 부동산담보신탁계약

[회신]

□ 부동산담보신탁계약서상 위탁자의 요청, 요구, 청구 등에 대하여 신탁업자의 재량이 전혀 허용되지 않는 등 "요청 등"이 자본시장법 제3조 제1항 제2호 가목에 따른 "위탁자의 지시"와 법률상 동일하게 해석되는 경우 해당 담보신탁계약은 같은 법 제3조 제1항 제2호의 "관리형신탁"으로 판단됩니다.

□ 위와 같은 요건에 해당하는 부동산담보신탁계약의 신탁재산은 금융사지배구조법 시행령 제6조 제3항 제2호에 따른 "집합투자재산, 투자일임재산 및 신탁재산의 전체 합계액"을 산정할 때 산정 대상에서 제외할 수 있습니다.

[이유]

□ 금융사지배구조법 시행령 제6조 제3항 제2호는 이 법이 전면 적용되는 대규모 금융회사 중 "집합투자재산, 투자일임재산 및 신탁재산의 전체 합계액이 20조원 이상"인 회사 여부를 판단할 때 자본시장법 제3조 제1항 제2호에 따른 관리형신탁의 재산은 합산하지 않도록 하고 있습니다.

□ 자본시장법 제3조 제1항 제2호 가목의 관리형신탁은 위탁자(신탁계약에 따라 처분권한을 가지고 있는 수익자를 포함)의 "지시"에 따라서만 신탁재산의 처분이 이루어지는 신탁을 의미합니다.

○ 다만, 부동산담보신탁계약서상 신탁업자가 위탁사의 "요청", "요구", "청구" 등에 기속되어 신탁부동산을 처분하여야 하며, 신탁업자에게는 신탁부동산의 처분에 대한 재량이 전혀 허용되지 않는 등 "요청" 등이 법률상 "지시"와 동일한 효력을 갖는 경우 예외적으로 계약서상의 "요청", "요구", "청구" 등은 같은 법 제3조 제1항 제2호 가목의 "지시"에 해당하는 것으로 볼 수 있으며, 이러한 담보신탁계약은 같은 법 제3조 제1항 제2호의 "관리형신탁"에 해당하는 것으로 판단됩니다.

□ 위와 같은 요건에 해당하는 부동산담보신탁계약의 신탁재산은 금융사지배구조법시행령 제6조 제3항 제2호에 따른 "집합투자재산, 투자일임재산 및 신

탁재산의 전체 합계액"을 산정할 때 산정 대상에서 제외할 수 있습니다.

▌ 금융위원회 질의회신(문서번호 160822, 회신일자 20161019)

[질의]

□ 소규모 금융회사의 경우 금융사지배구조법 제3조 제3항 제2호에 따라 지배구조법 제16조 제1항 및 제2항이 적용되지 않습니다. 이에 소규모금융회사의 이사회 내 위원회 설치시 지배구조법 제16조 제3항 및 제4항도 함께 그 적용이 배제되는 것으로 해석할 수 있는지 여부

[회신]

□ 지배구조법 제3조 제3항에서 정하는 소규모 금융회사의 경우에는 지배구조법 제16조 제3항 및 제4항도 그 적용이 배제됩니다.

[이유]

□ 지배구조법 제16조 제3항 및 제4항은 이사회 내 위원회의 인적 구성에 관한 의무를 정하고 있는 조문이므로, 그 의미상 법 제16조 제1항 및 제2항에 따른 이사회 내 위원회 설치 의무가 있는 금융회사에 대해서만 적용된다고 봄이 타당합니다.

○ 지배구조법 제3조 제3항에서 정하는 소규모 금융회사는 제16조 제1항 및 제2항에 따른 이사회 내 위원회 설치 의무가 없으므로, 당연히 법 제16조 제3항 및 제4항은 적용이 배제됩니다.

2. 소규모 금융회사의 적용범위

법 제3조 제3항에 따라 사외이사 선임의무가 없는 소규모 금융회사의 경우 법 제12조(이사회의 구성)는 배제하고 있으나, 제13조(이사회 의장의 선임 등)는 배제조항이 없어 법 제13조의 적용대상인지 여부가 문제이다. 법 제3조 제3항 각호 외의 본문에 해당하는 금융회사는 법 제13조가 적용되지 않는다. 법 제13조는 원칙적으로 이사회의 의장을 사외이사로 두도록 하면서, 사외이사가 아닌 사람이 의장인 경우에는 사외이사를 대표하는 선임사외이사를 두도록 하고 있다. 사외이사를 대표하는 선임사외이사는 사외이사가 다수인 것을 전제로 하고 있는 점, 모든 금융회사에게 적용할 경우에는 사외이사 선임의무가 없는 소규모 회사까지 사실상 사외이사를 두도록 의무화할 수 있다는 점 등을 종합적으로 고려할

때, 소규모 금융회사에 대해서는 법 제13조 적용을 제외하는 것이 타당하다.[5]

소규모 금융회사의 경우 법 제14조 적용 자체가 배제되는 것인지, 아니면 이사회 구성과 그 운영에 관한 내용만 배제되어 지배구조내부규범을 마련해야 하는지 여부가 문제이다. 법 제3조 제3항에서 정하는 소규모 금융회사는 법 제14조 전체가 적용되지 않아 지배구조내부규범을 마련하지 않아도 된다. 법 조문이 일부 사항만을 적용 제외하려는 경우는 제외하고자 하는 항을 적시한다는 점에서, 별도 항을 적시하지 않은 법 제14조의 경우에는 조문 전체가 제외되어, 소규모 금융회사는 지배구조내부규범을 마련하지 않아도 된다.[6]

3. 소규모 금융회사의 사외이사 추천

소규모 금융회사는 사외이사 임면 시에 이사회에서 후보를 추천할 수 있는지 여부가 문제이다. 이는 법에서 정한 바 없으므로, 금융회사가 자율적으로 판단할 사항이다. 법은 대형 금융회사의 경우 사외이사를 3인 이상·이사총수의 과반수 선임하도록 하면서, 임원후보추천위원회 등 이사회내 위원회를 두도록 하고 있다. 임원후보추천위원회를 두는 경우에 한하여 임원후보추천위원회에서 추천하는 사외이사 등의 후보 중에서 선임하고 있을 뿐이므로, 소규모 금융회사는 상법 등에 따라 자율적으로 사외이사 후보를 추천하고 선임할 수 있다.[7]

제4절 금융사지배구조법과 다른 법률과의 관계 등

Ⅰ. 다른 법률과의 관계

1. 금융관계법령

금융회사의 지배구조에 관하여 다른 "금융관계법령"에 특별한 규정이 있는 경우를 제외하고는 금융사지배구조법에서 정하는 바에 따른다(법4①).

금융사지배구조법에서 "금융관계법령"이란 "대통령령으로 정하는 금융 관계 법령" 및 이에 상당하는 외국의 금융 관계 법령을 말한다(법2(7)). 여기서 "대

---

5) 금융위원회(2016b), 7쪽.
6) 금융위원회(2016b), 8쪽.
7) 금융위원회(2016b), 9쪽.

통령령으로 정하는 금융 관계 법령"이란 법, 이 영 및 다음의 법령("금융관련법령")을 말한다(영5).

위에서 금융관계법령이란 가상자산이용자보호법, 개인채무자보호법, 공인회계사법, 공적자금관리법, 테러자금금지법, 국민연금법(제124조[8]) 및 제128조 제3항 제4호[9]로 한정), 퇴직급여법, 금융거래지표법, 금융복합기업집단법, 금융산업구조개선법, 금융소비자보호법, 금융실명법, 금융위원회법, 금융지주회사법, 금융혁신법, 기업구조조정 촉진법, 구조조정회사법, 자산관리공사법, 기술보증기금법, 농수산식품투자조합법, 농수산신용보증법, 농업협동조합법, 담보부사채신탁법, 대부업법, 문화산업법, 벤처투자법, 보험사기방지법, 보험업법, 감정평가법, 부동산투자회사법, 민간투자법, 산업발전법, 상호저축은행법, 새마을금고법, 서민금융법, 선박투자회사법, 소재부품장비산업법, 수산업협동조합법, 신용보증기금법, 신용정보법, 신용협동조합법, 여신전문금융업법, 예금자보호법, 온라인투자연계금융업법, 외국인투자법, 외국환거래법, 유사수신행위법, 은행법, 이중상환채권법, 인터넷전문은행법, 자본시장법, 자산유동화법, 전자금융거래법, 전자증권법, 외부감사법, 주택법, 중소기업은행법, 채권추심법, 특정금융정보법, 한국산업은행법, 한국수출입은행법, 한국은행법, 한국주택금융공사법, 한국투자공사법, 해외자원개발법을 말한다(영(5)).

은행의 경우 은행법상 대주주 거래제한 등에 대해서는 은행법상 대주주가 적용되고, 금융사지배구조법상 사외이사 자격요건, 감사위원 선임시 의결권 제한 등에는 지배구조법상 대주주 개념이 적용된다. 은행법에서는 지배구조와 관련한 사항 외에도 대주주 거래제한 등의 사항에 적용하기 위한 별도의 대주주 개념이 존재함에 따라, 이에 대해서는 지배구조법의 대주주 개념이 적용되지 않는다. 다만, 지배구조 관련 사항으로서 금융사지배구조법상 규정되어 있는 사외이사 자격요건, 감사위원 선임시 의결권 제한 등의 조항에 적용되는 대주주의 개념은 금융사지배구조법 제2조 제6호에서 정의한 대주주이다.[10]

---

8) 제124조(비밀 유지) 공단에 종사하였던 자 또는 종사하는 자는 그 업무상 알게 된 비밀을 누설하여서는 아니 된다.
9) 제128조(벌칙) ③ 다음 각 호의 어느 하나에 해당하는 자는 1년 이하의 징역이나 1천만원 이하의 벌금에 처한다.
  4. 제124조를 위반하여 업무를 수행하면서 알게 된 비밀을 누설한 자
10) 금융위원회(2016b), 5쪽.

2. 상법의 특별법

금융회사의 지배구조에 관하여 금융사지배구조법에 특별한 규정이 없으면 상법을 적용한다(법4②).

II. 권한의 위탁

1. 위탁사무

금융위원회는 다음의 업무를 금융감독원장에게 위탁한다(법40, 영30①).

1. 법 제7조 제2항 및 제3항에 따른 보고의 접수
2. 법 제11조 제1항 각 호 외의 부분 본문에 따른 임직원 겸직 승인의 심사, 같은 항 각 호외의 부분 단서에 따른 임직원 겸직 보고의 접수
3. 법 제11조 제2항에 따른 임원 겸직 보고의 접수
4. 법 제20조 제3항에 따른 보고서의 접수
5. 법 제30조 제2항에 따른 준법감시인 및 위험관리책임자 임면사실 보고의 접수
5의2. 법 제30조의3 제4항에 따른 책무구조도의 접수
5의3. 법 제30조의3 제5항에 따른 책무구조도의 기재내용에 대한 정정 또는 보완 요구
6. 법 제31조 제1항 본문에 따른 대주주의 변경승인의 심사, 같은 조 제2항에 따른 승인의 심사 및 같은 조 제5항 전단에 따른 보고의 접수
7. 법 제32조 제1항에 따라 적격성 심사대상이 적격성 유지요건에 부합하는지 여부에 대한 심사 및 같은 조 제2항에 따른 보고의 접수
8. 법 제32조 제3항에 따른 자료 또는 정보의 제공 요구
9. 법 제32조 제4항 각 호 외의 부분에 따른 명령의 이행 여부 점검
10. 법 제34조 제1항 제3호 또는 제4호의 조치
11. 법 제35조 제1항 제3호(해당 금융회사가 상호저축은행인 경우만 해당)부터 제5호까지의 조치 및 같은 조 제2항 제2호부터 제5호까지의 조치 요구
11의2. 법 제35조 제6항에 따른 조치 내용의 결정 및 통보[법 제35조 제1항 제3호(해당 금융회사가 상호저축은행인 경우만 해당)부터 제5호까지의 조치 또는 같은 조 제2항 제2호부터 제5호까지의 조치 요구를 받았을 것으로 인정되는 경우의 조치 내용의 결정 및 통보에 한정]
12. 법 제37조에 따른 이의신청의 접수

13. 법 제38조 제1항에 따른 조치 내용의 기록·유지·관리, 같은 조 제3항에 따른 조회요청의 접수, 같은 조 제4항에 따른 조회요청자에 대한 통보
14. 제26조 제9항 전단에 따른 변경승인신청서 내용의 심사 및 같은 항 후단에 따른 변경승인신청서 흠결에 대한 보완 요구
15. 제27조 제2항 단서에 따른 심사기간 설정, 같은 조 제9항에 따른 자료 또는 정보의 제출 요구
16. 제29조 제2호의 조치

2. 업무처리 결과의 보고

금융감독원장은 위탁받은 업무의 처리 결과를 금융위원회가 정하는 바에 따라 금융위원회에 보고하여야 한다(영30②). 이에 따라 금융감독원장은 위탁받은 업무의 처리결과를 6개월마다 금융위에 보고하여야 한다(금융회사 지배구조 감독규정19①, 이하 "감독규정"). 그러나 긴급한 사유로 금융위의 요청이 있는 경우에는 금융감독원장은 지체없이 위탁받은 업무 처리현황을 보고하여야 한다(감독규정19②).

금융감독원장은 위탁받은 업무의 처리결과가 금융위원회의 승인, 조치, 명령 등에 필요한 경우에는 위탁받은 업무의 처리가 완료된 즉시 금융위원회에 보고하여야 한다(감독규정19③).

Ⅲ. 민감정보 및 개인식별번호의 처리

금융위원회(금융위원회의 업무를 위탁받은 자 포함)와 금융감독원장은 다음의 사무를 수행하기 위하여 불가피한 경우 개인정보 보호법 시행령 제18조 제2호[11])에 따른 범죄경력자료에 해당하는 정보, 신용정보법 제2조 제1호의2 가목 2)[12])에 따른 개인식별번호가 포함된 자료를 처리할 수 있다(영31)

1. 법 제5조에 따른 임원의 자격요건 확인에 관한 사무
2. 법 제6조에 따른 사외이사의 자격요건 확인에 관한 사무
3. 법 제7조에 따른 임원의 자격요건 적합 여부 보고에 관한 사무

---

11) 2. 형실효법 제2조 제5호에 따른 범죄경력자료에 해당하는 정보
12) 개인식별번호, 즉 법령에 따라 특정 개인을 고유하게 식별할 수 있도록 부여된 정보로서 주민등록번호, 여권번호, 운전면허의 면허번호, 외국인등록번호, 국내거소신고번호는 식별정보이다(신용정보법2(1의2) 가목 2), 동법 시행령2②).

4. 법 제10조에 따른 임직원의 겸직제한에 관한 사무

5. 법 제11조에 따른 임직원의 겸직 승인 및 보고 등에 관한 사무

6. 법 제19조에 따른 감사위원의 자격요건 확인 등에 관한 사무

7. 법 제24조, 제25조, 제26조에 따른 내부통제기준의 준수 여부 확인, 준법감시인의 임면과 자격요건 확인 등에 관한 사무

8. 법 제27조, 제28조에 따른 위험관리기준의 준수 여부 확인, 위험관리책임자의 임면 등에 관한 사무

9. 법 제30조 제2항에 따른 보고에 관한 사무

10. 법 제31조에 따른 대주주 변경승인 등에 관한 사무

11. 법 제32조에 따른 최대주주의 자격 심사 등에 관한 사무

12. 법 제34조에 따른 금융회사에 대한 조치에 관한 사무

13. 법 제35조에 따른 임직원에 대한 제재조치 및 퇴임한 임원 또는 퇴직한 직원에 대한 조치 내용의 통보에 관한 사무

14. 법 제36조에 따른 청문에 관한 사무

15. 법 제37조에 따른 이의신청에 관한 사무

16. 법 제38조에 따른 조치 내용의 기록 및 유지·관리 등에 관한 사무

17. 법 제39조에 따른 이행강제금의 부과 등에 관한 사무

Ⅳ. 공시

1. 공시사항

금융회사는 주주총회와 관련하여 주주의 참석률, 안건별 찬반 주식 수 비율, 발행주식 총수, 의결권 행사 주식 수를 주주총회가 종료된 날부터 7영업일 이내에 해당 금융회사의 인터넷 홈페이지를 통하여 공시하여야 한다(법41①, 영32).

2. 소수주주권 행사의 공시

금융회사는 주주가 소수주주권(법33)을 행사한 경우 이를 공시하여야 한다(법41②).

3. 위반시 제재

법 제41조 제1항을 위반하여 주주총회와 관련한 공시를 하지 아니하거나 거짓으로 공시한 자(제9호), 법 제41조 제2항을 위반하여 주주가 주주의 권리를 행

사한 내용을 공시하지 아니하거나 거짓으로 공시한 자(제10호)에게는 3천만원 이하의 과태료를 부과한다(법43②).

제2장 금융사지배구조법의 연혁

제1절 제정배경

Ⅰ. 제정이유

금융사지배구조법은 2015년 7월 31일 법률 제13453호 제정되었다. 이 법을 제정한 이유는 글로벌 금융위기 이후 전 세계적으로 금융회사의 바람직한 지배구조에 관한 중요성이 강조되고 있고, 금융회사의 이사회와 감사위원회의 역할 강화 등 금융회사의 지배구조에 관한 규율을 강화할 필요성이 제기됨에 따라, 이사회의 사외이사 비율, 임원의 자격요건 등 개별 금융업권별로 차이가 나는 지배구조에 관한 사항을 통일적이고 체계적으로 규정하여 금융업 간의 형평성을 제고하기 위함이다.

또한 이사회와 감사위원회의 기능을 강화하고 위험관리위원회와 위험관리책임자를 두도록 함으로써 금융회사의 책임성을 높이는 한편, 금융회사의 대주주에 대한 자격요건을 주기적으로 심사하도록 함으로써 건전한 경영을 유도하여 금융시장의 안정성을 유지하기 위한 제도적 기반을 마련하려는 것이다.

Ⅱ. 주요내용

가. 업무집행책임자의 자격요건 및 주요한 업무를 담당하는 업무집행책임자의 선임절차 마련(제2조 제2호·제5호 및 제8조)

1) 이사가 아니면서 명예회장·회장·부회장·사장 등 업무를 집행할 권한이 있는 것으로 인정될 만한 명칭을 사용하여 실제로 금융회사의 업무를 집행하는 사람인 업무집행책임자를 임원의 범위에 포함하여 임원과 동일한 자격요건을 적용함으로써 금융회사의 업무를 집행하는 업무집행책임자의 자격요건을 강화함.

2) 전략기획·재무관리 등 주요업무를 집행하는 주요업무집행책임자는 이사회의 의결을 거쳐 임면하도록 함으로써 주요업무집행책임자의 임면에 관한 이사회의 감독·통제를 통하여 금융회사의 책임경영에 이바지할 수 있을 것으로 기대됨.

나. 사외이사의 자격요건 강화 및 임원 후보 추천절차 개선(제6조 및 제17조)

1) 최근 3년 이내에 금융회사의 상근 임직원 또는 비상임이사이었던 사람은 해당 금융회사의 사외이사로 임명될 수 없도록 하는 한편, 임원후보추천위원회를 3명 이상의 위원으로 구성하되, 사외이사를 총 위원의 과반수가 되도록 함.

2) 사외이사의 결격사유를 확대하고 임원후보추천위원회를 사외이사 중심으로 구성함으로써 사외이사의 독립성이 강화될 것으로 기대됨.

다. 사외이사 중심의 이사회 구성 및 이사회의 권한 강화(제12조, 제14조 및 제15조)

1) 금융업별로 상이한 이사회의 사외이사의 수를 이사 총수의 과반수가 되도록 하는 한편, 경영목표 및 평가에 관한 사항, 최고경영자의 경영승계 등 지배구조 정책 수립에 관한 사항 등 주요사항에 대한 이사회의 심의·의결 권한을 명시하고, 이를 정관에 규정하도록 함.

2) 사외이사가 과반수가 되도록 이사회를 구성하여 사외이사 중심의 이사회를 운영하고, 금융회사의 주요사항에 대한 이사회의 심의·의결 권한을 규정함으로써 이사회의 경영진에 대한 감시기능이 강화될 것으로 기대됨.

라. 지배구조 내부규범의 마련 및 공시(제14조)

1) 금융회사는 이사회의 구성과 운영, 이사회내 위원회의 설치, 임원 성과평가 및 경영승계에 관한 사항 등 지배구조에 관한 원칙과 절차인 지배구조 내부규범을 마련하여 인터넷 홈페이지 등에 공시하도록 함.

2) 금융회사가 마련한 지배구조 내부규범을 외부에 공시하도록 함으로써 금융회사의 경영에 관한 투명성 및 책임성이 강화될 것으로 기대됨.

마. 감사위원의 자격요건 및 선임절차 개선(제19조)

1) 감사위원이 되는 이사를 선임하는 경우 해당 감사위원도 사외이사의 자격요건을 갖추도록 하고, 감사위원의 선임 또는 해임 시 최대주주 등이 소유하는 의결권 있는 주식의 합계가 발행주식 총수의 100분의 3을 초과하는 경우에는 해당 주주의 의결권 행사를 제한하도록 함.

2) 감사위원의 자격요건 및 선임절차를 개선하여 감사위원회의 독립성을 제

고함으로써 금융회사의 경영진에 대한 감사위원회의 감시기능을 강화할 수 있을 것으로 기대됨.

바. 위험관리제도 및 보수체계 개선(제21조 및 제22조)

1) 금융회사는 자산운용 등 각종 금융거래에서 발생하는 모든 위험을 적시에 인식하고 통제하는 등 위험관리를 위한 위험관리기준을 마련하고, 위험관리위원회와 위험관리책임자를 두도록 법률에 명시적인 근거를 마련하는 한편, 보수의 결정 및 지급방식 등을 심의·의결하는 보수위원회를 설치하고, 보수의 일정비율 이상을 성과와 연동시키되, 성과보수를 일정기간 이연(移延)하여 지급하도록 함.

2) 금융회사의 위험관리제도 및 보수체계의 개선을 통하여 금융회사가 과도한 위험에 노출되거나 과도한 위험을 부담하지 아니하도록 함으로써 금융회사의 건전한 경영을 유도할 수 있을 것으로 기대됨.

사. 대주주의 주기적 적격성 심사제도 도입(제32조)

1) 일정한 기간마다 최대주주의 자격요건을 심사하여 최대주주가 자격요건을 갖추지 못한 경우에는 그 위반사항의 중대성 여부에 따라 시정조치, 의결권 제한 명령을 내릴 수 있도록 함.

2) 대주주의 주기적 적격성 심사제도를 도입함으로써 부적격 대주주에 의한 금융회사의 운영 리스크뿐만 아니라 이로 인한 금융산업 전체의 리스크를 방지할 수 있을 것으로 기대됨.

제2절 2017년 4월 18일 개정(법률 제14818호)

금전적 제재의 실효성을 제고하기 위하여 금융회사가 사외이사 선임의무를 이행하지 아니한 경우 등에 대한 과태료 부과한도를 현행 5천만원에서 1억원으로, 임원의 선임사실 및 자격요건 적합 여부에 관한 공시 또는 보고를 하지 아니한 경우에 대해서는 과태료 부과한도를 현행 1천만원에서 3천만원으로 인상하는 등 현행 제도의 운영상 나타난 일부 미비점을 개선·보완하려는 것임.

제3절 2024년 1월 2일 개정(법률 제19913호)

이사회가 내부통제 감시역할을 충실히 수행할 수 있도록 이사회 내 위원회로 내부통제위원회를 신설하여 내부통제의 기본방침·전략 수립, 임직원의 직업윤리·준법정신을 중시하는 조직문화의 정착방안 마련 등을 심의·의결하도록 하고, 임원의 내부통제 관리 업무에 대한 점검 및 개선요구 등을 수행하도록 하며, 금융회사 임원이 내부통제 및 위험관리가 효과적으로 작동할 수 있도록 각종 관리조치를 하도록 하고, 대표이사 등이 내부통제 등의 전반적 집행 및 운영에 대한 최종적인 책임자로서 각종 총괄적인 관리조치를 실효성 있게 하도록 하는 한편, 대표이사 등은 내부통제 관련 책무를 임원에게 중복 또는 누락 없이 배분한 책무구조도를 이사회 의결을 거쳐 마련하고, 금융회사는 해당 책무구조도를 금융위원회에 제출하도록 하며, 금융위원회가 내부통제 등 관리의무를 위반한 임원에 대해 제재조치를 할 수 있도록 하되, 법령 등 위반행위의 발생경위와 정도 및 그 결과, 이를 방지하기 위해 상당한 주의를 다하여 관리의무를 수행하였는지 여부 등의 요인을 고려하여 제재조치를 감경하거나 면제할 수 있도록 하는 등 현행 제도의 운영상 나타난 일부 미비점을 개선·보완함.

제3장 금융사지배구조법의 법원

제1절 금융사지배구조법

금융사지배구조법은 "금융회사 임원의 자격요건, 이사회의 구성 및 운영, 내부통제제도 등 금융회사의 지배구조에 관한 기본적인 사항을 정함으로써 금융회사의 건전한 경영과 금융시장의 안정성을 기하고, 예금자, 투자자, 보험계약자, 그 밖의 금융소비자를 보호하는 것"(법1)을 목적으로 하는 금융회사의 지배구조에 관한 기본법률이다. 금융사지배구조법의 구조는 그 목적과 금융회사 등에 대한 정의를 규정하고, 임원에 관한 규정, 이사회에 관한 규정, 내부통제 및 위험관

리 등에 관한 규정, 대주주의 건전성 유지에 관한 규정, 소수주주의 권리행사의
특례 규정, 처분 및 제재절차, 벌칙에 관한 규정을 두고 있다.

제2절 관련 법규 및 판례

I. 법령 및 규정

1. 법령

금융사지배구조법 이외에 금융회사 지배구조와 관련된 법률로는 상법 등이
있다. 또한 법률 이외에 시행령은 중요한 기준을 정하고 있다.

2. 규정

법령 이외에 구체적이고 기술적인 사항을 신속하게 규율하기 위하여 금융위
원회가 제정한 규정이 적용된다. 특히 「금융회사 지배구조 감독규정」이 중요한
기능을 수행하고 있다. 또한 금융사지배구조법 및 같은 법 시행령, 금융회사 지
배구조 감독규정에서 정한 금융감독원장 소관사항의 시행에 필요한 사항을 정함
을 목적으로 금융회사 지배구조 감독규정 시행세칙이 시행되고 있다.

II. 판례

판례는 미국과 같은 판례법주의 국가의 경우에는 중요한 법원이지만, 우리
나라와 같은 대륙법계 국가에서는 사실상의 구속력만이 인정되고 있을 뿐 법원
은 아니다. 우리나라의 경우 금융사지배구조법 시행 후 축적된 판례는 많지 않
으나 금융회사의 권리의식의 향상으로 판례가 축적되어 가는 과정인 것으로 보
인다.

제 2 편

임 원

제1장 임원의 자격요건

제1절 임원의 자격요건

Ⅰ. 임원의 범위

금융사지배구조법에서 임원이란 이사, 감사, 집행임원(상법에 따른 집행임원을 둔 경우로 한정) 및 업무집행책임자를 말한다(법2(2)).

1. 이사

금융사지배구조법에서 "이사"란 사내이사, 사외이사 및 그 밖에 상시적인 업무에 종사하지 아니하는 이사("비상임이사")를 말하고(법2(3)), 금융사지배구조법에서 사외이사란 상시적인 업무에 종사하지 아니하는 이사로서 제17조(임원후보추천위원회)에 따라 선임되는 사람을 말한다(법2(4)).

2. 업무집행책임자

업무집행책임자란 이사가 아니면서 명예회장·회장·부회장·사장·부사장·행장·부행장·부행장보·전무·상무·이사 등 업무를 집행할 권한이 있는 것으로 인정될 만한 명칭을 사용하여 금융회사의 업무를 집행하는 사람을 말한다(법

2(5)). 상무, 전무 등의 명칭을 사용하고 있으면 실제 업무와 관계없이 업무집행
책임자로 볼 수 있다.[1]

본부장, 담당 등의 명칭을 사용하더라도 상무, 이사 등 당해 회사 내 업무집
행책임자가 동일한 명칭을 사용함으로써 해당 직원이 대외적으로 임원으로 인식
될 수 있다면 업무집행책임자로 보아야 한다. 법 제2조에서 열거된 명예회장·회
장·부회장·사장·부사장·행장·부행장·부행장보·전무·상무·이사 등의 명칭은
업무집행책임자의 예시적인 명칭이다. 따라서 열거되지 않은 명칭이라 하더라도
그 명칭이 대외적으로 업무집행책임자로 오인될 수 있는 명칭이라면 해당 명칭
을 사용하는 직원을 업무집행책임자로 보아야 할 것이다. 예를 들어 특정 회사의
본부장 보직을 역임하는 임직원 중에 이사나 상무 등 업무집행책임자가 존재하
는 경우에는, 본부장이라는 명칭이 대외적으로 업무집행책임자로 인식될 수 있
으므로 비록 직원인 본부장이 있다 하더라도 그 또한 업무집행책임자로 보아야
한다.[2]

법 제2조 제2호에 따라 업무집행책임자는 원칙적으로 임원으로 정의되며,
법 전반에서 임원에 준하여 적용받게 된다. 다만, 특수관계인의 범위(영3), 임직
원의 제재조치(법35) 등 일부 조항에서 업무집행책임자를 임원에서 제외하거나
직원으로 규정하는 등 별도로 이를 명시하고 있다.[3][4]

▌ 금융위원회 질의회신(문서번호 190114, 회신일자 20190715)

[질의]

□ 여신전문금융업법 개정사항 관련 문의: 여신전문금융업법 제27조의2 제6
항 및 동조 제7항이 규정하고 있는 부가통신업자의 임원 범위

[회신]

□ 여신전문금융업법 제27조의2 제6항 및 동조 제7항이 규정하고 있는 부

---

1) 금융위원회(2016b), 1쪽.
2) 금융위원회(2016b), 2쪽.
3) 금융위원회(2016b), 3쪽.
4) 전자금융거래법(§21의2②)은 정보보호최고책임자를 상법상 업무집행지시자를 포함한 임
   원으로 지정하도록 하고 있으며, 그 범위는 지배구조법상 임원의 범위와 사실상 동일하
   다. 이에 따라 지배구조법의 적용을 받는 금융회사가 전자금융거래법 제21조의2 제2항에
   따라 정보보호최고책임자를 임면할 때에는, 지배구조법상 임원에 대해 적용하는 자격요건
   을 동일하게 적용하여야 한다(금융위원회(2016b), 4쪽).

가통신업자의 임원은 원칙적으로 금융사지배구조법상 임원의 정의를 준용함이 타당합니다.

[이유]

□ 부가통신업자는 금융사지배구조법상 금융회사의 지위를 갖는 할부금융 업자·시설대여업자·신기술사업금융업자와 같이 법령에서 요구하는 자격을 갖추고 금융위원회에 등록*하도록 하고 있는 점과,

> * 여전법은 신용카드등부가통신업(이하 "부가통신업")을 하려는 자에 대하여 일정한 기준에 따른 시설·장비 및 기술능력을 갖추어 금융위원회에 등록할 것을 요구(§27의2)

○ 지배구조법 시행('16.8.1.) 이전 과거 여전법 체계에서는 임원의 자격요건에 대해 여신전문금융회사와 부가통신업자간 차이를 두고 있지 않았으며, 여전법 제27조의2 제6항이 부가통신업자 임원의 결격요건에 대한 지배구조법 조문을 준용하고 있다는 점 등을 감안해 볼 때,

○ 여전법 제27조의2 제6항 및 동조 제7항이 규정하고 있는 부가통신업자의 임원은 금융회사의 임원 등에 대한 기본적인 사항을 규정해 둔 지배구조법상 임원의 정의를 준용함이 타당합니다.

▎ 금융위원회 질의회신(문서번호 170445, 회신일자 20180607)

[질의]

□ 부장급 부문장의 준법감시인 임명이 가능한지

1. 직원 중 대표이사의 인사명령으로 임명하는 부문장*을 금융사지배구조법상 임원으로 볼 수 있는지 여부

> * 당사의 부문장 중 상무의 명칭을 사용하는 자는 임원으로서 금융위원회에 임원 선임 보고 및 선임 공시를 하고 있으나, 그 외의 부문장은 직원으로 간주하여 별도의 선임 보고 및 공시는 하고 있지 않음

2. 부장급 직원인 준법감시인 A의 임기 종료(2018.2월) 후 A를 직원의 신분을 유지한 채 "타 임원과 다르게 대우하지 않고 임원과 동일하게 업무를 집행할 권한 및 책임을 부여한다면*" 다시 준법감시인으로 임명이 가능한지?

> * 과거 금융위(전자금융과)는 전자금융거래법상 임원으로 선임하도록 의무화되어 있는 정보보호책임자를 직원으로 선임할 수 있는 요건으로 위의 단서를 언급

[회신]

1. 귀사의 "부문장"이 대외적으로 업무를 집행할 권한이 있는 것으로 볼 만한 명칭인 경우, 부문장은 금융사지배구조법 제2조 제5호에 따른 "업무집행책임자"로서 임원으로 볼 수 있습니다.

2. 금융사지배구조법 제25조 제2항에 따라 자산총액 5조원 이상의 대규모 금융 회사는 사내이사 또는 업무집행책임자 중에서 준법감시인을 선임하여야 합니다. 회사 직제상 임원이 아닌 자를 임원(업무집행책임자)으로 볼 수 있을지 여부는 금융사지배구조법 제2조 제5호에 따라 "업무를 집행할 권한이 있는 것으로 인정될 만한 명칭"을 사용하는지 여부로 판단하며 다른 기준은 적용되지 않습니다.

[이유]

▫ (질의 1 관련) 금융사지배구조법 제2조 제2호는 임원의 종류를 "이사, 감사, 상법상 집행임원 및 업무집행책임자"로 한정하고 있습니다. 이 중 이사, 감사, 상법상 집행임원은 이사회 결의로 임명하므로, 대표이사가 임명한 부문장이 임원에 해당하려면 해당 부문장이 업무집행책임자여야 합니다.

○ 이와 관련하여 금융사지배구조법 제2조 제5호는 업무집행책임자를 "명예회장·회장·부회장·사장·부사장·행장·부행장·부행장보·전무·상무·이사 등 이사가 아니면서 업무를 집행할 권한이 있는 것으로 인정될 만한 명칭을 사용하여 금융회사의 업무를 수행하는 사람"으로 정의하고 있습니다.

○ 부문장의 경우 법상 업무집행책임자의 종류로 언급된 명칭은 아니지만, 귀사의 부문장 중 상무 직위를 가지는 자가 상당수 존재하는 등 대외적으로 부문장이 임원급으로 인식될 만한 사정이 존재한다면 "부문장"도 임원이 될 수 있습니다.

○ 다만, 임원의 선임시에는 지배구조법 제7조에 따라 금융위 선임보고 및 공시가 필요하므로 해당 "부문장"이 임원으로 인정받기 위해서는 그 선임에 대하여 금융위 보고 및 공시를 완료하여야 합니다.

▫ (질의 2 관련) 금융사지배구조법 제25조 제2항에 따라 자산총액 5조원 이상의 대규모 금융회사는 사내이사 또는 업무집행책임자 중에서 준법감시인을 선임하여야 합니다.

○ 금융사지배구조법 제2조 제5호는 업무집행책임자를 "명예회장·회장·부회장·사장·부사장·행장·부행장·부행장보·전무·상무·이사 등 이사가 아니면

서 업무를 집행할 권한이 있는 것으로 인정될 만한 명칭을 사용하여 금융회사의 업무를 수행하는 사람"으로 정의하고 있으므로, 만약 귀사가 대내적으로 직원인 자를 준법감시인으로 선임하고자 한다면 해당 직원이 동 요건을 충족하여야 합니다.

II. 임원의 결격사유

다음의 제1호부터 제8호까지의 어느 하나에 해당하는 사람은 금융회사의 임원이 되지 못한다(법5①). 금융사지배구조법에서 "금융회사"란 은행, 금융투자업자 및 종합금융회사, 보험회사, 상호저축은행, 여신전문금융회사, 금융지주회사, 한국산업은행, 중소기업은행, 농협은행, 수협은행을 말한다(법2(1), 영2).

1. 미성년자 등

미성년자·피성년후견인 또는 피한정후견인은 금융회사의 임원이 되지 못한다(법5①(1)).

2. 파산선고 후 미복권자

파산선고를 받고 복권(復權)되지 아니한 사람은 금융회사의 임원이 되지 못한다(법5①(2)).

3. 금고 이상의 실형 선고 후 5년 미경과한 자

금고 이상의 실형을 선고받고 그 집행이 끝나거나(집행이 끝난 것으로 보는 경우 포함) 집행이 면제된 날부터 5년이 지나지 아니한 사람은 금융회사의 임원이 되지 못한다(법5①(3)).

4. 금고 이상의 형의 집행유예를 선고받고 그 유예기간 중에 있는 자

금고 이상의 형의 집행유예를 선고받고 그 유예기간 중에 있는 사람은 금융회사의 임원이 되지 못한다(법5①(4)).

5. 벌금 이상의 형을 선고받고 그 집행이 끝나지 아니한 자 등

금융사지배구조법 또는 금융관계법령에 따라 벌금 이상의 형을 선고받고 그 집행이 끝나거나(집행이 끝난 것으로 보는 경우 포함) 집행이 면제된 날부터 5년이 지나지 아니한 사람은 금융회사의 임원이 되지 못한다(법5①(5)).

▌금융위원회 질의회신(문서번호 230406, 회신일자 20240617)

[질의]

□ A에 대하여 금융관계법령에 따라 2018.11.15. 징역 1년(집행유예 2년)을 선고받아 2018.11.22. 판결이 확정된 경우, 선고일과 집행유예기간 경과일 중 어느 시점을 금융사지배구조법 제5조 제1항 제5호의 "그 집행이 끝나거나 집행이 면제된 날"로 해석해야 하는지

[회신]

□ 금융관계법령에 따라 금고 이상의 형의 집행유예를 선고받아 그 유예기간 중에 있는 사람은 금융사지배구조법 제5조 제1항 제4호에 따라 금융회사의 임원이 되지 못하는 것으로 판단됩니다.

[이유]

□ 금융사지배구조법 제5조 제1항 제5호는 금융관계법령에 따라 벌금 이상의 실형을 선고받은 경우에 관한 규정으로, 그 집행이 끝나거나(집행이 끝난 것으로 보는 경우 포함) 집행이 면제된 날로부터 5년이 지나지 않은 사람은 금융회사의 임원이 되지 못한다고 규정하고 있습니다.

○ 한편, 동조 제4호는 (금융관계법령을 포함하여) 형벌규정에 따라 금고 이상의 형의 집행유예를 선고받고 그 유예기간 중에 있는 사람은 금융회사의 임원이 되지 못한다고 규정하고 있습니다.

□ 사안의 경우, A는 징역 1년(집행유예 2년)을 선고받은 자로, 금융사지배구조법 제5조 제1항 제5호에 따른 임원 결격사유가 적용되는 자가 아니며, 동조 제4호에 따른 결격사유가 적용됨에 따라 집행유예기간(2년) 동안 금융회사의 임원이 되지 못하는 것으로 판단됩니다.

6. 영업의 허가·인가·등록 등의 취소 조치를 받은 날부터 5년 미경과자

다음의 어느 하나에 해당하는 조치를 받은 금융회사의 임직원 또는 임직원이었던 사람(그 조치를 받게 된 원인에 대하여 직접 또는 이에 상응하는 책임이 있는 사람으로서 "대통령 령으로 정하는 사람"으로 한정)으로서 해당 조치가 있었던 날부터

5년이 지나지 아니한 사람은 금융회사의 임원이 되지 못한다(법5①(6)).

가. 금융관계법령에 따른 영업의 허가·인가·등록 등의 취소
나. 금융산업구조개선법 제10조 제1항에 따른 적기시정조치
다. 금융산업구조개선법 제14조 제2항에 따른 행정처분

위에서 "대통령령으로 정하는 사람"이란 해당 조치의 원인이 되는 사유가 발생한 당시의 임직원으로서 다음의 어느 하나에 해당하는 사람을 말한다(영7①).

1. 감사 또는 법 제19조에 따른 감사위원회 위원("감사위원")
2. 법 제5조 제1항 제6호 가목 또는 다목에 해당하는 조치의 원인이 되는 사유의 발생과 관련하여 위법·부당한 행위로 금융위원회 또는 금융감독원장으로부터 주의·경고·문책·직무정지·해임요구, 그 밖에 이에 준하는 조치를 받은 임원(업무집행책임자는 제외)
3. 법 제5조 제1항 제6호 나목에 해당하는 조치의 원인이 되는 사유의 발생과 관련하여 위법·부당한 행위로 금융위원회 또는 금융감독원장으로부터 직무정지·해임요구, 그 밖에 이에 준하는 조치를 받은 임원
4. 법 제5조 제1항 제6호 각 목에 해당하는 조치의 원인이 되는 사유의 발생과 관련하여 위법·부당한 행위로 금융위원회 또는 금융감독원장으로부터 직무정지요구 또는 정직요구 이상에 해당하는 조치를 받은 직원(업무집행책임자를 포함)
5. 제2호부터 제4호까지의 제재 대상자로서 그 제재를 받기 전에 퇴임하거나 퇴직한 사람

7. 임직원 제재조치를 받은 날부터 일정 기간 미경과자

금융사지배구조법 또는 금융관계법령에 따라 임직원 제재조치(퇴임 또는 퇴직한 임직원의 경우 해당 조치에 상응하는 통보를 포함)를 받은 사람으로서 조치의 종류별로 5년을 초과하지 아니하는 범위에서 "대통령령으로 정하는 기간"이 지나지 아니한 사람은 금융회사의 임원이 되지 못한다(법5①(7)).

위에서 "대통령령으로 정하는 기간"이란 다음의 구분에 따른 기간을 말한다(영7②).

1. 임원에 대한 제재조치의 종류별로 다음 각 목에서 정하는 기간
   가. 해임(해임요구 또는 해임권고를 포함): 해임일(해임요구 또는 해임권고의 경우에는 해임요구일 또는 해임권고일)부터 5년
   나. 직무정지(직무정지의 요구를 포함) 또는 업무집행정지: 직무정지 종료일(직무정지 요구의 경우에는 직무정지 요구일) 또는 업무집행정지 종료일부터 4년
   다. 문책경고: 문책경고일부터 3년
2. 직원에 대한 제재조치의 종류별로 다음 각 목에서 정하는 기간
   가. 면직요구: 면직요구일부터 5년
   나. 정직요구: 정직요구일부터 4년
   다. 감봉요구: 감봉요구일부터 3년
3. 재임 또는 재직 당시 금융관계법령에 따라 그 소속기관 또는 금융위원회·금융감독원장 외의 감독·검사기관으로부터 제1호 또는 제2호의 제재조치에 준하는 조치를 받은 사실이 있는 경우 제1호 또는 제2호에서 정하는 기간
4. 퇴임하거나 퇴직한 임직원이 재임 또는 재직 중이었더라면 제1호부터 제3호까지의 조치를 받았을 것으로 인정되는 경우 그 받았을 것으로 인정되는 조치의 내용을 통보받은 날부터 제1호부터 제3호까지에서 정하는 기간

관련 판례

대법원 2017. 9. 12. 선고 2017다229284 판결

금융회사의 지배구조에 관한 법률 제5조 제1항 제7호는, 위 법 또는 금융관계법령에 따라 임직원 제재조치(퇴임 또는 퇴직한 임직원의 경우 해당 조치에 상응하는 통보를 포함한다)를 받은 사람으로서 조치의 종류별로 5년을 초과하지 아니하는 범위에서 대통령령으로 정하는 기간이 지나지 아니한 사람은 금융회사의 임원이 되지 못한다고 규정하고 있다. 그런데 기록에 의하면, 징계면직처분에 의한 이 사건 해고일인 2005. 10. 25.부터 이미 5년이 경과하였음이 역수상 명백하므로 징계면직처분으로 인하여 생길 수 있는 법령상 재취업 기회의 제한은 더 이상 존재하지 않는다. 따라서 법률상 지위에 대한 위험이나 불안을 제거하기 위하여 그 무효 확인의 이익이 있다는 원고의 주장은 받아들일 수 없다. 나아가 원고가 과거의 법률행위에 불과한 징계면직처분에 대하여 무효확인청구를 하는 이유가 단순히 징계면직된 전력이 향후 재취업에 불리하게 작용하는 것을 막기 위해

서라고 한다면 이는 현존하는 권리나 법률상의 지위에 대한 위험이나 불안을 제거하기 위한 것이라고 할 수 없으므로 그 무효 확인을 구할 이익이 있다고 할 수도 없다.

▌ 금융위원회 질의회신(문서번호 210143, 회신일자 20220204)

[질의]

▫ 온라인투자연계금융업법상 임원의 자격요건에 대한 문의: 자본시장법 시행령 제376조 제1항 11호 가목의 "경고조치"를 받게 될 경우 금융사지배구조법 제5조 제1항 7호 및 동법 시행령 제7조 제2항 1호 다목의 문책경고에 해당하여 3년간 임원의 자격을 얻을 수 없는지 여부

[회신]

▫ 자본시장법 시행령 제376조 제1항 제11호 가목의 "경고조치"는 금융사지배구조법 제5조 제1항 7호 및 동법 시행령 제7조 제2항 1호 다목의 "문책경고"에 해당하지 않습니다.

○ 따라서 비금융회사의 임원이 자본시장법 시행령 제376조 제1항 제11호 가목의 경고조치를 받더라도 지배구조법상 금융회사 임원 결격사유에 해당하지 않습니다.

[이유]

▫ 자본시장법 시행령 제376조 제1항 제11호 각 목에 따른 조치는 비금융회사 임원 개인에 대한 통보적 성격(강제력 없음)임에 반해 지배구조법 시행령 제7조 제2항 제1호 각목의 조치는 금융감독원의 감독대상인 금융회사의 임원에 대한 제재(강제력 있음)조치에 해당하기 때문입니다.

▌ 금융위원회 질의회신(문서번호 190080, 회신일자 20190604)

[질의]

▫ 금감원으로부터 문책경고 이상의 제재를 받은 임원이 임기만료 이후 同 금융회사에 고문 자격요건에 저촉되는지 여부: 금융당국으로부터 문책경고를 받은 금융회사 임원이 퇴직 후 해당 금융회사 전문위원으로 임명된 경우 금융사지배구조법 제5조에 따른 임원의 자격요건에 저촉되는지 여부

[회신]

□ "전문위원"은 통상 직원에 적용되는 명칭과는 다른 직책명으로, 이러한 전문위원이 실제 금융회사의 업무를 집행하고 있다면 업무집행책임자로 볼 여지가 상당합니다.

□ 따라서 지배구조법 제5조 제1항 제7호 및 동법 시행령 제7조 제2항 제1호 다목에 따라 문책경고일로부터 3년이 경과하지 않으면 임원(업무집행책임자)의 자격요건에 저촉되는 것으로 보입니다.

[이유]

□ 지배구조법 제2조 제5호에서는 업무집행책임자를 이사가 아니면서 명예회장·회장·부회장·사장·부사장·행장·부행장·부행장보·전무·상무·이사 등 업무를 집행할 권한이 있는 것으로 인정될 만한 명칭을 사용하여 금융회사의 업무를 집행하는 사람으로 정의하고 있습니다.

○ 이러한 지배구조법 제2조 제5호의 열거된 명칭은 예시적이기 때문에 단순히 직책명이나 계약내용 일부에 따라 업무집행책임자 여부를 판단하는 것이 아니고, 통상적으로 직원에 적용되는 명칭과 다른 직책명을 사용하면서 실제 업무집행에 관여하고 있다면 업무집행책임자로 볼 여지가 상당할 것입니다.

□ 또한, 지배구조법 제5조 제1항 제7호 및 동법 시행령 제7조 제2항 제1호 다목에 따라 문책경고를 받은 금융회사 임원은 문책경고일로부터 3년이 경과하지 않으면 금융회사 임원이 되지 못합니다.

○ 지배구조법 제2조 제2호에 따르면 임원에는 업무집행책임자도 포함되며, 문책경고일로부터 3년이 경과하지 못하면 업무집행책임자가 될 수 없습니다.

□ 특히, 질의하신 사안에서 법령상 제재조치에 따라 임원의 결격사유에 해당하게 된 자가, 지배구조법상 금융회사의 임원이 될 수 없는 기간(문책경고의 경우 문책경고일로부터 3년) 내에 동일한 금융회사에서 업무를 하는 것은 임원의 결격사유를 규정하고 있는 지배구조법의 취지와 어긋날 뿐만 아니라, 지배구조법을 우회함으로써 법질서를 침해하고 있는 것으로 볼 여지가 있습니다.

□ 이러한 점들을 감안할 때 동 전문위원은 지배구조법 제5조에 규정된 임원의 자격요건에 저촉될 소지가 있는 것으로 보입니다.

8. 공익성 및 건전경영과 신용질서를 해칠 우려가 있는 자

해당 금융회사의 공익성 및 건전경영과 신용질서를 해칠 우려가 있는 경우로서 "대통령령으로 정하는 사람"은 금융회사의 임원이 되지 못한다(법5①(8)).

위에서 "대통령령으로 정하는 사람"이란 다음의 구분에 따른 사람을 말한다(영7③).

1. 해당 금융회사가 은행인 경우: 해당 은행, 해당 은행의 자회사등(은행법 제37조 제2항 각 호 외의 부분 단서5)에 따른 자회사등을 말한다. 이하 "은행의 자회사등"이라 한다), 해당 은행의 자은행(은행법 제37조 제5항6)에 따른 자은행을 말한다. 이하 "은행의 자은행"이라 한다), 해당 은행을 자회사로 하는 은행지주회사 또는 그 은행지주회사의 자회사등(금융지 주회사법 제4조 제1항 제2호7)에 따른 자회사등을 말한다. 이하 "은행지주회사의 자회사 등"이라 한다)과 여신거래(대출, 지급보증 및 자금지원 성격의 유가증권의 매입, 그 밖에 금융거래상의 신용위험이 따르는 금융회사의 직접적·간접적 거래를 말한다. 이하 같다)가 있는 기업과 특수관계에 있는 등 해당 은행의 자산운용과 관련하여 특정 거래기업 등의 이익을 대변할 우려가 있는 사람

2. 해당 금융회사가 금융지주회사인 경우: 해당 금융지주회사 또는 해당 금융지주회사의 자회사등(금융지주회사법 제4조 제1항 제2호에 따른 자회사등을 말한다. 이하 "금융지주회 사의 자회사등"이라 한다)과 여신거래가 있는 기업과 특수관계에 있는 등 해당 금융지주 회사 또는 해당 금융지주회사의 자회사등의 자산운용과 관련하여 특정 거래기업 등의 이익을 대변할 우려가 있는 사람

3. 해당 금융회사가 은행 또는 금융지주회사가 아닌 금융회사인 경우: 해당 금융회사와 여신 거래규모가 여신거래잔액이 10억원(감독규정2) 이상인 기업

---

5) 다만, 은행이 의결권 있는 지분증권의 100분의 15를 초과하는 지분증권을 소유하는 회사 등("자회사등")

6) ⑤ 제6항부터 제8항까지의 규정에서 "모은행(母銀行)" 및 "자은행"이란 은행이 다른 은행의 의결권 있는 발행주식 총수의 100분의 15를 초과하여 주식을 소유하는 경우의 그 은행과 그 다른 은행을 말한다. 이 경우 모은행과 자은행이 합하여 자은행이 아닌 다른 은행의 의결권 있는 발행주식 총수의 100분의 15를 초과하여 주식을 소유하는 경우 그 다른 은행은 그 모은행의 자은행으로 본다.

7) 2. 자회사, 손자회사 및 증손회사(제19조의2, 제32조에 따라 금융지주회사에 편입된 다른 회사를 포함하며, 이하 "자회사등"이라 한다)가 되는 회사의 사업계획이 타당하고 건전할 것

과 특수관계가 있는 사람으로서 해당 금융회사의 자산운용과 관련하여 특정 거래기업 등의 이익을 대변할 우려가 있는 사람

▌금융위원회 질의회신(회신일자 20161213)

[질의]

□ 임원의 자격요건: 금융사지배구조법 제5조 및 시행령 제7조 제3항에 따른 금융회사의 임원의 결격사유의 해석 방향과 관련하여 다음의 사항을 질의

① 임원의 결격사유 중 시행령 제7조 제3항 제1호 및 제2호의 "해당 은행 및 그 자은행, 소속된 은행지주, 그 은행지주의 자회사등과 여신거래가 있는 기업과 특수관계에 있는 등 해당 은행의 자산운용과 관련하여 특정 거래기업 등의 이익을 대변할 우려가 있는 사람"의 해석과 관련하여, 여신거래가 있는 기업과 특수관계에 있지 않다면 해당 은행의 자산운용과 관련하여 특정 거래기업 등의 이익을 대변할 우려가 없는 것으로 이해하면 되는지

② 시행령 제7조 제3항 제1호 내지 제3호의 "여신거래가 있는 기업과 특수관계가 있는 사람"의 해석과 관련하여, "특수관계가 있는 사람"을 지배구조법 제2조 제6호 가목의 "특수관계인"으로 이해하면 되는지

[회신]

□ 해당 은행 등과 여신거래가 있는 기업과 특수관계에 있는 자가 아니라 하더라도 해당 은행의 자산운용과 관련하여 특정 거래기업 등의 이익을 대변할 우려가 있다고 볼 만한 객관적인 사정이 있는 경우에는, "해당 은행의 자산운용과 관련하여 특정 거래기업 등의 이익을 대변할 우려가 있는 사람"에 해당할 수 있습니다.

□ 시행령 제7조 제3항 각 호의 "특수관계가 있는 사람"은 지배구조법 제2조 제6호 가목의 "특수관계인"을 의미합니다.

[이유]

□ 지배구조법 시행령 제7조 제3항 제1호는 은행의 임원의 결격사유와 관련하여 "해당 은행 및 그 자회사, 그 속한 은행지주회사 및 그 자회사등과 여신거래관계가 있는 기업과 특수관계가 있는 등 해당 은행의 자산운용과 관련하여 특정 거래기업 등의 이익을 대변할 우려가 있는 사람"으로 정의하고 있습니다.

○ 동 조문의 해석상 해당 은행 등과 여신거래가 있는 기업과 특수관계에

있는 자가 아니라 하더라도 해당 은행의 자산운용과 관련하여 특정 거래기업 등의 이익을 대변할 우려가 있다고 볼 만한 객관적인 사정이 있는 경우에는, "해당 은행의 자산운용과 관련하여 특정 거래기업 등의 이익을 대변할 우려가 있는 사람"에 해당할 수 있습니다.

□ 한편 시행령 제7조 제3항은 "특수관계가 있는 사람"의 정의를 별도로 내리고 있지 않으므로, 조문의 문리해석상 "특수관계가 있는 사람"은 지배구조법 제2조 제6호 가목의 "특수관계인"을 의미하는 것으로 이해할 수 있습니다.

Ⅲ. 임원의 자격 상실 여부

1. 자격 상실

금융회사의 임원으로 선임된 사람이 앞의 법 제5조 제1항 제1호부터 제8호까지의 임원의 결격사유 중 어느 하나에 해당하게 된 경우에는 그 직(職)을 잃는다(법5② 본문).

2. 자격 유지

위의 법 제5조 제1항 제7호에 해당하는 사람으로서 "대통령령으로 정하는 경우"에는 그 직을 잃지 아니한다(법5② 단서).

앞에서 "대통령령으로 정하는 경우"란 직무정지, 업무집행정지 또는 정직요구(재임 또는 재직 중이었더라면 조치를 받았을 것으로 통보를 받은 경우 포함) 이하의 제재를 받은 경우를 말한다(영7④).

Ⅳ. 내부통제등 관리의무를 부담하는 임원의 자격

법 제30조의2(임원의 내부통제등 관리의무) 제1항8)에 따른 임원은 제30조의3

---

8) ① 금융회사의 임원(해당 금융회사의 책무에 사실상 영향력을 미치는 다른 회사 임원을 포함하며, 금융회사의 자산규모, 담당하는 직책의 특성 등을 고려하여 대통령령으로 정하는 임원을 제외하거나 대통령령으로 정하는 직원을 포함)은 제30조의3 제1항에 따른 책무구조도에서 정하는 자신의 책무와 관련하여 내부통제 및 위험관리("내부통제등")가 효과적으로 작동할 수 있도록 다음의 관리조치를 하여야 한다.
  1. 이 법 및 금융관계법령에 따른 내부통제기준 및 위험관리기준("내부통제기준등")이 적정하게 마련되었는지 여부에 대한 점검
  2. 내부통제기준등이 효과적으로 집행·운영되고 있는지 여부에 대한 점검
  3. 임직원이 법령 또는 내부통제기준등을 충실하게 준수하고 있는지 여부에 대한 점검
  4. 제1호부터 제3호까지에 따른 점검 과정에서 알게 된 법령 및 내부통제기준등의 위반사

(책무구조도) 제1항에 따른 책무구조도에서 정하는 자신의 책무를 수행하기에 적합한 전문성, 업무경험, 정직성 및 신뢰성을 갖춘 사람이어야 한다(법5③).[9]

[실무적용 예시]

임원 선임시에는 "[별지 1호] 임원 선임 보고 (붙임 2) 임원 선임 심사표" Ⅳ, 임원의 직책 변경 등의 경우에는 "[별지 1호의2] 임원의 직책 변경 등 보고 (붙임 2) 자격요건 심사표" Ⅰ.9에 판단사유를 기재하여야 한다. 판단 사유를 기재함에 있어 회사는 판단 사유의 근거인 체크리스트를 마련할 필요가 있다.

가. 전문성/업무능력

구분	평가 항목		세부 내용	평가 방식
공통	필수 기재	근무경험	금융회사 근속년수	총 근속년수(년) ○○년 이상 충족 여부 (체크 표시)
			유관업무 근무경험	총 근속년수(년) ○○년 이상 충족 여부 (체크 표시)
		학위 (전공)	학사/석사/박사(전공)	(유관 여부 상관없이 기재)
	선택기재	자격증	유관 자격증	(있는 경우만 선택 기재)
		교육이수	유관 교육 이수내역	
개별 (예시)	법정 필수 요건 임원		CPO, CRO, 준법감시인 등	요건 충족 여부(체크 표시)
	글로벌 담당 임원		어학능력 등	상/중/하(체크 표시)
	외부 출신 임원		업무 네트워크 활용 역량 (ex 감독기관 출신)	상/중/하(체크 표시)

* 유관업무 범위: 포괄적으로 판단하여 인정할 수 있음. (ex) CSO일 경우, 전략 업무경험이 없더라도 경영관리 분야 전체 근무경력 인정

항이나 내부 통제등에 관한 미흡한 사항에 대한 시정·개선 등 필요한 조치
  5. 제1호부터 제4호까지에 따른 조치에 준하는 조치로서 내부통제등의 효과적 작동을 위하여 대통령령으로 정하는 관리조치
9) [신설 2024.1.2] [시행일 2024.7.3.]. 부칙[2024.1.2. 제19913호] 제2조(임원의 자격요건 적합여부 확인·공시·보고에 관한 적용례) 제5조 제3항 및 제7조 제1항·제2항의 개정규정은 부칙 제6조에 따라 최초로 책무구조도를 작성하여 금융위원회에 제출한 후에 최초로 선임(연임을 포함)되거나 책무구조도에서 정하는 직책이 변경되는 임원부터 적용한다.

나. 정직성/신뢰성

구분	평가 항목	세부 내용	평가 방식
공통	법적 결격사유	결격사유조회 시 특이사항	유/무(체크) 표시
		범죄경력/수사경력조회 시 특이사항	
	내부 징계	징계 이력 금융관계법 위반 여부 등	
	윤리/내부통제 의무교육 이수	직무윤리/자본시장 관련 법규/ 성희롱/직장 내 괴롭힘 등 교육 이력	유/무(체크) 표시 이수한 교육과정 List-up
	평판 (Preference)	리더십 스타일 등 평판 특이사항 여부	유/무(체크) 표시

다. 종합의견(서술형 기술)

제2절 사외이사의 자격요건

Ⅰ. 사외이사의 결격사유

다음의 제1호부터 제8호까지의 어느 하나에 해당하는 사람은 금융회사의 사외이사가 될 수 없다(법6① 본문). 다만, 사외이사가 됨으로써 제1호에 따른 최대주주의 특수관계인에 해당하게 되는 사람은 사외이사가 될 수 있다(법6① 단서).

1. 최대주주 및 그의 특수관계인

최대주주 및 그의 특수관계인(최대주주 및 그의 특수관계인이 법인인 경우에는 그 임직원)은 금융회사의 사외이사가 될 수 없다(법6① 본문). 다만, 사외이사가 됨으로써 제1호에 따른 최대주주의 특수관계인에 해당하게 되는 사람은 사외이사가 될 수 있다(법6① 단서).

2. 주요주주 및 그의 배우자와 직계존속·비속

주요주주 및 그의 배우자와 직계존속·비속(주요주주가 법인인 경우에는 그 임직원)은 금융회사의 사외이사가 될 수 없다(법6①(2)).

3. 금융회사 또는 그 계열회사의 상근 임직원 또는 비상임이사 등

해당 금융회사 또는 그 계열회사(공정거래법 제2조 제12호에 따른 계열회사)의 상근 임직원 또는 비상임이사이거나 최근 3년 이내에 상근 임직원 또는 비상임이사이었던 사람은 금융회사의 사외이사가 될 수 없다(법6①(3)).

금융지주회사의 사외이사가 자회사 사외이사를 겸직 가능한지 여부가 문제된다. 금융지주회사의 사외이사는 자회사 사외이사를 겸직할 수 있다. 법 제6조 제1항 제3호에 따라 해당 금융회사 또는 그 계열회사의 상근 임직원 및 비상임이사는 사외이사가 될 수 없다. 다만, 법 제2조 제3호, 제4호에 의하면 사외이사는 상근임원은 아니나 비상임이사에 해당하지도 않으므로, 제6조 제1항 제3호에도 불구하고 법 제10조 제4항 제1호에 따라 금융지주회사의 사외이사는 자회사의 사외이사가 될 수 있다.[10]

금융지주회사의 임직원이 자회사등의 사외이사가 될 수 있는지 여부가 문제된다. 금융지주회사의 사외이사는 자회사등의 사외이사가 될 수 있으나, 여타 상근 임직원 및 비상임이사는 자회사등의 사외이사가 될 수 없다. 법 제10조 제4항에 따라 다른 법령 및 법 제6조에도 불구하고 금융지주회사의 임직원은 자회사등의 임직원 겸직을 허용하고 있으나, 법 제6조 제1항 제3호에 따른 사외이사의 결격요건은 적용되므로 금융지주회사의 상근임직원 및 비상임이사는 계열회사인 자회사등의 사외이사가 될 수 없다. 다만, 금융지주회사의 사외이사는 자회사등의 사외이사는 될 수 있다.[11]

▌금융위원회 질의회신(회신일자 20170428)

[질의]

□ 지배구조법상 사외이사의 결격요건: 집합투자업자가 법인이사로 개설한 투자회사(뮤추얼펀드)의 감독이사이었던 자가 금융사지배구조법 제6조 및 같은 법 시행령 제8조의 사외이사 요건에 부합하는지 여부

자본시장법상 집합투자기구 중 투자회사의 설립을 위해 집합투자자가 법인이사가 되고, 해당 법인이사 외의 2인의 감독이사 선임의무가 있음(법률 제197조 제

---

10) 금융위원회(2016b), 10쪽.
11) 금융위원회(2016b), 11쪽.

2항 참조)

당사가 설립한 투자회사(뮤추얼펀드)에 최근까지 감독이사로 재직하시던 분께서 감독이사 직에서 물러나신 후 당사의 사외이사로 선임되실 수 있는지 여부를 질의함

즉 (1) 집합투자업자가 설립한 투자회사를 지배구조법 제6조 제1항 제3호의 계열회사로 보아야 하는 것인지, (2) 투자회사의 감독이사는 비상근 사외 감독업무 만을 하는 자인데 이를 비상임이사로 보아야 하는 것인지 여부에 대한 질의를 요청함

[회신]

ㅁ (질의1) 자본시장법상 투자회사는 집합투자업자가 법인이사로서 투자회사를 대표하고 투자회사의 업무를 집행하므로 집합투자업자의 계열사로 보는 것이 타당합니다.

ㅁ (질의2) 투자회사의 감독이사는 투자회사의 이사에 해당하므로 지배구조법 제6조 제1항 제3호에 따라 최근 3년 이내에 투자회사의 감독이사로 재임하였던 사람은 집합투자업자의 사외이사로 선임될 수 없습니다.

[이유]

ㅁ (질의1) 지배구조 법 제6조 제1항 제3호 따르면, 계열회사는 공정거래법 제2조 제3호에 따른 계열회사를 의미합니다. 동 조항에 따르면 계열회사는 "동일한 기업집단 내에 속해 있는 회사"를 의미하며, "동일한 기업집단"은 공정거래법 제2조 제2호 및 같은 법 시행령 제3조에 따라 "동일인(특수관계인 등을 포함)이 30% 이상의 지분을 소유"하거나, "당해 회사의 경영에 대하여 지배적인 영향력을 행사"하는 것으로 인정되는 회사를 의미합니다.

○ 자본시장법상 투자회사는 자본시장법 제198조에 따라 집합투자업자가 법인이사로서 투자회사를 대표하고 투자회사의 업무를 집행하므로 집합투자업자가 "당해 회사의 경영에 대하여 지배적인 영향력을 행사"하는 것으로 보아야 합니다. 따라서 투자회사는 집합투자업자의 계열회사에 해당합니다.

ㅁ (질의2) 자본시장법 제197조에 따라 투자회사의 이사는 법인이사와 감독이사로 나누어집니다. 즉 감독이사는 투자회사의 상근이사인지 비상근이사인지는 별론으로 하더라도 일단 이사에 해당함이 명확합니다.

○ 지배구조법 제6조 제1항 제3호는 "최근 3년 이내에 계열회사에서 상근

임직원(상근이사도 포함) 또는 비상임이사로 재직한 사람"은 사외이사가 될 수 없도록 규정하고 있습니다. 따라서 집합투자업자의 계열회사인 투자회사에서 감독이사로 재임하였던 사람은 집합투자업자의 사외이사가 될 수 없습니다.

4. 해당 금융회사 임원의 배우자 및 직계존속·비속

해당 금융회사 임원의 배우자 및 직계존속·비속은 금융회사의 사외이사가 될 수 없다(법6①(4)).

5. 해당 금융회사 임직원이 비상임이사로 있는 회사의 상근 임직원

해당 금융회사 임직원이 비상임이사로 있는 회사의 상근 임직원은 금융회사의 사외이사가 될 수 없다(법6①(5)).

6. 해당 금융회사와 중요한 거래관계 등에 있는 법인의 상근 임직원 등

해당 금융회사와 "대통령령으로 정하는 중요한 거래관계가 있거나 사업상 경쟁관계 또는 협력관계에 있는 법인"의 상근 임직원이거나 최근 2년 이내에 상근 임직원이었던 사람은 금융회사의 사외이사가 될 수 없다(법6①(6)).

위에서 "대통령령으로 정하는 중요한 거래관계가 있거나 사업상 경쟁관계 또는 협력관계에 있는 법인"이란 다음의 어느 하나에 해당하는 법인을 말한다(영8①).

1. 최근 3개 사업연도 중 해당 금융회사와의 거래실적 합계액이 자산총액(해당 금융회사의 최근 사업연도 말 현재 재무상태표 상의 자산총액) 또는 영업수익(해당 금융회사의 최근 사업연도 말 현재 손익계산서 상의 영업수익)의 10% 이상인 법인
2. 최근 사업연도 중에 해당 금융회사와 매출총액(해당 금융회사와 거래계약을 체결한 법인의 최근 사업연도 말 현재 손익계산서 상의 매출총액)의 10% 이상의 금액에 상당하는 단일 거래계약을 체결한 법인
3. 최근 사업연도 중에 해당 금융회사가 금전, 유가증권, 그 밖의 증권 또는 증서를 대여하거나 차입한 금액과 담보제공 등 채무보증을 한 금액의 합계액이 다음의 구분에 따른 자본 또는 자본금의 10% 이상인 법인
   가. 해당 금융회사가 은행, 보험회사 또는 금융지주회사인 경우: 해당 법인의

최근 사업연도 말 현재 재무상태표 상의 자본(해당 금융회사가 보험회사
인 경우에는 해당 법인의 자본금)

　나. 해당 금융회사가 금융투자업자, 상호저축은행, 여신전문금융회사인 경우:
해당 금융회사의 최근 사업연도 말 현재 재무상태표 상의 자본금(해당
금융회사가 금융투자업자인 경우에는 해당 금융회사의 자본)

4. 해당 금융회사의 정기주주총회일(보험업법 제2조 제7호에 따른 상호회사인
보험회사의 경우에는 정기사원총회일) 현재 해당 금융회사가 자본금(해당
금융회사가 출자한 법인의 자본금)의 5% 이상을 출자한 법인

5. 해당 금융회사와 기술제휴계약을 체결하고 있는 법인

6. 해당 금융회사의 회계감사인(외부감사법 제2조 제7호에 따른 감사인)으로 선
임된 회계법인

7. 해당 금융회사와 주된 법률자문, 경영자문 등의 자문계약을 체결하고 있는
법인

그러나 ⅰ) 한국은행, ⅱ) 자본시장법 시행령 제10조 제2항 각 호[12])의 어느
하나에 해당하는 자, ⅲ) 자본시장법 시행령 제10조 제3항 제1호부터 제13호[13])
까지의 어느 하나에 해당하는 자는 제외한다(영8②).

▌ **금융위원회 질의회신(문서번호 190373, 회신일자20210601)**

[질의]

□ 지배구조법 제6조(사외이사의 자격요건) 법령 해석 요청:

① 금융회사 사외이사 자격요건 관련하여 대학교를 금융사지배구조법 제6

---

12) 1. 은행, 2. 한국산업은행, 3. 중소기업은행, 4. 한국수출입은행, 5. 농업협동조합중앙회, 6.
수산업협동조합중앙회, 7. 보험회사, 8. 금융투자업자(법 제8조 제9항에 따른 겸영금융투
자업자는 제외), 9. 증권금융회사, 10. 종합금융회사, 11. 자금중개회사, 12. 금융지주회사,
13. 여신전문금융회사, 14. 상호저축은행 및 그 중앙회, 15. 산림조합중앙회, 16. 새마을금
고중앙회, 17. 신용협동조합중앙회, 18. 제1호부터 제17호까지의 기관에 준하는 외국 금융
기관.

13) 1. 예금보험공사 및 정리금융회사, 2. 한국자산관리공사, 3. 한국주택금융공사, 4. 한국투
자공사, 4의2. 삭제 [2014.12.30 제25945호(한국산업은행법 시행령)] [[시행일: 법률 제
12663호 한국산업은행법 전부개정법률 부칙 제4조 제6항에 따른 합병의 등기를 한 날]],
5. 협회, 6. 한국예탁결제원, 6의2. 전자증권법 제2조 제6호에 따른 전자등록기관, 7. 한국
거래소, 8. 금융감독원, 9. 집합투자기구, 10. 신용보증기금, 11. 기술보증기금, 12. 법률에
따라 설립된 기금(제10호 및 제11호는 제외) 및 그 기금을 관리·운용하는 법인, 13. 법률
에 따라 공제사업을 경영하는 법인.

조 제1항 제6호에서 정한 중요한 거래관계가 있거나 사업상 경쟁관계 또는 협력 관계에 있는 법인으로 볼 수 있는지 여부

② 동조 제6호에 해당하는 법인인 경우, 동법 제8조 1항 및 2항이 적용되는지

③ 대학교를 법인으로 볼 수 있는 경우, 금융회사 종류별로 지배구조법 시 행령 제8조 제1항 제1호에 따른 거래실적 합계액의 구체적인 범위가 달라지는지 여부

[회신]

① 지배구조법에서는 법인의 인정 여부를 별도로 규율하고 있지 않아 동법 제6조 제1항 제6호 관련 대학교의 법인 인정 여부를 일률적으로 판단하기는 어 렵습니다.

② 다만, 제6조 1항 6호의 법인에 해당하는 경우 동법 시행령 제8조 1항 및 2항이 적용됩니다.

③ 시행령 제8조 제1항 제1호 문언에 비추어보아, 대학교를 법인으로 볼 수 있는 경우에 금융회사 종류별로 거래실적 합계액의 구체적 범위가 달라지지 않 습니다.

[이유]

① 지배구조법 제6조 제1항 제6호에 따르면 해당 금융회사와 중요한 거래관 계가 있거나 사업상 경쟁관계 또는 협력관계에 있는 법인의 상근 임직원이거나 최근 2년 이내에 상근 임직원이었던 사람은 금융회사의 사외이사가 될 수 없습 니다.

○ 법인의 의미에 대해서는 지배구조법령에서 달리 정하지 않으므로, 상법 및 민법 등에 따라 판단될 것입니다.

○ 다만, 국립대학교는 일반적으로 법인이 아닌 교육시설의 명칭에 불과하 다는 대법원 판례(76다1478, 2001다21991 등) 등에 따라 법인으로 볼 수 없지만, 예외적으로 법인격을 취득한 경우(예, 서울대학교)에는 법인으로 인정되며, 사립 대학교는 당해 "학교법인"이 법인으로 인정되는 등 일률적으로 대학교의 법인 여부를 판단하기는 어려울 것으로 판단됩니다.

② 제6조 1항 6호의 법인에 해당하는 경우, 동법 시행령 제8조 1항 및 2항 이 적용됩니다.

③ 시행령 제8조 제1항 제1호 문언해석상, 거래실적 합계액은 금융회사 종

류와 관계없이 일괄적으로 적용되는 규정으로 볼 수 있습니다.

■ 금융위원회 질의회신(문서번호 70345, 회신일자 20170921)

[질의]

□ 사외이사의 결격사유 중 "주된 자문계약"의 범위 해석: 금융사지배구조법 시행령 제8조 제1항 제7호상의 "주된 자문계약"의 범위에 법률, 경영의 자문이 아닌 NPL채권 매각자문*이 포함되는지 여부

* 입찰방식을 통해 자문사 선정, 정기적인 자문계약은 체결하지 않음

[회신]

□ 정기 자문 계약이 아닌 1회성 업무제휴 형태 구조의 NPL채권 매각자문 계약은 사외이사 선임을 제한하는 지배구조법 시행령 제8조 제1항 제7호상의 "주된 법률자문, 경영자문 등의 자문계약"에 해당하지 않는 것으로 판단됩니다.

[이유]

□ 지배구조법 제6조 제1항 제6호는 금융회사와 이해관계가 있는 자 즉 중요한 거래관계가 있거나 사업상 경쟁관계 또는 협력관계가 있는 법인의 상근 임직원의 경우 중립적·객관적 직무 수행이 어려우므로 사외이사로의 선임을 제한하고 있습니다.

○ 이에 해당하는 자를 지배구조법 시행령 제8조 제1항에서 구체적으로 열거하고 있으며, 그 중 (동법 시행령 제8조 제1항 제7호) 해당 금융회사와 주된 법률자문, 경영자문 등의 자문계약 을 체결하고 있는 법인의 상근임직원(최근 2년 이내 퇴임한 상근임직원 포함)은 해당 금융회사와 "중요한 거래관계"가 있는 것으로 간주되어 사외이사로의 선임이 제한됩니다.

○ 따라서 지배구조법 시행령 제8조 제1항 제7호상 사외이사로의 선임이 제한되는 "주된 자문 계약" 해당 여부는 해당 금융회사와 자문사간의 "중요한 거래관계" 형성 가능 여부로 판단하셔야 합니다.

□ NPL채권 매각업무는 금융회사의 본연의 업무 수행 과정에서 발생하는 제반 업무이긴 하나, 해당 업무 자문이 정기계약이 아닌 1회성 업무제휴 형태 구조를 가지고 있는 점 고려시 사외이사의 중립적·객관적 직무수행을 저해하는 수준의 "중요한 거래관계"가 동 자문계약으로 인해 해당 금융회사와 자문사간 형

성되었다고 보기 어렵습니다.

○ 따라서 질의요청하신 NPL채권 매각자문계약은 지배구조법 시행령 제8조 제1항 제7호상의 "주된 법률자문, 경영자문 등의 자문계약"에 해당하지 않는 것으로 판단됩니다.

7. 해당 금융회사에서 6년 이상 사외이사로 재직한 기간을 합산하여 9년 이상인 사람 등

해당 금융회사에서 6년 이상 사외이사로 재직하였거나 해당 금융회사 또는 그 계열회사에서 사외이사로 재직한 기간을 합산하여 9년 이상인 사람은 금융회사의 사외이사가 될 수 없다(법6①(7)).

사외이사가 금융회사와 계열사를 겸직하고 있는 경우, 재직기간을 어떻게 산정하는지 여부의 문제가 있다. 사외이사 재직기간을 합산할 때 겸직기간은 중복하여 산입하지 않는다. 예를 들어 특정 금융회사와 그 계열회사의 사외이사를 3년 임기로 동일한 시점에 겸직하는 경우라면, 누적 재직기간은 6년이 아니라 3년으로 기산된다.[14]

법 제6조 제1항 제7호는 사외이사가 특정 금융회사와 일정기간 이상 업무상 유관관계를 맺을 경우 그 독립성이 훼손되는 것을 방지하기 위해 누적 재임기간을 제한하는 규정이다. 사외이사가 일정 기간 동안(예: 3년) 금융회사와 그 계열회사의 사외이사를 겸직한다 하더라도, 업무상 유관관계를 형성하는 기간 자체가 늘어나는 것은 아니므로, 그 겸직기간은 중복하여 산입하지 않는 것이 타당하다. 참고로 재직기한이 6년 또는 9년을 초과하더라도 상법 제383조 제3항에 따라 그 임기 중 최종의 결산기에 관한 정기주주총회 종결시까지 임기연장은 가능하다고 판단된다.

▌금융위원회 질의회신(문서번호 190035, 회신일자 20190604)
[질의]

□ 금융사지배구조법상 사외이사 재직기한 관련 법령해석 질의: 생명보험회사 A회사가 다른 생명보험회사 B회사의 지분을 100% 인수하여 자회사로 편입하

---

14) 금융위원회(2016b), 12쪽.

였고, 인수 직후 합병을 추진, 인수로부터 약 10개월 후 흡수 합병으로 A회사만 존속(B회사는 소멸)하게 되었고, 인수 前부터 B회사의 사외이사로 재임 중 이었던 甲을 A회사의 사외이사로 선임

□ 합병 전 B회사와 합병 후 A회사를 사실상 동일한 회사로 보아 甲의 B회사 사외이사 재임경력을 A회사 사외이사 누적 재임가능기간(6년)에 산정해야 하는지 여부

□ 만일 甲의 B회사 사외이사 재임경력을 A회사 사외이사 누적 재임가능기간에 산정해야 한다면 B회사 재임기간 중 일부(인수 이후)기간만 산정해도 되는지 여부 및 산정기준

[회신]

□ 합병 후 A회사와 합병 전 B회사가 사실상 동일한 회사로 보아야 하는 특수한 사정이 있는 것으로 보이나, 구체적인 사안에 따라 그렇지 않은 경우에는 재임기간을 별도로 산정할 수 있습니다.

[이유]

□ 금융사지배구조법 제6조 제1항 제7호에 따르면 해당 금융회사에서 6년(계열회사에서 사외이사로 재임한 기간 합산시 9년) 이상 사외이사로 재임한 사람은 사외이사로의 선임을 제한하고 있습니다.

○ 이는 해당 금융회사 또는 계열회사에서 오랜기간 사외이사로 재직한 자의 경우 금융회사와의 오랜 업무 유관관계 형성을 통해 금융회사의 경영진 또는 대주주로부터 독립성이 제한될 수 있는 만큼, 그 선임을 제한하기 위한 취지라 할 수 있습니다.

□ 과거 법령해석 회신문(170504)에서는 A회사가 계열회사인 B회사를 흡수 합병하여 A회사만 존속한 상황에서 합병 전 B회사와 합병 후 A회사의 경영진이나 대주주의 구성이 사실상 동일한 경우 등 B회사와 A회사를 사실상 동일한 회사로 보아야 하는 특수한 사정이 있는 경우에는 A회사와 B회사에서 사외이사로 재임한 기간을 합산하여 최대 6년까지만 재임 가능한 것으로 보아야 한다고 하였습니다.

○ 동 해석에서 제시한 기준은 예시적 기준으로, 경영진이나 대주주의 구성만으로 이를 판단하는 것은 아니며, 본질적으로는 사외이사가 독립성을 유지할 수 있는지를 기준으로 사외이사 재임기간을 판단해야 할 것입니다.

　□ 질의하신 사안의 경우, 甲의 입장에서는 합병을 통해 B회사가 소멸되었더라도 B회사에서의 근무가 합병후 존속법인인 A회사에서의 근무로 이어지고 있어 두 회사에서의 근무를 완전히 독립적인 회사에서의 근무라고 판단하기에는 어려운 측면이 있으며, 이는 甲이 사외이사로서 독립성을 유지하는 데 제한을 줄 여지가 있는 만큼, B회사에서의 재임기간도 A회사 사외이사 누적 재임기간(6년)에 산정할 필요가 있을 것으로 보입니다.

　○ 또한, A회사와 B회사의 임원진 일부(대표이사)가 합병 전후로 동일하고, 동일한 생명보험업을 영위하는 등의 사정도 甲의 입장에서 사외이사로서 완전히 독립성을 유지하는 데 제한을 줄 수 있는 요소로 볼 여지가 있습니다.

　□ 따라서 甲의 사외이사 누적 재임기간을 산정할 때도 A회사 대표이사의 B회사 취임 시점이나 A회사의 B회사 인수 시점부터가 아닌 인수 전 B회사에서 사외이사로 재임한 기간부터 전체를 합산하여 산정해야 할 것입니다.

8. 금융회사의 사외이사로서 직무를 충실하게 이행하기 곤란한 사람 등

　그 밖에 금융회사의 사외이사로서 직무를 충실하게 이행하기 곤란하거나 그 금융회사의 경영에 영향을 미칠 수 있는 사람으로서 "대통령령으로 정하는 사람"은 금융회사의 사외이사가 될 수 없다(법6①(8)).

　위에서 "대통령령으로 정하는 사람"이란 다음의 어느 하나에 해당하는 사람을 말한다(영8③).

1. 해당 금융회사의 최대주주와 제1항 각 호의 어느 하나에 해당하는 관계에 있는 법인(제2 항 각 호의 어느 하나에 해당하는 법인은 제외)의 상근 임직원 또는 최근 2년 이내에 상 근 임직원이었던 사람. 이 경우 제1항 각 호의 "해당 금융회사"는 "해당 금융회사의 최대 주주"로 본다.
2. 해당 금융회사가 은행인 경우
   가. 최대주주가 아닌 대주주의 특수관계인
   나. 다음의 어느 하나와 제1항 각 호의 어느 하나의 관계에 있는 법인(제2항 각 호의 어느 하나에 해당하는 법인은 제외)의 상근 임직원 또는 최근 2 년 이내에 상근 임직원이었던 사람
   1) 해당 은행, 그 은행의 자회사등 및 자은행
   2) 해당 은행을 자회사로 하는 은행지주회사 및 그 은행지주회사의 자회

사등

다. 나목 1) 또는 2)의 상근 임직원 또는 최근 2년 이내에 상근 임직원이었던 사람의 배우자, 직계존속 및 직계비속

3. 해당 금융회사가 금융지주회사인 경우 해당 금융지주회사의 자회사등과 제1항 각 호의 어느 하나에 해당하는 관계에 있는 법인(제2항 각 호의 어느 하나에 해당하는 법인은 제외)의 상근 임직원 또는 최근 2년 이내에 상근 임직원이었던 사람

4. 해당 금융회사 외의 둘 이상의 다른 주권상장법인의 사외이사, 비상임이사 또는 비상임감 사로 재임 중인 사람. 다만, 해당 금융회사가 주권상장법인, 은행 또는 은행지주회사인 경우에는 다음 각 호의 구분에 따른 사람을 말한다.

가. 해당 금융회사가 주권상장법인인 경우: 해당 금융회사 외의 둘 이상의 다른 회사의 이사·집행임원·감사로 재임 중인 사람

나. 해당 금융회사가 은행인 경우: 해당 은행 외의 다른 회사(해당 은행의 자회사등, 해당 은행의 자은행, 해당 은행을 자회사로 하는 은행지주회사 및 그 은행지주회사의 자회사등은 제외)의 사외이사, 비상임이사 또는 비상임감사로 재임 중인 사람

다. 해당 금융회사가 은행지주회사인 경우: 해당 은행지주회사 외의 다른 회사(해당 은행 지주회사의 자회사등은 제외)의 사외이사, 비상임이사 또는 비상임감사로 재임 중인 사람

5. 다음 각 목의 어느 하나에 해당하는 사람

가. 해당 금융회사에 대한 회계감사인으로 선임된 감사반(외부감사법 제2조 제7호 나목에 따른 감사반) 또는 주된 법률자문·경영자문 등의 자문계약을 체결하고 있는 법률사무소(변호사법 제21조 제1항에 따른 법률사무소)·법무조합(변호사법 제58조의18에 따른 법무조합)·외국법자문법률사무소(외국법자문사법 제2조 제4호에 따른 외국법자문법률 사무소)에 소속되어 있거나 최근 2년 이내에 소속되었던 공인회계사, 세무사 또는 변호사

나. 그 밖에 해당 금융회사에 대한 회계감사 또는 세무대리를 하거나 해당 금융회사와 주된 법률자문, 경영자문 등의 자문계약을 체결하고 있는 공인회계사, 세무사, 변호사 또는 그 밖의 자문용역을 제공하고 있는 사람

6. 해당 금융회사의 지분증권 총수의 1% 이상에 해당하는 지분증권을 보유(자본시장법 제133조 제3항 본문에 따른 보유)하고 있는 사람

7. 해당 금융회사와의 거래(약관규제법 제2조 제1호에 따른 약관에 따라 이루

어지는 정형화된 거래는 제외) 잔액이 1억원 이상인 사람

8. 신용정보법 제25조 제2항 제1호에 따른 종합신용정보집중기관에 신용질서를 어지럽힌 사실이 있는 자 또는 약정한 기일 내에 채무를 변제하지 아니한 자로 등록되어 있는 자(기업이나 법인인 경우에는 해당 기업이나 법인의 임직원)

9. 채무자회생법에 따라 회생 절차 또는 파산 절차가 진행 중인 기업의 임직원

10. 기업구조조정 촉진법에 따른 부실징후기업의 임직원

▌금융위원회 질의회신(문서번호 180324, 회신일자 20181102)

[질의]

▢ 사외이사 자격요건 해석의 건(상장회사 사외이사 겸직제한 규정 관련): 금융사지배구조법에서는 "해당 금융회사 외의 둘 이상의 다른 회사의 이사, 집행임원, 감사로 재임중인 사람"은 사외이사가 될 수 없다고 하고 있는데, 동 규정상의 "다른 회사"에 외국에 본점을 둔 외국계 회사도 포함되는지 여부

[회신]

▢ 지배구조법 시행령 제8조 제3항 제4호 가목에서 규정하고 있는 "다른 회사"에는 외국법에 따라 설립된 외국회사도 포함된다고 할 것입니다 .

[이유]

▢ 지배구조법에서는 사외이사의 자격요건 중 하나로 "직무를 충실하게 이행하기 곤란한 경우로서 대통령령으로 정하는 사람"은 사외이사가 될 수 없다고 규정하고 있으며(지배구조법 §6 ①viii),

○ 동법 시행령에서는 이를 구체화하여 "해당 금융회사가 주권상장법인인 경우: 해당 금융회사 외의 둘 이상의 다른 회사의 이사·집행임원·감사로 재임 중인 사람"을 규정(시행령 §8 ③iv 가목)하고 있습니다.

▢ 이는 사외이사로서의 선관의무 및 직무 충실의무를 이행하기 곤란한 사람이 사외이사로 선임되는 것을 방지하기 위한 것으로,

○ 사외이사에 대해 민법상 위임에 관한 규정을 준용토록 하고 있는 상법 제382조 및 수임인의 선관의무를 규정한 민법 제681조의 규정 취지를 고려한 규정입니다.

○ 또한, 지배구조법 제정 이전의 "금융회사 지배구조 모범규준(2014.12월, 금융위원회)"에서도 "사외이사로서 직무수행에 필요한 시간과 노력 가부"를 고려

하여 사외이사를 선임하도록 한바, 이러한 법 규정의 취지를 명확히 하였던 것으로 이해됩니다.

- 상법 제382조(이사의 선임, 회사와의 관계 및 사외이사) ② 회사와 이사의 관계는 민법의 위임에 관한 규정을 준용한다.
- 민법 제681조(수임인의 선관의무) 수임인은 위임의 본지에 따라 선량한 관리자의 주의로써 위임사무를 처리하여야 한다.
- 금융회사 지배구조 모범규준 제16조(사외이사의 자격요건) ① 금융회사는 다음 각 호의 사항을 고려하여 전문성과 식견을 갖춘 사외이사를 선임하여야 한다.
  4. 금융회사의 사외이사로서의 직무를 충실히 수행하는데 필요한 충분한 시간과 노력을 할애할 수 있는지 여부

ㅁ 이와 같은 법 규정의 취지 등을 고려할 때, 국내회사와 외국회사를 달리 취급할 이유가 없는바, 지배구조법상 사외이사의 자격요건으로 규정하고 있는 "다른 회사"에는 외국법에 따라 설립된 "외국회사"도 포함된다고 할 것입니다.

II. 사외이사의 자격상실

금융회사의 사외이사가 된 사람이 위의 결격사유 중 어느 하나에 해당하게 된 경우에는 그 직을 잃는다(법6②).

III. 사외이사의 전문 자격

금융회사의 사외이사는 금융, 경제, 경영, 법률, 회계 등 분야의 전문지식이나 실무경험이 풍부한 사람으로서 대통령령으로 정하는 사람이어야 한다(법6③).

여기서 "대통령령으로 정하는 사람"이란 금융, 경영, 경제, 법률, 회계, 소비자보호 또는 정보기술 등 금융회사의 금융업 영위와 관련된 분야에서 연구·조사 또는 근무한 경력이 있는 사람으로서 사외이사 직무 수행에 필요한 전문지식이나 실무경험이 풍부하다고 해당 금융회사가 판단하는 사람을 말한다(영6④).

제3절 임원의 자격요건 적합 여부 보고 등

Ⅰ. 임원의 자격요건 충족 여부 확인

금융회사는 다음 각 호의 어느 하나에 해당하는 경우 해당 임원이 제5조(임원의 자격요건) 및 제6조(사외이사의 자격요건)의 자격요건을 충족하는지를 확인하여야 한다(법7①).[15)]

1. 임원(제30조의2 제1항에 따른 임원을 포함)을 선임하려는 경우
2. 제30조의3 제1항에 따른 책무구조도에서 정하는 임원의 직책을 변경하려는 경우
3. 제1호 및 제2호에 준하는 경우로서 대통령령으로 정하는 경우

앞의 제3호에서 "대통령령으로 정하는 경우"란 법 제30조의3 제1항에 따른 책무구조도에서 정하는 임원의 책무를 변경하거나 추가하려는 경우를 말한다(영8의2).

이 규정은 책무를 수행하기에 적합한 전문성, 정직성 등 자격요건을 갖춘 임원을 선임하고 업무를 수행하게 함으로써 금융회사의 내부통제 강화 유도하기 위함이다.[16)]

Ⅱ. 임원선임·해임 등의 공시와 보고

금융회사는 법 제7조 제1항 각 호의 어느 하나에 해당하는 사실이 발생한 경우에는 지체 없이 그 사실 및 자격요건 적합 여부와 그 사유 등을 금융위원회가 정하여 고시하는 바에 따라 인터넷 홈페이지 등에 공시하고 금융위원회에 보고하여야 한다(법7②).[17)]

---

15) [개정 2024.1.2] [시행일 2024.7.3.]. 부칙[2024.1.2. 제19913호] 제2조(임원의 자격요건 적합여부 확인·공시·보고에 관한 적용례) 제5조 제3항 및 제7조 제1항·제2항의 개정규정은 부칙 제6조에 따라 최초로 책무구조도를 작성하여 금융위원회에 제출한 후에 최초로 선임(연임을 포함)되거나 책무구조도에서 정하는 직책이 변경되는 임원부터 적용한다.

16) 금융위원회(2024), "금융회사의 지배구조에 관한 법률 시행령 조문별 제·개정이유서", 금융위원회(2024. 2), 1쪽.

17) [개정 2024.1.2] [시행일 2024.7.3.]. 부칙[2024.1.2. 제19913호] 제2조(임원의 자격요건 적합여부 확인·공시·보고에 관한 적용례) 제5조 제3항 및 제7조 제1항·제2항의 개정규정

금융회사는 임원을 해임(사임을 포함)한 경우에는 금융위원회가 정하여 고시하는 바에 따라 지체 없이 그 사실을 인터넷 홈페이지 등에 공시하고 금융위원회에 보고하여야 한다(법7③).[18]

임원 해임의 범위에 임기만료가 포함되는지 여부이다. 임기만료는 해임에 포함되지 않는다. 해임은 위임인인 회사에 의한 위임계약의 해지이고, 사임은 수임인인 임원에 의한 위임계약의 해지로써 임기만료와는 구분되므로, 임원 해임에 임기만료는 포함되지 않는다. 특히 기존에 임기가 이미 공시·보고되고 임기만료된 경우에는 다른 사람으로 임원을 선임하고 그 사실을 공시·보고하므로 임기 만료시 공시·보고를 하지 않더라도 금융소비자 등에 대한 알권리 보장, 투명한 지배구조 확립이라는 임원 선·해임시 공시·보고의 입법취지를 달성한다고 볼 수 있다.[19]

1. 공시

금융회사는 법 제7조 제1항 각 호의 사유가 발생한 경우 또는 임원을 해임(사임을 포함한다. 이하 같다)한 경우에는 같은 조 제2항 및 제3항에 따라 ⅰ) 법 제7조 제1항 각 호의 경우: 임원(법 제30조의2 제1항에 따른 임원 포함)이 법에서 정한 자격요건에 적합하다는 사실과 그 사유, 임원의 임기·담당하는 업무·직위에 대한 사항을 포함할 것(제1호), ⅱ) 임원을 해임한 경우: 해임 사유 및 향후 임원 선임일정을 포함할 것(제2호), ⅲ) 일반인이 알기 쉬운 표현을 사용할 것(제3호), ⅳ) 해당 금융회사가 공고한 것임을 식별할 수 있는 정보를 포함할 것(제4호)의 사항을 준수하여 사유발생일 또는 해임일부터 7영업일 이내에 해당 금융회사 및 제5조 제3항에 따른 관련협회등의 인터넷 홈페이지 등에 공시하여야 한다(감독규정3①).

은 부칙 제6조에 따라 최초로 책무구조도를 작성하여 금융위원회에 제출한 후에 최초로 선임(연임을 포함)되거나 책무구조도에서 정하는 직책이 변경되는 임원부터 적용한다.

18) 금융회사는 임원을 선임·해임(사임 포함)하는 경우 그 사실을 금융위원회에 보고하고 해당 금융회사 및 금융투자협회의 인터넷 홈페이지에 공시해야 함에도 불구하고, A투자자문은 2019. 7. 3. 대표이사 Y가 사임하고 같은 날 대표이사 X가 선임되었다는 사실을 금융위원회에 보고하지 않고 인터넷 홈페이지에도 공시하지 아니한 사실이 있어 과태료 제재를 받았다.

19) 금융위원회(2016b), 15쪽.

2. 보고

금융회사는 법 제7조 제1항 각 호의 사유가 발생한 경우 또는 해임한 경우에는 ⅰ) 법 제7조 제1항 각 호의 경우: 성명 및 인적사항, 법에서 정한 자격요건에 적합하다는 사실과 그 사유, 임기 및 업무범위(책무구조도상 정하는 자신의 책무가 있는 경우 해당 책무 포함)에 대한 사항(제1호), ⅱ) 해임한 경우: 성명, 해임 사유, 향후 선임일정 및 절차(제2호)를 포함하여 지체없이 금융감독원장("감독원장")에게 보고하여야 한다(감독규정3②).

위의 감독규정 제3조 제2항 및 제3항에 따른 보고는 각 사유 발생일 또는 해임일로부터 7영업일 이내에 다음의 구분에 따른 서식으로 하여야 한다(감독규정 시행세칙2)

1. 법 제7조 제1항 각 호의 경우
   가. 법 제7조 제1항 제1호의 사유가 발생한 경우: [별지 제1호 서식]
   나. 법 제7조 제1항 제2호 또는 제3호의 사유가 발생한 경우: [별지 제1호의 2 서식]
2. 해임한 경우: [별지 제2호 서식]

▎ 금융위원회 질의회신(문서번호 170312, 회신일자 20171019)

[질의]

□ "임원의 선임사실 및 자격요건 적합 여부" 관련 공시 및 보고시기 질의: 해당 사업연도 임원 임기만료일로부터 다음 사업연도 계약체결일까지의 기간 동안 매월 계약연장동의서를 징구하는 경우 금융사지배구조법 제7조에 따른 공시 및 보고 시기

(예시) A임원의 '16년도 임기는 '16.12.31까지이나, 연초 조직개편 및 임원 인사 등의 이유로 '17년 위임계약체결일은 '17.4월에 이루어짐(계약기간: '17.4.1~'17.12.31). 한편 업무 공백을 방지하기 위하여 위임계약체결일 전까지 기간('17.1월~3월) 동안 매월 계약 연장동의서를 징구

① (갑설) 해당 사업연도의 임원 위임계약 체결일에 공시 및 보고
② (을설) 매월 계약연장 동의일 및 계약체결일에 각각 공시 및 보고

[회신]

□ 해당 사업연도의 임원 위임(선임)계약 체결일을 기준으로 금융사지배구조법 제7조 제2항 및 금융회사 지배구조 감독규정 제3조 제1항 및 제2 항에 따른 공시 및 보고 의무를 이행하시면 됩니다.

[이유]

□ 임원의 임기가 새롭게 부여되거나, 신분(직위 등)상의 변동이 발생할 경우 임원의 선임으로 보아 지배구조법 제7조 제2항 및 금융회사 지배구조 감독규정 제3조 제1항 및 제2항에 따른 공시 및 보고 의무를 이행하여야 합니다.

□ 다만 회사 사정에 의해 임원 임기만료일로부터 임원 임기 신규갱신 사이의 기간 동안 해당 임원의 신분(직위 등)상 변화를 초래하지 않고 그 지위만 유지시키는 내용의 계약연장 동의서를 매월단위로 징구하는 행위는 임원의 재선임 없이 해당 임원의 기존 임기가 지속되는 것에 불과하므로 임원의 선임으로 해석하기는 어렵습니다.

○ 따라서 해당 사업연도의 임원 위임(선임)계약 체결일을 기준으로 지배구조법상의 임원 선임에 따른 공시 및 보고 의무를 이행하시면 됩니다.

Ⅲ. 위반시 제재

ⅰ) 법 제7조 제1항을 위반하여 임원의 자격요건 적합 여부를 확인하지 아니한 자(제1호), ⅱ) 법 제7조 제2항을 위반하여 그 사실 및 자격요건 적합 여부와 그 사유 등에 관한 공시 또는 보고를 하지 아니하거나 거짓으로 공시 또는 보고를 한 자(제1의2호),[20] ⅲ) 법 제7조 제3항을 위반하여 임원의 해임(사임을 포함)에 관한 공시 또는 보고를 하지 아니하거나 거짓으로 공시 또는 보고를 한 자(제1의3호)에게는 3천만원 이하의 과태료를 부과한다(법43②).

---

20) [개정 2024.1.2] [시행일 2024.7.3.].

제2장 주요업무집행책임자

업무집행책임자란 이사가 아니면서 명예회장·회장·부회장·사장·부사장·행장·부행장·부행장보·전무·상무·이사 등 업무를 집행할 권한이 있는 것으로 인정될 만한 명칭을 사용하여 금융회사의 업무를 집행하는 사람을 말한다(법 2(5)).

제1절 주요업무집행책임자의 임면 등

Ⅰ. 임면 등

1. 임면과 업무내용

전략기획, 재무관리, 위험관리 및 그 밖에 이에 준하는 업무로서 ⅰ) 경영전략 수립 등 전략기획 업무(제1호), ⅱ) 재무, 예산 및 결산 회계 등 재무관리 업무(제2호), ⅲ) 자산의 운용 등에 대한 위험관리 업무(제3호)를 집행하는 업무집행책임자("주요업무집행책임자")는 이사회의 의결을 거쳐 임면한다(법8①, 영9).

상법상 업무집행지시자의 선임절차는 별도로 규정되어 있지 않으나, 금융회사의 경우 건전성 규제 차원에서 주요 업무를 집행하는 사실상 임원(주요업무집행책임자)에 대한 임면 절차를 마련하고 있다. 법 제8조는 주요업무를 집행하는 "업무집행책임자"가 있는 경우에 적용되므로 반드시 주요업무 집행책임자를 선임할 필요는 없다.[21]

금융회사는 주요업무집행책임자를 반드시 선임해야 하는지 여부이다. 주요업무집행책임자가 있는 경우 선임해야 한다. 주요업무집행책임자가 없는 경우에는 선임하지 않아도 된다. 법 제8조는 주요업무를 집행하는 "업무집행책임자"가 있는 경우에 적용되는 규정이다. 따라서 개별 금융회사별 기구편제에 따라 전략기획, 재무관리, 위험관리 및 이에 준하는 업무를 담당하는 업무집행책임자가 1인 또는 다수로 결정될 수도 있고, 없을 수도 있다.[22]

---

21) 금융위원회(2016a), "금융회사의 지배구조에 관한 법률 주요 내용", 금융위원회(2016. 7), 12쪽.
22) 금융위원회(2016b), 22쪽.

동일 날짜에 숯 경영진의 임면이 이루어지는 경영진 인사 특성상 일부 임원만 인사발령 전 이사회 개최를 통해 임면하는 것이 현실적으로 어려운 점을 고려하여 전략, 재무, 위험관리 등을 담당하는 주요업무집행책임자를 경영진 인사 시 직무대행으로 먼저 발령 조치하고 추후 이사회 결의를 통해 정식 임면하는 것이 가능한지 여부이다. 주요업무집행책임자의 임면은 사전에 이사회의 의결을 거쳐야 하므로 사후에 이사회 의결을 득하는 임명방법은 허용되지 않는다. 법 제8조는 주요업무집행책임자를 이사회 의결을 거쳐 임면하도록 규정하고 있다. 이는 주요업무집행책임자를 대표이사가 임면하는 것을 차단함으로써, 주요업무집행책임자가 대표이사로부터 독립적 업무 수행이 가능하도록 하는 것이다. 직무대행으로 먼저 발령하는 경우에는 이사회 의결은 형식상 절차에 그칠 가능성이 크므로, 이는 입법취지에 반한다.[23]

2. 주요업무집행책임자 범위

주요업무집행책임자는 해당 주요업무를 수행하는 업무집행책임자가 복수로 존재하는 경우 그 중 최상위 1인을 의미하는지 여부이다. 주요업무집행책임자는 전략기획, 재무관리, 위험관리를 담당하고 있는 업무집행책임자를 의미하며, 해당 업무를 담당하는 업무집행책임자가 다수인 경우에는 모두를 주요업무집행책임자로 보는 것이 타당하다.[24]

법 제8조의 취지는 등기임원에 준하는 중요한 업무를 수행하는 자가 미등기임원이라는 이유로 대표이사에 의해 임면·종속되는 것을 방지하기 위함이다. 따라서 영 제9조 각 호에서 정하는 3가지 주요업무를 수행하는 복수의 업무집행책임자와 이를 총괄하는 업무집행책임자가 있다면, 그 모두가 주요업무집행책임자에 해당한다. 한편, 법 제8조는 주요업무를 집행하는 업무집행책임자가 있는 경우에는 이사회 의결을 거쳐 선임하도록 규정하고 있다. 따라서 주요업무를 담당하는 업무집행책임자가 다수인 경우에는 그 모두를 이사회 의결로 선임하도록 함이 타당하다.[25]

---

23) 금융위원회(2016b), 23쪽.
24) 금융위원회(2016b), 20쪽.
25) 금융위원회(2016b), 20쪽.

3. 주요업무집행책임자 요건

사내이사를 주요업무집행책임자로 할 수 있는지 여부이다. 사내이사는 주요업무집행책임자에 해당하지 않는다. 법 제2조 제5호에 따르면 업무집행책임자는 "이사가 아니면서 금융회사 업무를 집행하는 자"로서 사내이사는 업무집행책임자 중 주요업무를 집행하는 주요업무집행책임자가 될 수 없다.[26]

법 제8조는 주요업무를 집행하는 "업무집행책임자"가 있는 경우에는 이사회 의결로 임면하라고 규정하고 있으므로, 주요업무를 집행하는 자가 이사(등기임원)인 경우에까지 별도로 주요업무집행책임자를 선임하는 의무를 부과하는 것은 아니다. 또한 법 제8조는 주요업무책임자가 있는 경우 적용되므로 반드시 주요업무집행책임자를 선임해야 하는 것도 아니다.[27]

II. 임기

주요업무집행책임자의 임기는 정관에 다른 규정이 없으면 3년을 초과하지 못한다(법8②).

주요업무집행책임자는 연임을 포함한 총 임기가 3년을 초과하지 못하는지 여부 및 정관으로 변경 가능한지 여부이다. 주요업무집행책임자의 임기는 법상 최장 3년이나 연임이 가능하고 정관을 통해 변경도 가능하다. 법 제8조 제2항에 따라 주요업무집행책임자의 임기는 정관에 다른 규정이 없는 한 3년을 초과하지 못한다고만 되어 있어 연임을 제한하고 있지 않다. 연임시 주요업무집행책임자의 전문성을 제고할 수 있다는 점 등을 고려할 때, 연임이 가능하다. 한편, 정관이 달리 정하는 바가 있다면 임기의 단축·연장도 가능하다.[28]

법에는 경영진 임기와 관련된 내용이 명시되어 있지 않은바, 개별 금융회사에서 경영진의 임기를 자율적으로 부여해도 되는 것인지 여부이다. 주요업무집행책임자, 준법감시인, 위험관리책임자 등 법에서 그 임기를 정하고 있는 경우를 제외한 임원 등에 대해서는 금융회사가 자율적으로 임기를 결정할 수 있다. 다만, 상법상 이사의 임기는 3년을 초과하지 못하고, 집행임원의 임기는 정관에 다

---

26) 금융위원회(2016b), 21쪽.
27) 금융위원회(2016b), 21쪽.
28) 금융위원회(2016b), 25쪽.

른 규정이 없으면 2년을 초과할 수 없다.[29)

　법에서는 주요업무집행책임자의 임기(법8②), 준법감시인 및 위험관리책임자의 임기(법25④)에 대해서는 이들이 경영진으로부터 독립하여 안정적으로 업무를 수행할 수 있도록 그 임기를 별도로 규정하고 있다. 그 외 경영진 등의 임기는 금융회사의 건전한 지배구조의 확립과 직접적 연관이 적은 사항으로 이들이 효율적으로 업무를 수행할 수 있도록 금융회사가 자율적으로 결정할 사항이라고 판단된다.[30)

Ⅲ. 위임 규정 준용

　주요업무집행책임자와 해당 금융회사의 관계에 관하여는 민법 중 위임에 관한 규정을 준용한다(법8③).

Ⅳ. 위반시 제재

　법 제8조 제1항을 위반하여 이사회의 의결을 거치지 아니하고 주요업무집행책임자를 임면한 자에게는 1억원 이하의 과태료를 부과한다(법43①(1)).

제2절 주요업무집행책임자의 이사회 보고

　주요업무집행책임자는 이사회의 요구가 있으면 언제든지 이사회에 출석하여 요구한 사항을 보고하여야 한다(법9).

---

29) 금융위원회(2016b), 16쪽.
30) 금융위원회(2016b), 16쪽.

제3장 임원 등 겸직

제1절 겸직제한

I. 상근 임원의 겸직

1. 영리법인의 상시적인 업무종사 제한

금융회사의 상근 임원은 다른 영리법인의 상시적인 업무에 종사할 수 없다 (법10① 본문).[31]

금융회사의 대표이사가 등록만 되고 휴업상태인 다른 법인의 대표이사를 겸직하는 것도 금융사지배구조법상 보고 또는 승인 대상인지 여부이다. 휴업 중인 상태에서는 다른 영리법인의 상시적인 업무에 종사하고 있다고 볼 수 없으므로 겸직이 허용되며, 이 경우 다른 법인이 금융회사가 아니라면 그 겸직은 금융위원회 보고 및 승인 대상이 아니다.

법 제10조 제1항은 금융회사의 상근임원은 다른 영리법인의 상시적인 업무에 종사할 수 없다고 규정하고 있다. 휴업 중인 법인의 대표이사를 역임하는 것은 해당 법인의 상시적인 업무에 종사하고 있는 것으로 보기 어려우므로, 법 제10조 제1항에 해당하지 않아 겸직이 허용된다. 또한 이 경우 다른 법인이 금융회사가 아니라면 그 겸직은 법 제11조 제1항 또는 제2항에 따른 금융위원회 보고 및 승인의 대상이 아니다. 다만, 휴업 중인 법인이 다시 영업을 개시하는 경우에는 해당 법인의 상근업무를 담당하고 있는지 여부를 다시 확인해야 한다.[32]

---

31) 법 제10조 제1항에 의하면 금융회사의 상근임원은 다른 영리법인의 상시적인 업무에 종사할 수 없음에도, A투자자문의 상근임원인, X는 2017. 10. 13.－2018. 7. 12. 기간 중 유사투자자문업자인 B의 대표이사를 겸직하고, 2018. 1. 1.－2018. 7. 13. 기간 중 유사투자자문업자인 C의 상무(미등기임원)로 근무하였으며, Y는 2017. 10. 13.－2018. 11. 22. 기간 중 온라인광고업체인 D의 대표이사로 상시 근무하였으며, Z는 2018. 3. 14.－2018. 11. 22. 기간 중 유사투자자문업자인 C의 미등기임원으로 근무하면서 상시적인 업무에 종사한 사실이 있어 신분제재(금융사지배구조법 제35조)와 과태료 제재(금융사지배구조법 제43조)를 받았다.

32) 금융위원회(2016b), 30쪽.

2. 영리법인의 상시적인 업무종사 허용

금융회사의 상근 임원은 다음의 어느 하나에 해당하는 경우, 즉 ⅰ) 채무자
회생법 제74조(관리인의 선임)에 따라 관리인으로 선임되는 경우(제1호), ⅱ) 금융
산업구조개선법 제10조 제1항 제4호[33]에 따라 관리인으로 선임되는 경우(제2호),
ⅲ) 금융회사 해산 등의 사유로 청산인으로 선임되는 경우(제3호)에는 상시적인
업무에 종사할 수 있다(법10① 단서).

Ⅱ. 상근 임원의 다른 회사의 상근 임직원 겸직 허용

다음의 금융회사의 상근 임원은 다음의 구분에 따라 다른 회사의 상근 임직
원을 겸직할 수 있다(법10②).

1. 해당 금융회사가 은행인 경우: 그 은행이 의결권 있는 발행주식 총수의 15%를
   초과하는 주식을 보유하고 있는 다른 회사의 상근 임직원을 겸직하는 경우
2. 해당 금융회사가 상호저축은행인 경우: 그 상호저축은행이 의결권 있는 발행
   주식 총수의 15%를 초과하는 주식을 보유하고 있는 다른 상호저축은행의 상
   근 임직원을 겸직하는 경우
3. 해당 금융회사가 보험회사인 경우: 그 보험회사가 의결권 있는 발행주식 총
   수의 15%를 초과하는 주식을 보유하고 있는 다른 회사의 상근 임직원을 겸
   직하는 경우(금융산업구조개선법 제2조 제1호 가목부터 아목까지 및 차목[34]
   에 따른 금융기관의 상근 임직원을 겸직하는 경우는 제외)
4. 그 밖에 이해상충 또는 금융회사의 건전성 저해의 우려가 적은 경우로서 대
   통령령으로 정하는 경우[35]

---

33) 4. 임원의 직무정지나 임원의 직무를 대행하는 관리인의 선임
34) 은행, 중소기업은행, 투자매매업자·투자중개업자, 집합투자업자, 투자자문업자 또는 투자
   일임업자, 보험회사, 상호저축은행, 신탁업자, 종합금융회사, 여신전문금융회사, 농협은행,
   수협은행.
35) "대통령령으로 정하는 경우"란 다음의 구분에 따른 경우를 말한다(영10①).
   1. 여신전문금융회사인 금융회사: 해당 금융회사의 고객과 이해가 상충되지 아니하고 금
     융회사의 건 전한 경영을 저해할 우려가 없는 경우로서 다른 회사의 상시적인 업무에
     종사하는 경우
   2. 금융지주회사인 금융회사: 해당 금융지주회사의 자회사등의 고객과 이해가 상충되지
     아니하고 그 자회사등의 건전한 경영을 저해할 우려가 없는 경우로서 다음 각 목의 어
     느 하나에 해당하지 아니 하는 회사의 상시적인 업무에 종사하는 경우. 다만, 다음 각
     목의 어느 하나에 해당하는 회사가 해당 금융지주회사의 자회사등인 경우는 제외한다.
     가. 해당 금융지주회사의 최대주주 또는 주요주주인 회사

Ⅲ. 은행 임직원의 다른 은행 등의 겸직제한

은행의 임직원은 한국은행, 다른 은행 또는 금융지주회사법 제2조 제1항 제5호에 따른 은행지주회사의 임직원을 겸직할 수 없다(법10③ 본문). 다만, 은행법 제37조 제5항에 따른 자은행의 임직원이 되는 경우에는 겸직할 수 있다(법10③ 단서).

법 제10조 제3항에 따르면 은행의 임직원은 한국은행, 다른 은행 또는 은행지주회사의 임직원을 겸직할 수 없다고 되어 있는바, 은행의 임직원이 해당 은행지주회사의 임직원을 겸직할 수 있는지 여부이다. 금융지주회사의 자회사인 은행의 임직원은 해당 금융지주회사의 임직원을 겸직할 수 있다. 법 제10조 제4항은 제3항에도 불구하고 금융지주회사의 임직원이 해당 자회사등의 임직원을 겸직할 수 있다고 규정하고 있으며, 자회사등간의 임직원 겸직도 원칙적으로 허용하고 있다. 금융지주회사 임직원이 자회사 임직원을 겸직할 수 있다는 규정의 취지는 자회사 임직원이 금융지주회사 임직원을 겸직하는 경우도 포함하고 있다.[36]

▌ 금융위원회 질의회신(문서번호 170197, 회신일자 20170814)

[질의]

□ 겸직 관련 법령해석 요청: 금융사지배구조법 제10조 제3항의 겸직이 허용되는 "은행법 제37조 제5항에 따른 자은행"의 범위에 은행의 국외현지법인이 포함되어 은행의 직원이 국외현지법인의 임직원을 겸직하는 것이 승인, 보고 대상인지 여부

[회신]

□ 은행의 국외현지법인은 은행법 제37조 제5항에 따른 은행의 "자은행"에 해당하지 않습니다.

□ 은행의 직원이 국외현지법인의 임직원을 겸직하는 행위는 금융사지배구조법에 따른 겸직 승인이나 보고의 대상이 아닙니다.

나. 해당 금융지주회사의 계열회사

다. 금융위원회법 제38조에 따라 금융감독원의 검사를 받는 기관

36) 금융위원회(2016b), 26쪽.

[이유]

▫ 은행법 제37조 제5항은 은행의 자회사 중 자은행을 "은행이 다른 은행의 의결권 있는 발생주식총수의 100분의 15를 초과하여 보유하는 경우 그 다른 은행"으로 규정하고 있습니다.

○ 은행법은 "외국 법령에 따라 설립되어 외국에서 은행업을 경영하는 자"를 "외국은행"으로 정의하여(동법 제58조) "은행"과 구분하고 있으므로, 국내은행의 국외현지법인은 동법 제37조 제5항에서 언급하고 있는 "자은행"에 해당하지 않습니다.

▫ 한편, 금융사지배구조법 제10조 제3항은 은행의 임직원이 다른 은행 또는 은행지주회사의 임직원을 겸직할 수 없도록 하고, 예외적으로 자은행의 임직원은 겸직할 수 있다고 하고 있으나, 은행의 직원이 외국회사(국외현지법인)의 임직원을 겸직하는 경우에 대해서는 규정하고 있지 않습니다.

○ 겸직에 대한 별도의 규정이 없으므로 은행의 직원이 국외현지법인의 임직원을 겸직하는 행위는 별도의 승인이나 보고의 대상이 아닙니다.

Ⅳ. 금융지주회사 및 그 자회사등의 임직원의 겸직허용

1. 관련 규정

금융지주회사 및 그의 자회사등(금융지주회사법 제4조 제1항 제2호[37])에 따른 자회사등)의 임직원은 다음의 어느 하나에 해당하는 경우에는 겸직할 수 있다(법10④).

1. 금융지주회사의 임직원이 해당 금융지주회사의 자회사등의 임직원을 겸직하는 경우
2. 금융지주회사의 자회사등(금융업을 영위하는 회사 또는 금융업의 영위와 밀접한 관련이 있는 회사로서 "대통령령으로 정하는 회사"로 한정)의 임직원이 다른 자회사등의 임직원을 겸직하는 경우로서 다음 각 목의 어느 하나의 업무를 겸직하지 아니하는 경우
   가. 자본시장법 제6조 제4항에 따른 집합투자업("대통령령으로 정하는 경우"

---

37) 2. 자회사, 손자회사 및 증손회사(제19조의2, 제32조에 따라 금융지주회사에 편입된 다른 회사를 포함하며, 이하 "자회사등"이라 한다)가 되는 회사의 사업계획이 타당하고 건전할 것

는 제외)

    나. 보험업법 제108조 제1항 제3호에 따른 변액보험계약에 관한 업무

    다. 그 밖에 자회사등의 고객과 이해가 상충하거나 해당 자회사등의 건전한 경영을 저해할 우려가 있는 경우로서 금융위원회가 정하여 고시하는 업무

아래서 위 제2호의 "대통령령으로 정하는 회사"와 제2호 가목의 "대통령령으로 정하는 경우"를 살펴본다.

2. 대통령령으로 정하는 회사

위 제2호의 "대통령령으로 정하는 회사"란 금융지주회사법 시행령 제2조 제1항에 따른 금융 및 보험업을 영위하는 회사 또는 같은 조 제2항에 따른 금융업의 영위와 밀접한 관련이 있는 회사를 말한다(영10②).

3. 대통령령으로 정하는 경우

위 제2호 가목에서 "대통령령으로 정하는 경우"란 자본시장법에 따른 집합투자업의 업무 중 다음의 업무에 해당하는 경우를 말한다(영10③).

1. 집합투자재산 중 외화자산의 운용·운용지시업무[집합투자재산에 속하는 지분증권(지분증권과 관련된 증권예탁증권을 포함)의 의결권 행사를 포함]
2. 집합투자재산(외화자산이 아닌 자산만 해당한다) 총액의 50% 범위에서의 운용·운용지시업무
3. 집합투자재산의 운용·운용지시업무와 관련한 조사·분석업무
4. 집합투자재산의 평가업무
5. 집합투자재산 중 증권, 장내파생상품 또는 외국환거래법에 따른 대외지급수단의 단순매매 주문업무
6. 집합투자재산 중 부동산의 개발, 임대, 운영, 관리 및 개량 업무와 그에 부수하는 업무

4. 자회사등의 준법감시인 또는 위험관리책임자 겸직

금융지주회사 임직원이 자회사등의 준법감시인 또는 위험관리책임자가 될 수 있는지 여부이다. 금융지주회사의 임직원은 자회사등의 임직원은 될 수 있으

나, 금융지주회사의 준법감시인은 자회사등의 업무를 겸직할 수 없다. 법 제10조
제4항은 금융지주회사의 임직원이 기본적으로 자회사등의 임직원을 겸직하는 것
을 허용하고 있으나, 법 제29조 제4호에 따라 금융지주회사의 준법감시인이 자
회사 등의 업무를 담당하는 것은 제한된다. 다만, 금융지주회사의 위험관리책임
자가 자회사등의 위험관리책임자는 겸직할 수 있다(법29(4)).[38]

V. 위반시 제재

법 제10조를 위반하여 겸직하게 하거나 겸직한 자에게는 3천만원 이하의 과
태료를 부과한다(법43②).

▌ 금융위원회 질의회신(문서번호 170486, 회신일자 20180618)
[질의]

□ 금융지주 내 은행간 영업본부장(임원) 겸직 및 업무 수행 가능 여부: 동
일한 금융지주회사 내 자회사인 A은행 영업본부장이 다른 자회사인 B은행의 영
업본부장을 겸직할 수 있는지 여부 및 겸직가능시 영업본부장의 고객정보 취득
행위* 가능 여부

* 겸직한 영업본부장이 양 은행의 고객 정보를 인지하는 모든 행위

[회신]

□ 금융사지배구조법 제10조 제4항 제2호에 따라 해당 겸직은 허용 가능하며,
□ 또한, 겸직한 영업본부장이 업무수행과정에서 겸직중인 은행의 고객 정
보를 각각 취득하는 행위도 가능합니다.

○ 다만, 취득한 고객정보는 금융지주회사법 제48조의2에 따른 고객정보의
제공 및 관리 절차에 따라 엄격히 분리, 관리되어야 함을 알려드립니다.

[이유]

□ 금융사지배구조법(제10조 제4항 제2호)은 금융지주회사와 자회사등간의 경
영효율성 및 시너지 효과 제고 등을 위하여 자본시장법(제6조 제4항)상의 집합투
자업, 보험업법(제108조 제1항 제3호)상의 변액보험계약에 관한 업무 등 일부 업무
를 제외하고는 금융지주회사의 자회사등간의 임직원 겸직을 허용하고 있습니다.

---

38) 금융위원회(2016b), 27쪽.

○ 영업본부장의 업무는 동 겸직 제한 업무에 해당하지 않으므로 금융지주회사 내 자회사인 A은행 영업본부장이 다른 자회사인 B은행의 영업본부장을 겸직하는 것은 허용되며, 이는 금융사지배구조법 제11조 제1항 및 같은 법 시행령 제11조 제2항에 따른 겸직보고 사항에 해당합니다.

□ 한편, 현행 금융지주회사법에서는 겸직업무의 수행과정에서의 고객정보 취득에 대해 별도로 규율하고 있지 않습니다.

○ 다만, 취득한 고객정보는 관련 규정(금융지주회사법 제48조의2, 같은 법 시행령 제27조의2, 금융지주회사감독규정 제24조의2)에서 정하고 있는 절차 및 방법에 따라 엄격히 관리(고객정보관리인 선임, 업무지침서 작성 등)되어야 합니다.

○ 또한, 개별 은행에서 취득한 정보를 내부경영관리 목적으로 활용하는 경우에는 관련 규정에서 정하고 있는 절차 및 방법에 따라 고객 동의 없이 가능(단, 고객에게 통지 필요)하나,

영업 등 그 외의 목적으로 활용하는 경우에는 개인정보 보호법, 신용정보법에 따라 개별 고객의 동의가 반드시 필요함을 알려드립니다.

▌금융위원회 질의회신(문서번호 180027, 회신일자 20190709)

[질의]

□ 보험회사 임직원의 계열사(증권) 투자권유대행인 등록 가능여부: 보험회사 임직원이 계열 증권회사의 투자권유대행인으로 등록하는 것이 자본시장법 제45조 제2항 제2호(정보교류차단규제의 겸직제한 규정), 동법 시행령 제59조 제1항 제5호(투자권유대행인 1사 전속계약 의무 규정) 및 지배구조법 상의 겸직제한 규정에 위배되는지 여부

[회신]

○ 보험회사 임직원이 계열 증권회사의 투자권유대행인으로 등록하는 것은 금융사지배구조법 제10조에 따른 겸직제한 및 자본시장법상 정보교류 차단규제에 따른 겸직제한 대상에는 해당하지 않습니다.

○ 다만, 보험회사 임직원이 계열 증권회사의 투자권유대행인으로 등록하는 것은 자본시장법상 투자권유대행인 1사 전속제도의 취지 등을 고려할 때 허용되지 않을 것으로 판단됩니다.

[이유]

○ 금융사지배구조법 제10조의 겸직규제는 금융회사의 임직원이 다른 영리
법인의 상시적인 업무에 종사하는 것을 제한하는 규제이므로 보험회사의 임직원
이 계열 증권사의 투자권유대행인으로 등록하는 것은 금융사지배구조법 제10조
에 따른 겸직금지 대상에 해당하지 않습니다.

○ 자본시장법상 투자권유대행인은 금융투자업자로부터 투자권유를 위탁받
은 자로서 금융투자업자의 임직원으로 볼 수 없으므로 자본시장법 제45조 제2항
제2호에 따른 정보교류 차단규제의 겸직제한 대상에 해당하지 않습니다.

○ 다만, 자본시장법령상 투자권유대행인은 복수의 금융투자업자와 투자권
유 위탁계약을 체결할 수 없고(자본시장법 시행령 제59조 제1항 5호), 투자권유대행
인으로 등록한 보험설계사의 경우 소속 보험회사 이외의 다른 보험회사와 투자
권유 위탁계약을 체결할 수 없습니다(자본시장법 시행령 제59조 제1항 제6호). 이는
금융투자상품의 투자위험을 고려하여 불완전 판매 가능성을 최소화하고 투자자
와의 이해상충을 방지하기 위해 금융투자업자에게 충실한 관리·감독 의무를 부여
하고자 하는 취지입니다. 이러한 규정의 취지를 고려할 때, 보험회사 임직원이
소속 보험회사가 아닌 다른 금융투자업자와 투자권유 위탁계약을 체결하는 것은
법령의 취지에 부합하지 않는 것으로 판단됩니다.

제2절 겸직 승인 및 보고 등

I. 임직원의 겸직 승인

금융회사는 해당 금융회사의 임직원이 법 제10조 제2항부터 제4항까지의
규정에 따라 다른 회사의 임직원을 겸직하려는 경우에는 이해상충 방지 및 금융
회사의 건전성 등에 관하여 대통령령으로 정하는 기준("겸직기준")을 갖추어 미리
금융위원회의 승인을 받아야 한다(법11① 본문).

금융지주내 금융회사가 아닌 자회사와 금융회사인 자회사간 겸직의 경우 별
도의 겸직 절차(승인/보고 등) 이행이 필요한지 여부이다. 금융회사가 아닌 자회
사와 금융회사인 자회사간 겸직시에는 금융회사가 겸직 승인 또는 보고해야 한
다. 금융지주내 자회사등간의 임직원 겸직이 법 제10조 제4항에 따라 허용되고

법 제11조 제1항은 법 제10조 제2항부터 제4항까지의 겸직에 대해서는 해당 금융회사가 겸직에 대해 승인 또는 보고하도록 규정하고 있다.따라서 금융회사가 아닌 자회사등간의 겸직은 금융회사가 없으므로 겸직에 대해 승인 또는 보고할 필요가 없으나, 어느 일방의 자회사등이 금융회사인 경우에는 그 금융회사의 임직원이 법 제10조 제4항에 따라 겸직하는 것이므로, 법 제11조 제1항에 따라 겸직 승인 또는 보고의무가 있다.[39]

1. 겸직기준

"대통령령으로 정하는 기준"("겸직기준")이란 다음의 기준, 즉 "임직원 겸직 운용기준"과 "확인서"를 말한다(영11①).

(1) 임직원 겸직 운용기준

금융회사의 임직원 겸직 운용기준은 ⅰ) 임직원 겸직에 따른 위험관리·평가(가목), ⅱ) 임직원 겸직개시·종료절차(나목), ⅲ) 겸직 임직원에 대한 관리·감독(다목), ⅳ) 고객정보(금융지주회사법 제48조의2 제3항[40]에 따른 고객정보) 보호(라

---

39) 금융위원회(2016b), 28쪽.
40) 제48조의2(고객정보의 제공 및 관리) ① 금융지주회사등은 금융실명법 제4조 제1항 및 신용정보법 제32조·제33조에도 불구하고 금융실명법 제4조에 따른 금융거래의 내용에 관한 정보 또는 자료("금융거래정보") 및 신용정보법 제32조 제1항에 따른 개인신용정보를 다음의 사항에 관하여 금융위원회가 정하는 방법과 절차("고객정보제공절차")에 따라 그가 속하는 금융지주회사등에게 신용위험관리 등 대통령령으로 정하는 내부 경영관리상 이용하게 할 목적으로 제공할 수 있다.
1. 제공할 수 있는 정보의 범위
2. 고객정보의 암호화 등 처리방법
3. 고객정보의 분리 보관
4. 고객정보의 이용기간 및 이용목적
5. 이용기간 경과 시 고객정보의 삭제
6. 그 밖에 고객정보의 엄격한 관리를 위하여 대통령령으로 정하는 사항
② 금융지주회사의 자회사등인 자본시장법에 따른 투자매매업자 또는 투자중개업자는 해당 투자매매업자 또는 투자중개업자를 통하여 증권을 매매하거나 매매하고자 하는 위탁자가 예탁한 금전 또는 증권에 관한 정보 중 다음의 어느 하나에 해당하는 정보("증권총액정보등")를 고객정보제공절차에 따라 그가 속하는 금융지주회사등에게 신용위험관리 등 대통령령으로 정하는 내부 경영관리상 이용하게 할 목적으로 제공할 수 있다.
1. 예탁한 금전의 총액
2. 예탁한 증권의 총액
3. 예탁한 증권의 종류별 총액
4. 그 밖에 제1호부터 제3호까지에 준하는 것으로서 금융위원회가 정하여 고시하는 정보
③ 제1항 및 제2항에 따라 자회사등이 금융거래정보·개인신용정보 및 증권총액정보등("고객정보")을 제공하는 경우에는 신용정보법 제32조 제10항을 적용하지 아니한다.

목), ⅴ) 임직원 겸직에 따른 이해상충 방지체계(마목), ⅵ) 겸직 임직원의 업무범
위(바목), ⅶ) 임직원 겸직에 따른 해당 금융회사(금융지주회사인 경우 금융지주회사
와 그 자회사등)의 겸직 임직원의 책임범위(사목), ⅷ) 고객과의 이해상충 발생 등
에 대비한 비상계획 마련, 분쟁해결방법, 해당 금융회사의 손해배상책임 등(아
목), ⅸ) 그 밖에 겸직에 따른 이해상충 방지 및 금융회사의 건전성 등에 관하여
필요한 사항으로서 금융위원회가 정하여 고시하는 사항(자목)[41]을 포함하여야
한다(영11①(1)).

(2) 확인서

임직원이 겸직하는 금융회사는 ⅰ) 겸직하는 회사에서 수행하는 업무의 범
위(가목), ⅱ) 겸직하는 업무의 처리에 대한 기록유지(나목), ⅲ) 겸직의 목적(다
목), ⅳ) 겸직의 기간(라목), ⅴ) 그 밖에 겸직에 따른 이해상충 방지 및 금융회사
의 건전성 등에 관하여 필요한 사항으로서 금융위원회가 정하여 고시하는 사항
(마목)[42]에 대한 각각의 확인서를 마련할 것(영11①(2)).

2. 겸직승인신청서의 제출

겸직 승인을 받으려는 금융회사는 금융위원회가 정하여 고시하는 승인신청
서에 다음의 서류를 첨부하여 금융위원회에 제출하여야 한다(영11④).

1. 임직원 겸직 운용기준
2. 확인서
3. 법 제24조 제1항에 따른 내부통제기준
4. 임직원의 겸직이 다음 각 목의 요건을 충족한다는 해당 금융회사 준법감시인

---

41) "금융위원회가 정하여 고시하는 사항"이란 다음을 말한다(감독규정4①).
   1. 겸직 임직원의 자격요건 및 선정절차에 관한 사항
   2. 겸직 임직원의 담당 업무 관련 업무처리절차 및 보고체계에 관한 사항
   3. 금융위, 금융감독원("감독원"), 준법감시인, 감사위원회(감사를 포함) 및 해당 금융회사
      로부터 독립된 외부의 감사인 등의 임직원 겸직 관련 자료에 대한 접근권 확보에 관한
      사항
42) "금융위원회가 정하여 고시하는 사항"이란 다음 각 호를 말한다(감독규정4②).
   1. 겸직 임직원, 임직원이 겸직하는 회사의 책임범위
   2. 겸직 임직원의 담당업무에 대한 적격성
   3. 겸직 임직원에 대한 보수산정방식
   4. 면책조항 및 분쟁해결(중재 및 조정을 포함) 방법에 관한 사항

의 보고서

  가. 금융시장의 안정성을 저해하지 아니할 것

  나. 금융회사의 경영건전성을 저해하지 아니할 것

  다. 고객과의 이해상충을 초래하지 아니할 것

  라. 금융거래질서를 문란하게 하지 아니할 것

  마. 임직원 겸직 운용기준 및 법 제24조제1항에 따른 내부통제기준에 위배
되지 아니할 것

위의 승인신청서와 첨부서류의 서식은 금융감독원장이 정한다(감독규정4③).
이에 따른 임직원 겸직승인신청서 및 첨부서류는 [별지 제3호서식]을 따른다(감
독규정 시행세칙3①).

승인신청서가 이미 제출된 경우에는 제출된 서류를 참조하라는 뜻을 기재한
서면으로 첨부서류 제출을 갈음할 수 있다(감독규정4⑥).

3. 겸직승인의 심사

금융위원회는 승인신청서를 제출받은 경우에는 해당 임직원의 겸직이 ㉠ 금
융시장의 안정성을 저해하지 아니하고(가목), ㉡ 금융회사의 경영건전성을 저해
하지 아니하며(나목), ㉢ 고객과의 이해상충을 초래하지 아니하며(다목), ㉣ 금융
거래질서를 문란하게 하지 아니하며(라목), ㉤ 임직원 겸직 운용기준 및 내부통
제기준에 위배되지 아니한다(마목)는 요건(영 제11조 제4항 제4호 각 목의 요건)을
충족하는지 심사하여 제출일부터 30일 이내에 승인 여부를 결정하고, 그 결과와
이유를 지체 없이 해당 금융회사에 문서로 통지하여야 한다(영11⑤ 전단). 이 경
우 승인신청서에 흠결이 있는 경우에는 보완을 요구할 수 있다(영11⑤ 후단).

4. 승인 심사기간의 제외

심사기간을 계산할 때 승인신청서 흠결의 보완기간 등 금융위원회가 정하여
고시하는 기간은 심사기간에 넣지 아니한다(영11⑥). 여기서 "금융위원회가 정하
여 고시하는 기간"이란 다음의 어느 하나에 해당하는 기간을 말한다(감독규정4
④).

1. 영 제11조 제4항 제4호 각 목의 요건을 충족하는지를 확인하기 위하여 다른 기관 등으로부터 필요한 자료를 제공받는 데에 걸리는 기간
2. 영 제11조 제5항 후단에 따라 승인신청서 흠결의 보완을 요구한 경우에는 그 보완기간
3. 해당 금융회사 또는 그의 대주주(법 제2조 제6호에 따른 대주주)를 상대로 형사소송 절차가 진행되고 있거나 금융위, 공정거래위원회, 국세청, 검찰청 또는 감독원 등(외국 금융회사인 경우에는 이들에 준하는 본국의 감독기관 등을 포함)에 의한 조사·검사 등의 절차가 진행되고 있고, 그 소송이나 조사·검사 등의 내용이 심사에 중대한 영향을 미칠 수 있다고 인정되는 경우에는 그 소송이나 조사·검사 등의 절차가 끝날 때까지의 기간
4. 천재·지변 그 밖의 사유로 불승인사유를 통지할 수 없는 기간

II. 임직원의 겸직 보고

1. 필요적 보고사항

이해상충 또는 금융회사의 건전성 저해의 우려가 적은 경우로서 "대통령령으로 정하는 경우"에는 ⅰ) 겸직하는 회사에서 수행하는 업무의 범위(제1호), ⅱ) 겸직하는 업무의 처리에 대한 기록 유지에 관한 사항(제2호), ⅲ) 그 밖에 이해상충 방지 또는 금융회사의 건전성 유지를 위하여 필요한 사항으로서 "대통령령으로 정하는 사항"(제3호)을 대통령령으로 정하는 방법 및 절차에 따라 금융위원회에 보고하여야 한다(법11① 단서).

아래서는 위 제1항 본문의 "대통령령으로 정하는 경우"와 제3호의 "대통령령으로 정하는 사항"을 살펴본다.

(1) 대통령령으로 정하는 경우

위에서 "대통령령으로 정하는 경우"란 다음의 어느 하나에 해당하지 아니하는 경우를 말한다(영11②).

(가) 해당 금융회사의 대표이사 등

해당 금융회사의 대표이사, 대표집행임원(상법 제408조의5 제1항에 따른 대표집행임원), 사내이사 또는 주요업무집행책임자가 다른 회사의 상시적인 업무에 종사하는 임직원을 겸직하려는 경우에 해당하지 아니하는 경우를 말한다(영11②(1) 본문). 다만, ⅰ) 금융지주회사와 해당 금융지주회사의 자회사등 간의 겸직인

경우(가목), ⅱ) 해당 금융회사가 여신전문금융업법에 따른 신기술사업금융업자인 경우로서 같은 법 제41조 제1항 각 호[43]의 업무를 수행하기 위하여 다른 회사의 임직원을 겸직하려는 경우(나목)는 제외한다(영11②(1) 단서).

(나) 해당 금융회사의 감사위원

해당 금융회사의 감사위원(감사를 포함), 준법감시인 또는 위험관리책임자가 다른 금융회사의 감사위원, 준법감시인 또는 위험관리책임자를 겸직하려는 경우에 해당하지 아니하는 경우를 말한다(영11②(2) 본문). 다만, 해당 금융회사가 금융지주회사인 경우로서 그 금융지주회사의 자회사등에서 해당 금융지주회사에서 수행하는 업무와 동일한 업무를 겸직하려는 경우는 제외한다(영11②(2) 단서).

(다) 해당 금융회사의 임직원

해당 금융회사의 임직원(제1호에 따른 임원은 제외)이 다른 금융회사의 상시적인 업무에 종사하는 임직원을 겸직하려는 경우로서 겸직하려는 임직원의 업무가 다음의 어느 하나에 해당하지 하니 아니하는 경우를 말한다(영11②(3)).

　가. 법 제10조 제4항 제2호 각 목의 어느 하나에 해당하는 업무
　나. 자본시장법에 따른 신탁업의 경우에는 같은 법 시행령 제47조 제1항 제6호 각 목[44]의 업무. 다만, 다음의 어느 하나에 해당하는 업무는 제외한다.
　　1) 전자증권법 제2조 제4호에 따른 전자등록주식등, 자본시장법 제308조 제2항에 따른 예탁대상증권등 또는 외화자산인 집합투자재산·신탁재산의 보관·관리업무(외화자산인 집합투자재산의 운용 및 운용지시의 이행업무를 포함)

---

43) ① 이 절은 신기술사업금융업자가 하는 다음의 업무에 적용한다.
　1. 신기술사업자에 대한 투자
　2. 신기술사업자에 대한 융자
　3. 신기술사업자에 대한 경영 및 기술의 지도
　4. 신기술사업투자조합의 설립
　5. 신기술사업투자조합 자금의 관리·운용
44) 6. 신탁업인 경우에는 다음 각 목의 업무
　가. 신탁계약(투자신탁의 설정을 위한 신탁계약을 포함)과 집합투자재산(투자신탁재산은 제외)의 보관·관리계약의 체결과 해지업무
　나. 신탁재산(투자신탁재산은 제외)의 보관·관리업무
　다. 집합투자재산의 보관·관리업무(운용과 운용지시의 이행 업무를 포함)
　라. 신탁재산의 운용업무[신탁재산에 속하는 지분증권(지분증권과 관련된 증권예탁증권을 포함)의 의결권행사를 포함]

2) 신탁재산 중 외화자산의 운용업무[신탁재산에 속하는 지분증권(지분증권 과 관련된 증권 예탁증권을 포함)의 의결권 행사를 포함]

3) 신탁재산(외화자산이 아닌 자산만 해당) 총액의 20% 범위에서의 운용업 무(금융투자업자에게 위탁하는 경우만 해당)

4) 신탁재산의 운용업무와 관련한 조사·분석업무

5) 신탁재산 중 증권, 장내파생상품 또는 외국환거래법에 따른 대외지급수 단의 단순매매 주문업무

6) 자본시장법 제6조 제10항 제3호에 따른 업무(=일반 사모집합투자기구등 의 재산의 보관 및 관리)

(라) 손해보험회사 등

손해보험회사의 임직원이 생명보험회사의 임직원을 겸직하려는 경우 또는 생명보험회사의 임직원이 손해보험회사의 임직원을 겸직하려는 경우에 해당하지 아니하는 경우를 말한다(영11②(4)).

(2) 대통령령으로 정하는 사항

위 제3호에서 "대통령령으로 정하는 사항"란 ⅰ) 겸직의 목적(제1호), ⅱ) 겸 직의 기간(제2호), ⅲ) 그 밖에 이해상충 방지 또는 금융회사의 건전성 유지를 위 하여 필요한 사항으로서 금융위원회가 정하여 고시하는 사항(제3호)을 말한다(영 11⑧). 위 제3호에서 "금융위원회가 정하여 고시하는 사항"이란 다음 각 호를 말 한다(감독규정4②).

1. 겸직 임직원, 임직원이 겸직하는 회사의 책임범위
2. 겸직 임직원의 담당업무에 대한 적격성
3. 겸직 임직원에 대한 보수산정방식
4. 면책조항 및 분쟁해결(중재 및 조정을 포함한다) 방법에 관한 사항

▌ **금융위원회 질의회신(문서번호 190077, 회신일자 20220113)**

[질의]

ㅁ 지배구조법상 저축은행 직원의 겸직 관련 질의: ① 금융지주회사가 아닌 주권상장법인이 최대주주로서 출자한 금융회사들 가운데 ㉠ 저축은행과 저축은

행 사이 후선업무 담당 직원의 겸직 및 ⓛ 저축은행과 증권회사 사이 후선업무 담당 직원의 겸직이 금융사지배구조법상 가능한지 여부

② 만일 저축은행과 저축은행간 직원 겸직 가능시 겸직 직원이 인가받은 영업구역 외 지역에서 근무가 가능한지 여부

③ 만일 겸직이 가능하다면, 지배구조법 제11조①항에 따른 금융위원회의 승인 또는 보고 대상인지 여부

[회신]

▫ 금융지주회사가 아닌 주권상장법인이 최대주주로서 출자한 저축은행-저축은행간 직원의 겸직 및 저축은행-증권회사간 직원의 겸직에 대해 지배구조법상 제한하고 있는 규정은 없습니다.

○ 따라서 지배구조법상 금융위원회의 겸직 승인 또는 보고 대상에 해당하지는 않습니다.

▫ 다만, 질의사항과 관련해서는 지배구조법 외 상호저축은행법, 자본시장법 등 관련법령의 규정을 준수하여야 하는바,

○ 상호저축은행법에서는 후선 업무 담당직원의 다른 회사 업무 겸직 등에 대하여 제한하고 있는 내용이 없습니다.

○ 최근 자본시장법 및 동 시행령은 교류차단대상정보를 회사 내부통제기준이 정하는 바에 따라 적절히 차단하도록 개정('21.5.20일 시행)되었습니다.

– 교류차단대상정보의 교류를 적절히 차단해야 한다는 개정 자본시장법령 규정하에 겸직의 적정성 여부를 귀사의 내부통제기준에 따라 적의 판단하시길 바랍니다.

[이유]

회신과 같음

▍ 금융위원회 질의회신(문서번호 190075, 회신일자 20190715)

[질의]

▫ 금융지주회사의 IT자회사 임원 겸직 가능여부 및 사후보고 대상 여부: 금융지주회사의 자회사인 은행 IT 담당 업무집행책임자가 동일 금융지주회사의 다른 IT 자회사(비금융회사)의 상시적인 업무에 종사하는 임원을 겸직시 금융사지배구조법상 겸직이 가능한지 여부 및 겸직 승인 또는 보고 필요 여부

[회신]

▫ 지배구조법 제10조 제4항 제2호에 따라 금융지주회사의 자회사 등의 임직원이 다른 자회사 등의 임직원을 겸직하는 경우에 해당하여 겸직이 가능합니다.

○ 또한, 지배구조법 제11조 제1항, 동법 시행령 제11조 제2항에 따른 겸직 보고 대상입니다.

[이유]

▫ 금융회사 임원의 직무 전념 및 이해상충 방지를 위해 지배구조법 제10조 제1항은 금융회사 상근 임원이 다른 영리법인의 상시적인 업무에 종사하는 것을 원칙적으로 제한하고 있습니다.

○ 다만, 금융지주회사의 자회사 등의 경우 경영효율성 제고 등을 위한 겸직의 필요성이 인정되므로 지배구조법 제10조 제4항에서 예외적으로 겸직을 허용하고 있으며, 지배구조법 제11조 제1항에 따라 겸직승인 또는 보고 대상이 됩니다.

▫ 질의하신 사안의 경우, 금융지주회사 자회사인 은행의 업무집행책임자가 동일 금융지주회사의 다른 IT 자회사 임직원을 겸직하는 것은 지배구조법 제10조 제4항 제2호에 따라 금융지주회사의 자회사 등의 임직원이 다른 자회사 등의 임직원을 겸직하는 경우에 해당하여 겸직이 가능합니다.

○ 또한, 이 경우 지배구조법 시행령 제11조 제2항 제1호에 따른 겸직 보고 대상입니다.

2. 임의적 보고사항

다음의 어느 하나에 해당하는 경우, 즉 ⅰ) 최근 3년 이내에 겸직 승인을 받은 경우로서 해당 금융회사의 임직원이 인사교체 등으로 변경되었고 새로 변경된 임직원이 겸직하는 업무·겸직하는 회사가 전임자가 겸직하였던 업무·겸직하였던 회사와 동일한 경우(제1호), ⅱ) 해당 금융회사의 임직원이 외국 자회사등의 임직원을 겸직하려는 경우(제2호)에는 금융위원회에 보고할 수 있다(영11③).

▌금융위원회 질의회신(회신일자 20170511)

[질의]

상근 임직원의 자회사 또는 해외법인 겸직 관련 금융위 승인 또는 보고 대

상인지 여부: 금융사지배구조법 및 그 부속법령에 의하여 당사(생명보험회사)의 상근임직원이 자회사(손해사정사) 또는 해외법인에 겸직하는 경우 금융위원회의 승인 또는 보고대상인지 여부

　　〈보험회사의 상근임원의 자회사의 "비상근" 이사/감사 겸직 관련〉
　　① (질의 1) 당사의 상근임원이 자회사인 손해사정회사(비금융회사)의 "비상근" 이사 또는 감사로 겸직하는 것이 허용되고, 이 경우 금융위 승인 없이 보고만으로 겸직이 가능한지
　　② (질의 2) 법 시행령 제11조 제3항 제2호의 "외국자회사등"에 국내자회사가 포함되는지
　　③ (질의 3) 법 시행령 제11조 제3항은 "제2항에도 불구하고 다음 각 호의 어느 하나에 해당하는 경우에는 금융위원회에 보고할 수 있다"고 적시하고 있는데, 여기서 "보고할 수 있다"의 의미가 금융회사가 보고를 하지 않아도 무방하다는 것을 의미하는지
　　④ (질의 4) 직원의 경우 특별한 법령상 제한 없이 겸직이 가능하며, 법 제11조에 따른 승인 및 보고의무가 없는 것으로 판단해도 되는지
　　〈보험회사의 임원 또는 직원이 해외법인 법인장 또는 주재원으로 겸직〉
　　⑤ (질의 5) 당사의 상근임원이 법 10조 제2항 제3호*에 따라 당사의 해외법인에서 상근직을 겸직하는 것이 가능하다고 할 때, 동 법인에서 변액보험계약에 관한 업무에 종사하고자 하는 경우 금융위원회의 승인이 필요한지 여부

　　* 보험회사의 상근임원은 보험회사가 의결권 있는 주식의 15%를 초과하여 보유한 다른 회사(「금융산업의 구조개선에 관한 법률」 제2조 제1호 가목부터 아목까지 및 차목에 따른 금융기관 제외)의 상근임직원을 겸직 가능

　　⑥ (질의 6) 법 제10조 제4항 제2호 나목에서 "변액보험계약에 관한 업무"의 범위는
　　⑦ (질의 7) 당사의 상근직원이 외국 자회사의 직원을 겸직하는 경우에는 별도의 금융위원회 승인이나 보고가 필요 없다고 보아도 되는지
　　⑧ (질의 8) 질의 7과 관련하여 법 시행령 제11조 제3항 제2호는 "해당 금융회사의 임직원이 외국 자회사등의 임직원을 겸직하려는 경우" 금융위원회에 보고할 수 있다고 규정하고 있는바, 금융위원회 보고가 필요한 것인지

[회신]

□ (질의 1~4) 금융회사의 상근임원이 비금융회사의 비상근 임원을 겸직하는 것은 금융사지배구조법에 따른 보고의 대상이 아닙니다.

□ (질의 5) 보험회사의 상근임원이 다른 회사에서 변액보험계약에 관한 업무에 종사한다면 금융위원회의 승인을 받아야 하고, 그 이외의 경우에는 금융위원회에 보고하여야 합니다.

□ (질의 6) 당사자가 변액보험을 취급하는 부서에 속하거나, 그와 관련한 승인업무 등을 담당하는 경우 변액보험계약에 관한 업무를 수행하는 것으로 보아야 합니다.

□ (질의 7, 8) 금융회사의 직원이 다른 회사의 직원을 겸직하는 경우는 지배구조법에 따른 승인이나 보고가 필요 없습니다. 한편 지배구조법 시행령 제11조 제3항 제2호는 시행령 제11조 제2항의 "승인" 사항 중에서 예외적으로 "보고"가 가능한 사항을 규정한 것입니다. 당초부터 승인이 필요 없는 겸직에 대해서는 동 조항에 따른 보고도 필요가 없습니다.

[이유]

□ (질의 1~4) 지배구조법 제10조 제1항은 "금융회사의 상근임원은 다른 영리법인의 상시적인 업무에 종사할 수 없다"라고 규정하고 있으며, 지배구조법 제11조에 따른 겸직승인 및 보고는 기본적으로 위 조항을 전제로 하는 것입니다. 따라서 보험회사의 상근임원이 그 자회사인 손해사정회사의 '비상근' 이사/감사로 겸직하는 행위는 지배구조법에 따른 보고의 대상이 아닙니다.

○ 한편, 지배구조법 시행령 제11조 제3항 제2호의 "외국자회사등"에는 국내 자회사가 포함되지 않습니다.

□ (질의 5) 지배구조법 제10조 제2항 제3호에 따라 보험회사의 상근임원은 그 보험회사가 의결권 있는 주식을 15% 초과하여 보유하고 있는 다른 회사(「금융산업의 구조개선에 관한 법률」 제2조 제1호 가목부터 아목까지 및 차목에 따른 금융기관 제외)의 상근임직원을 겸직할 수 있습니다. 이 경우 법 제11조 제1항, 시행령 제11조 제2항 제3호 가목, 법 제10조 제4항 제2호 나목에 따라 해당 상근임원이 다른 회사에서 변액보험계약에 관한 업무에 종사한다면 금융위원회의 승인을 받아야 하고, 그 이외의 경우에는 금융위원회에 보고하여야 합니다.

□ (질의 6) 지배구조법 시행령 및 「금융회사 지배구조 감독규정」상 "변액보

험계약에 관한 업무" 범위를 특별히 규정하지 않았으므로 그 범위는 포괄적으로 해석하여 당사자가 변액보험을 취급하는 부서에 속하거나, 그와 관련한 승인업무 등을 담당하는 경우 변액보험계약에 관한 업무를 수행하는 경우가 모두 포함되는 것으로 보아야 합니다.

　　□ (질의 7, 8) <질의 1~4>의 답변 이유를 참고하시기 바랍니다.

3. 보고서류와 보고기한

　　금융회사는 보고하는 경우에는 "금융위원회가 정하여 고시하는 서류"를 첨부하여 반기별 겸직 현황을 매 반기 경과 후 1개월 이내에 금융위원회에 제출하여야 한다(영11⑦). 여기서 "금융위원회가 정하여 고시하는 서류"란 감독원장이 정하는 서식에 따른 보고서 및 다음의 첨부서류를 말한다(감독규정4⑤). 이에 따른 임직원 겸직의 반기별 현황 보고서 및 첨부서류는 [별지 제4호서식]을 따른다(감독규정 시행세칙3②).

　　1. 임직원 겸직 계약서 사본
　　2. 임직원 겸직이 영 제11조 제4항 제4호 각 목의 요건에 적합하다는 해당 금융회사 준법감시인의 검토의견 및 관련 자료

　　보고서에 첨부하여야 할 서류가 이미 제출된 경우에는 제출된 서류를 참조하라는 뜻을 기재한 서면으로 첨부서류 제출을 갈음할 수 있다(감독규정4⑥).

4. 임직원의 겸직시 보고의 주체

　　금융지주회사 내 자회사 간 겸직 시 금융지주회사가 대신 보고할 수 있는지 여부이다. 기본적으로 금융회사 간 겸직의 경우에는 원소속 금융회사가 보고하여야 하나, 금융지주 소속 자회사들 간의 겸직의 경우에는 금융지주회사가 통합보고할 수 있다.[45]

　　법 제11조의 취지를 고려할 때 금융회사 임직원의 겸직은 겸직을 하려는 원소속 금융회사가 그 겸직 내용을 금융위원회에 보고하는 것이 원칙이다. 다만, 금융지주회사와 그 자회사의 겸직 또는 금융지주회사의 자회사 간의 겸직의 경

---

45) 금융위원회(2016b), 32쪽.

우에는 기존에 금융지주회사가 금융지주회사법에 따라 일괄하여 겸직 보고를 수행해 왔음을 고려하여 지주회사와 자회사 간에 보고와 관련한 업무위탁이 이루어져 있는 경우 등에는 지주회사의 통합 보고가 가능하도록 운영할 계획이다.[46]

▌금융위원회 질의회신(문서번호 210138, 회신일자 20220204)

[질의]

▫ 여신전문금융회사(신기술사업금융회사) 상근임원의 타 영리법인 사외이사 겸직 가능 여부: 여신전문금융업법에 따른 여신전문금융회사(신기술사업금융회사)의 상근 임원이 타 영리법인의 사외이사 겸직 행위가 금융사지배구조법 제10조(겸직제한)에 해당하는지 여부 및 제11조(겸직 승인 및 보고 등)에 따른 겸직 승인 및 보고 대상 행위에 해당하는지 여부

[회신]

▫ 여신전문금융회사 상근임원이 타 영리법인의 사외이사를 겸직하는 행위는 금융사지배구조법 제10조 겸직제한 대상에 해당하지 않습니다.

▫ 겸직하려는 타 영리법인이 금융회사인지 여부에 따라 지배구조법 제11조에 따른 보고의무 발생여부가 결정됩니다.

[이유]

▫ 지배구조법 제10조는 금융회사의 상근임원이 다른 영리법인의 상시적인 업무에 종사하는 것을 금지하고 있으나, 다른 영리법인의 비상시적인 업무에 종사하는 것은 별도로 금하고 있지 않습니다.

○ 이 경우 겸직하려는 타 영리법인이 비금융회사인 경우 겸직은 법 제10조 제2항부터 제4항에 따른 겸직이 아니므로, 법 제11조 제1항에 따른 보고의무는 발생하지 않습니다.

○ 반면 겸직하려는 타영리법인이 금융회사인 경우에는 법 제11조 제2항, 영 제11조 제9항에 따라 다른 금융회사의 사외이사 또는 비상임이사가 금융회사의 임원을 겸직하는 경우에 해당하므로 보고 대상이 됩니다.

---

46) 금융위원회(2016b), 32쪽.

▌ 금융위원회 질의회신(문서번호 180312, 회신일자20180914)

[질의]

□ 은행 IT자회사 임원의 은행 임/직원 겸직 가능여부 및 승인/보고 필요여부: 은행(현재 금융지주회사 체제는 아님)이 100%로 소유하고 있는 IT자회사의 임직원이 은행 임원 또는 직원 겸직시 금융회사 지배구조에 관한 법률 적용대상인지 여부 및 적용 대상시 겸직 승인 및 보고 필요(승인 또는 보고 주체 포함) 여부

[회신]

□ 겸직하려는 회사 중 어느 일방이 금융회사인 경우 해당 금융회사와 그 임직원은 금융사지배구조법 제10조 및 제11조 적용대상에 해당됩니다.

□ 은행의 상근임원이 비금융자회사인 IT자회사(100%자회사) 임직원으로 겸직할 경우에는 금융사지배구조법 제10조 제2항 제1호에 따라 겸직이 허용되며,

○ 제11조 제1항에 따라 금융회사인 은행은 승인신청 또는 보고의 주체가 되며, 시행령 제11조 제2항에 따라 IT자회사의 상시적 업무에 종사하는 임직원을 겸직하려는 경우 은행은 승인을 받아야 하며, 그렇지 않은 경우 은행은 보고하여야 합니다.

□ 한편, 은행의 직원 또는 비상근 임원이 비금융회사인 IT자회사의 임직원을 겸직하는 경우에는 이를 제한하는 규정이 없으므로 겸직이 허용되며, 겸직 승인 또는 보고도 필요하지 않습니다.

[이유]

□ 금융회사 임원의 직무 전념 및 이해상충방지를 위해 금융사지배구조법 제10조 제1항은 금융회사 상근 임원이 다른 영리법인의 상시적인 업무에 종사하는 것을 원칙적으로 제한하고 있습니다.

○ 다만 금융회사와 자회사의 경우 경영효율성 제고 등을 위해 겸직의 필요성이 인정되므로 금융사지배구조법 제10조 제2항에서 예외적으로 겸직을 허용하고 있으며, 이 경우 동법 제11조 제1항에 따라 겸직승인 또는 보고 의무가 생깁니다.

○ 겸직하려는 회사 중 어느 일방이 금융회사인 경우 해당 금융회사와 그 임직원은 금융사지배구조법 제10조 및 제11조 적용대상에 해당하며, 금융사지배구조법 상 금융회사에 해당하는 은행을 기준으로 겸직 가능여부를 판단하여야 합니다.

□ 은행의 상근임원이 비금융회사인 IT자회사(100%자회사) 임직원을 겸직하는 경우 금융사지배구조법 제10조 제2항 제1호는 그 은행이 15% 초과 지분을 보유하고 있는 다른 회사의 상근 임직원을 겸직할 수 있다고 규정하고 있으므로 겸직이 가능합니다.

○ 또한, 이 경우 금융사지배구조법 시행령 제11조 제2항 제1호에 의해 은행의 대표이사, 대표집행임원, 사내이사 또는 주요업무집행책임자가 IT자회사의 상시적 업무에 종사하는 임직원을 겸직하는 경우 은행은 승인을 받아야 하며, 그렇지 않은 경우에는 은행이 보고하여야 합니다.

□ 은행의 직원 또는 비상근임원이 IT자회사의 임직원을 겸직하려는 경우 이를 제한하고 있는 규정이 없으므로 역시 겸직이 가능합니다. 또한, 이 경우 보고 또는 승인에 대해 규정하고 있지 않으므로 이러한 조치도 필요하지 않습니다.

Ⅲ. 임원의 겸직 보고

1. 필요적 보고사항

해당 금융회사의 사외이사, 비상임이사 또는 비상근감사가 다른 금융회사의 임원을 겸직하는 경우에는 ⅰ) 겸직하는 회사에서 수행하는 업무의 범위(제1호), ⅱ) 겸직하는 업무의 처리에 대한 기록 유지에 관한 사항(제2호), ⅲ) 그 밖에 이해상충 방지 또는 금융회사의 건전성 유지를 위하여 필요한 사항으로서 대통령령으로 정하는 사항(제3호)을 금융위원회에 보고하여야 한다(법11②, 영11⑨ 전단).

제3호에서 "대통령령으로 정하는 사항"란 ⅰ) 겸직의 목적(제1호), ⅱ) 겸직의 기간(제2호), ⅲ) 그 밖에 이해상충 방지 또는 금융회사의 건전성 유지를 위하여 필요한 사항으로서 금융위원회가 정하여 고시하는 사항(제3호)을 말한다(영11⑧). 위 제3호에서 "금융위원회가 정하여 고시하는 사항"이란 다음 각 호를 말한다(감독규정4②).

1. 겸직 임직원, 임직원이 겸직하는 회사의 책임범위
2. 겸직 임직원의 담당업무에 대한 적격성
3. 겸직 임직원에 대한 보수산정방식
4. 면책조항 및 분쟁해결(중재 및 조정을 포함) 방법에 관한 사항

금융회사의 상근임원이 다른 금융회사의 비상근임원을 겸직하는 경우 보고 대상인지 여부이다. 다른 금융회사의 사외이사 또는 비상임이사를 겸직하는 경우라면 법 제11조 제2항 및 시행령 제11조 제9항에 따라 보고 대상이다.

법 제10조는 금융회사의 상근임원이 다른 영리법인의 상시적인 업무에 종사하는 것을 금지하고 있으나, 다른 영리법인의 비상시적인 업무에 종사하는 것은 별도로 금하고 있지 않다. 이 경우의 겸직은 법 제10조 제2항 및 제4항에 따른 겸직이 아니므로, 법 제11조 제1항에 따른 보고의무는 발생하지 않는다. 다만, 해당 비상근임원직이 사외이사 또는 비상임이사인 경우에는 영 제11조 제9항에 따라 다른 금융회사의 사외이사 또는 비상임이사가 금융회사의 임원을 겸직하는 경우에 해당하므로 보고 대상이 된다.[47)]

2. 보고서류 제출과 보고기한

금융회사는 "금융위원회가 정하여 고시하는 서류"를 첨부하여 반기별 겸직 현황을 매 반기 경과 후 1개월 이내에 금융위원회에 제출하여야 한다(영11⑨ 후단).

여기서 "금융위원회가 정하여 고시하는 서류"란 감독원장이 정하는 서식에 따른 보고서 및 다음의 첨부서류를 말한다(감독규정4⑤). 이에 따른 비상근 임원의 반기별 현황 보고서 및 첨부서류는 [별지 제5호서식]을 따른다(감독규정 시행세칙3③).

1. 임직원 겸직 계약서 사본
2. 임직원 겸직이 영 제11조 제4항 제4호 각 목의 요건에 적합하다는 해당 금융회사 준법감시인의 검토의견 및 관련 자료

보고서에 첨부하여야 할 서류가 이미 제출된 경우에는 제출된 서류를 참조하라는 뜻을 기재한 서면으로 첨부서류 제출을 갈음할 수 있다(감독규정4⑥).

▌ 금융위원회 질의회신(문서번호 190241, 회신일자 20201112)

[질의]

□ 금융회사의 임원이 금융회사가 아닌 회사의 임원을 겸직하는 경우 보고

---

47) 금융위원회(2016b), 31쪽.

의무에 대하여: 금융회사의 비상임이사 또는 비상근감사가 비금융회사 상근임원을 겸직할 경우 지배구조법에 따른 겸직보고 대상이 되는지 여부

[회신]

□ 금융회사의 비상임이사 또는 비상근감사가 비금융회사 상근임원을 겸직하는 것은 지배구조법에 따른 겸직 보고의 대상이 되지 않습니다.

[이유]

□ 지배구조법 제10조 제1항에 따라 금융회사의 상근임원이 다른 영리법인의 상근 임직원을 겸직하는 것은 원칙적으로 금지되며, 지배구조법 제10조 제2항 내지 제4항에 따라 예외적으로 겸직이 허용되는 경우에는 지배구조법 제11조에 따라 겸직 승인 또는 보고의 대상이 됩니다.

○ 그리고 지배구조법 제11조 제2항 및 동법 시행령 제11조 제9항에 따라 금융회사의 비상임이사 또는 비상근감사가 다른 금융회사의 임원을 겸직하는 경우에는 겸직보고 대상이 됩니다(법령해석 회신문 180058 참조).

□ 질의하신 사안의 경우 비상임이사 또는 비상근감사는 금융회사 상근임원이 아닌 점, 금융회사의 비상임이사 또는 비상근감사가 겸직하는 회사가 비금융회사인 점을 고려하면 지배구조법에 따른 겸직 승인 또는 보고의 대상이 되지 않습니다.

▌금융위원회 질의회신(문서번호 190026, 회신일자 20190320)

[질의]

□ 금융지주회사 자회사 간 사외이사인 감사위원 겸직: 금융지주회사 자회사(금융회사)의 사외이사인 감사위원이 동일 금융지주회사의 다른 자회사(금융회사)의 사외이사인 감사위원을 겸직할 경우 겸직승인을 받아야 하는지 여부

[회신]

□ 금융사지배구조법 제11조 제2항 및 동법 시행령 제11조 제9항에 따라 겸직 보고대상에 해당합니다.

[이유]

□ 지배구조법 제11조 제2항에 따르면 해당 금융회사의 임원이 다른 금융회사의 임원을 겸직하는 경우(제10조에 따른 겸직은 제외)로서 대통령령으로 정하는 경우에는 금융위원회에 보고하여야 합니다.

○ 이와 관련 동법 시행령 제11조 제9항에 따르면 해당 금융회사의 사외이사, 비상임이사 또는 비상근감사가 다른 금융회사의 임원을 겸직하는 경우 보고대상이 됩니다.

□ 이에 지배구조법 제11조 제2항 및 동법 시행령 제11조 제9항에 따라 금융지주회사 자회사인 금융회사의 사외이사인 감사위원이 동일 금융지주의 다른 자회사인 금융회사의 사외이사인 감사위원을 겸직할 경우 보고대상에 해당합니다.

▌금융위원회 질의회신(문서번호 180058, 회신일자 20180607)

[질의]

□ 상근감사위원 타사 사외이사 겸직 시 금융위 승인 또는 보고대상인지 여부: 금융사지배구조법 제11조(겸직 승인 및 보고)에서 이해상충 방지 및 금융회사의 건전성을 위하여 임원이 他금융회사의 임원을 겸직할 경우, 금융위원회의 승인을 받거나 보고하도록 의무화

○ 당사(생명보험사) 상근감사위원(사내이사)이 他금융회사(생명보험사)의 사외이사인 감사위원으로 취임할 경우, 금융사지배구조법 제11조에 따른

1) 사외이사 취임사항이 겸직 보고 대상인지 여부

2) 사외이사 중 감사위원으로 선임할 경우 겸직 승인 대상인지 여부

[회신]

□ 귀사의 상근감사위원(사내이사)이 다른 금융회사의 사외이사(감사위원)로 겸직하는 것은 금융사지배구조법 제11조 제2항 및 같은 법 시행령 제11조 제9항에 따른 겸직 보고대상(겸직보고회사는 사외이사로 겸직하는 금융회사)에 해당합니다.

[이유]

□ 금융사지배구조법 제10조 제1항에 따라 금융회사의 상근임원이 다른 영리법인의 상근 임직원을 겸직하는 것은 원칙적으로 금지되며, 같은 법 제10조 제2항부터 제4항까지에 따라 예외적으로 겸직이 허용되는 경우에는 같은 법 제11조 제1항에 따라 겸직 승인 또는 보고의 대상이 됩니다.

○ 사외이사는 금융회사의 상근 임직원이 아니므로, 귀사의 상근감사위원이 타금융회사의 사외이사(사외이사인 감사위원)로 재임하는 것은 같은 법 제11조 제1항에 따른 겸직 승인 또는 보고의 대상은 되지 않습니다.

□ 다만, 같은 법 제10조 제1항에서 허용되는 겸직 중에서도 "금융회사의 사

외이사, 비상임이사 또는 비상근감사가 다른 금융회사의 임원을 겸직하는 경우"
는 같은 법 제11조 제2항 및 같은 법 시행령 제11조 제9항에 따라 겸직보고의 대
상이 됩니다. 이 경우 보고의 주체는 사외이사를 선임하는 금융회사가 됩니다.

▍ 금융위원회 질의회신(문서번호 170359, 회신일자20171109)

[질의]

□ 국외점포 주재원의 (여신)심사협의체 위원 참여 가능 여부: 은행의 해외
현지법인 소속 직원이 해당 해외현지법인의 여신취급 건과 관련하여 모은행의
여신심사협의체에 참여하여 의결권을 행사할 수 있는지

□ 만약 동 행위가 금융사지배구조법에 따른 겸직에 해당한다면, 이에 따른
보고절차

▶ 당행: 금융지주 산하 은행

▶ 국외점포: 당행의 국외현지법인으로 당행이 지분 50% 초과 보유

▶ 주재원: 주재원(직원) 발령에 의한 국외점포 근무 중이며 국외 점포의 여
신 심사를 주업무로 함

▶ 국외점포 전결 초과 여신 심사 프로세스: ① 국외점포 심사부서의 해당
안건 검토 → ② 당행 승인 신청 → ③ 당행 심사협의체의 해당 신청 건 심의 및
승인 여부 결정

[회신]

□ 해외현지법인 소속 직원이 현지법인의 업무를 담당하면서 은행의 여신심
사협의체에도 참석하는 것은 금융사지배구조법상 별도의 금지규정이 없으므로
허용됩니다.

□ 동 행위는 금융회사의 직원이 다른 회사의 직원을 겸직하는 경우에 해당
하므로 금융사지배구조법 제11조에 따른 겸직 승인 또는 보고의 대상에는 해당
하지 않습니다.

[이유]

□ 금융회사의 해외현지법인의 직원이 본점의 여신심사협의체에 참여하여
의결권을 행사하는 것에 대하여 금융사지배구조법상 별도의 금지 조항은 없으므
로, 금융회사가 자율적으로 해당 업무 배정 여부를 결정하면 됩니다.

□ 한편 금융회사의 해외현지법인은 금융회사와 법적 실체를 달리하는 별개

의 법인이므로, 해외현지법인의 직원이 해당 법인의 업무를 담당하면서 모회사의 여신심사협의체에도 참여하는 것은 두 개의 회사에서 동시에 업무를 수행하는 것이 되어 겸직에 해당합니다.

○ 다만, 이러한 겸직은 금융사지배구조법에 따라 겸직 승인 또는 겸직 보고*를 요하는 형태의 겸직은 아닙니다. 동 겸직을 금융사지배구조법 제10조 제4항 제2호에 따른 금융지주회사의 자회사등 간의 겸직으로 일견 판단할 수 있으나, 금융지주회사의 자회사인 은행이 설립한 국외현지법인은 같은 법 제10조 제4항 제2호에 따른 "금융지주회사의 자회사등"에 해당하지 않아 동 조항에 따른 겸직에는 해당하지 않습니다.

○ 따라서 동 겸직과 관련하여 별도로 겸직 승인을 신청하거나 겸직 보고를 할 필요는 없습니다.

> * ① 금융회사의 직원이 금융사지배구조법 제10조 제2항부터 제4항까지의 규정에 따라 다른 회사의 임직원을 겸직하는 경우: 겸직 승인 또는 보고(금융사지배구조법 제11조 제1항)
> ② 금융회사의 사외이사 또는 비상임이사가 다른 금융회사의 임원을 겸직하는 경우: 겸직 보고(금융사지배구조법 제11조 제2항)

▌금융위원회 질의회신(문서번호 230095, 회신일자 20240508)

[질의]

▫ 금융투자업자가 캐피탈주식회사(여신전문금융업법상 신기술금융사업자, 이하 "여신전문금융업자")의 대표이사를 기타비상무이사로 선임하고자 하는 경우, 금융사지배구조법 제11조 제2항의 겸직 보고대상인지

[회신]

▫ 귀사가 여신전문금융업자의 대표이사를 귀사의 기타비상무이사로 선임하고자 하는 것은 금융사지배구조법 제11조 제2항 및 동 시행령 제11조 제9항에 따른 겸직 보고대상에 해당하며, 이 경우 보고의 주체는 기타비상무이사를 선임하고자 하는 귀사가 될 것으로 판단됩니다.

[이유]

※ 기타비상무이사는 사외이사가 아니면서 회사의 상시적인 업무에 종사하지 않는 이사를 지칭하는 것으로 생각되며, 이는 금융사지배구조법 제2조 제3호의 비상임이사와 유사한 측면을 감안하여 동 사안에서는 기타비상무이사는 비상

임이사인 것을 전제로 판단하였습니다.

　□ 금융회사는 해당 금융회사의 사외이사, 비상임이사 또는 비상근감사가 다른 금융회사의 임원을 겸직하는 경우 겸직회사에서 수행하는 업무의 범위, 겸직의 목적, 겸직기간 등 이해상충 방지 또는 금융회사의 건전성 유지를 위하여 필요한 사항을 매 반기 경과 후 1개월 이내에 금융위원회에 보고하여야 합니다(금융사지배구조법 제11조 제2항 및 동 시행령 제11조 제9항).

　□ 따라서 귀사가 여신전문금융업자의 대표이사를 귀사의 비상무이사로 선임하는 것은 귀사의 비상임이사가 다른 금융회사의 임원을 겸직하는 경우로 금융사지배구조법 제11조 제2항에 따른 겸직 보고대상이며, 이 경우 보고의 주체는 비상임이사를 선임하고자 하는 귀사가 될 것으로 판단됩니다(기존유권해석 참조).

　※ 상기 의견은 질의내용으로 파악할 수 있는 사실관계만을 토대로 검토한 내용이며, 구체적인 사실관계 등 제반 사정에 따라 다르게 해석될 여지가 있으니 금융사지배구조법 및 동법 시행령의 목적, 취지, 요건 등을 참고하시어 판단하기 바랍니다.

▌ 금융위원회 질의회신(문서번호 230290, 회신일자 20240617)

[질의]

　□ 신기술투자조합의 CO-GP로 참여한 일반법인 임원의 겸직 가능 여부/공동 업무집행조합원으로 신기술사업투자조합에 참여한 일반법인의 임원이 타 영리법인의 상시적인 업무에 종사하는 경우 금융사지배구조법 제10조(겸직제한) 및 제11조(겸직승인 및 보고 등)이 적용되는지

[회신]

　□ 금융회사가 아닌 일반법인의 임원 겸직에 대하여는 지배구조법 제10조 및 제11조가 적용되지 않습니다.

[이유]

　□ 금융사지배구조법 제10조는 "금융회사"의 상근 임원에 대하여 다른 영리법인의 상시적인 업무에 종사할 수 없도록 규정한 것이며, 동 조항의 금융회사는 동법 제2조 제1호 각 호에 규정된 회사를 의미합니다. 따라서 사안의 일반법인이 금융사지배구조법 제2조 제1호 각 호에 규정된 금융회사에 해당하지 않는 이상 신기술사업투자조합에 공동 업무집행조합원으로 참여하였다고 하더라도 지배구

조법 제10조 및 제11조의 적용대상이 아닌 것으로 판단됩니다.

IV. 임직원 겸직 제한 또는 시정명령

금융위원회는 금융회사가 겸직기준을 충족하지 아니하는 경우 또는 법 제11 조 제1항 단서에 따른 보고 방법 및 절차를 따르지 아니하거나 보고한 사항을 이 행하지 아니하는 경우에는 해당 임직원 겸직을 제한하거나 그 시정을 명할 수 있다(법11③).

V. 금융지주회사와 자회사등의 손해배상책임

1. 원칙: 연대책임

임직원을 겸직하게 한 금융지주회사와 해당 자회사등은 금융업의 영위와 관 련하여 임직원 겸직으로 인한 이해상충 행위로 고객에게 손해를 끼친 경우에는 연대하여 그 손해를 배상할 책임이 있다(법11④ 본문).

2. 예외: 손해배상책임의 배제

다음의 어느 하나에 해당하는 경우, 즉 ⅰ) 금융지주회사와 해당 자회사등이 임직원 겸직으로 인한 이해상충의 발생 가능성에 대하여 상당한 주의를 한 경우 (제1호), ⅱ) 고객이 거래 당시에 임직원 겸직에 따른 이해상충 행위라는 사실을 알고 있었거나 이에 동의한 경우(제2호)에는 그러하지 아니하다(법11④ 단서).

VI. 위반시 제재

법 제11조 제1항 본문을 위반하여 겸직승인을 받지 아니한 자(제2의2호), 법 제11조 제1항 단서 및 같은 조 제2항을 위반하여 겸직보고를 하지 아니하거나 거짓으로 보고한 자(제2의3호)에게는 3천만원 이하의 과태료를 부과한다(법43②). 법 제11조 제1항 각 호 외 부문 본문, 법 제11조 제2항에 따라 겸직을 보고 하는 경우에는 법 제11조 제1항 각 호의 사항을 금융위원회에 보고하여야 하며, 감독규정 시행세칙 제3조에서는 별지 제4호서식, 별지 제5호서식으로 반기별 현 황을 보고하도록 하고 있다. 하지만, 별지 제4호서식, 별지 제5호서식에는 법 제 11조 제1항 제1호의 "겸직하는 업무의 처리에 대한 기록 유지에 관한 사항"이 포 함되어 있지 않으므로 이에 대한 개정이 필요하다.

제 3 편

이사회

제1장 이사회의 구성 및 운영 등

제1절 이사회의 구성

Ⅰ. 사외이사 구성요건

1. 최저 사외이사의 수와 선임의무
금융회사는 이사회에 사외이사를 3명 이상 두어야 한다(법12①).

2. 사외이사의 수
(1) 이사총수의 과반수
사외이사의 수는 이사 총수의 과반수가 되어야 한다(법12② 본문).
(2) 이사총수의 1/4 이상인 금융회사
"대통령령으로 정하는 금융회사"의 경우 이사 총수의 4분의 1 이상을 사외이사로 하여야 한다(법12② 단서).
위에서 "대통령령으로 정하는 금융회사"란 영 제6조 제3항에 해당하는 자로서 다음의 어느 하나에 해당하는 자를 말한다(영12).

1. 주권상장법인(상법 시행령 제34조 제1항 각 호1)의 어느 하나에 해당하는 경

우는 제외)

2. 최근 사업연도 말 현재 자산총액이 3천억원 이상인 상호저축은행

3. 최근 사업연도 말 현재 자산총액이 3천억원 이상인 금융투자업자 또는 종합 금융회사

4. 최근 사업연도 말 현재 자산총액이 3천억원 이상인 보험회사

5. 최근 사업연도 말 현재 자산총액이 3천억원 이상인 여신전문금융회사(신용 카드업을 영위하지 아니하는 여신전문금융회사는 최근 사업연도 말 현재 자 산총액이 2조원 이상인 경우에 한정한다)

II. 사외이사 구성요건 미달과 충족 조치

금융회사는 사외이사의 사임·사망 등의 사유로 사외이사의 수가 제1항 및 제2항에 따른 이사회의 구성요건에 미치지 못하게 된 경우에는 그 사유가 발생 한 후 최초로 소집되는 주주총회(보험업법 제2조 제7호에 따른 상호회사인 보험회사 의 경우 사원총회를 포함)에서 제1항 및 제2항에 따른 요건을 충족하도록 조치하여 야 한다(법12③).

III. 위반시 제재

법 제12조 제1항 및 제2항을 위반하여 같은 항에 규정된 사외이사 선임의무 를 이행하지 아니한 자(제1호), 법 제12조 제3항을 위반하여 같은 조 제1항 및 제 2항의 이사회의 구성요건을 충족시키지 아니한 자(제3호)에게는 1억원 이하의 과 태료를 부과한다(법43①).

---

1) 1. 벤처기업법에 따른 벤처기업 중 최근 사업연도 말 현재의 자산총액이 1천억원 미만으 로서 코스닥 시장 또는 코넥스시장에 상장된 주권을 발행한 벤처기업인 경우
   2. 채무자회생법에 따른 회생절차가 개시되었거나 파산선고를 받은 상장회사인 경우
   3. 유가증권시장, 코스닥시장 또는 코넥스시장에 주권을 신규로 상장한 상장회사(신규상 장 후 최초로 소집되는 정기주주총회 전날까지만 해당)인 경우. 다만, 유가증권시장에 상장된 주권을 발행한 회 사로서 사외이사를 선임하여야 하는 회사가 코스닥시장 또는 코넥스시장에 상장된 주권을 발행한 회사로 되는 경우 또는 코스닥시장 또는 코넥스시 장에 상장된 주권을 발행한 회사로서 사외이사를 선임하여야 하는 회사가 유가증권시 장에 상장된 주권을 발행한 회사로 되는 경우에는 그러하지 아 니하다.
   4. 부동산투자회사법에 따른 기업구조조정 부동산투자회사인 경우
   5. 해산을 결의한 상장회사인 경우

제2절 이사회 의장의 선임 등

I. 이사회 의장 선임의무

1. 원칙: 매년 사외이사 중 이사회 의장 선임의무

이사회는 매년 사외이사 중에서 이사회 의장을 선임한다(법13①).

사외이사가 아닌 "대표이사"가 이사회 의장일 경우 이사회 의장을 매년 선임해야 하는지 여부가 문제이다. 사외이사가 아닌 "대표이사"라도 이사회 의장으로 매년 선임해야 한다. 법 제 13조 제1항은 "매년 사외이사 중에서 이사회 의장을 선임"토록 규정하고 있으며, 제2항에서는 "제1항 규정에도 불구하고" 사외이사 아닌 자를 의장으로 선임하는 예외를 규정하고 있다. 이 경우 "제1항 규정에도 불구하고"의 의미는 사외이사가 아닌 자가 선임되는 경우를 의미하는 것이고, "매년"까지 포함하여 해석되지 않는다. 따라서 사외이사가 아닌 자라도 매년 이사회 의장으로 선임해야 한다.[2]

2. 예외: 사외이사 아닌 자 중 이사회 의장 선임과 선임사외이사 별도 선임의무

이사회는 사외이사가 아닌 자를 이사회 의장으로 선임할 수 있으며, 이 경우 이사회는 그 사유를 공시하고, 사외이사를 대표하는 자("선임사외이사")를 별도로 선임하여야 한다(법13②).

이사회 의장 및 대표이사 겸직과 법 제30조의4의 대표이사등의 내부통제등 총괄 관리의무와의 관계를 살펴보면 다음과 같다.

법 제13조 제2항에서는 사외이사가 아닌 자를 이사회 의장으로 선임할 수 있으며, 법 제15조 제4항에서 이사회는 제30조의4에 따른 대표이사등의 내부통제등 총괄 관리의무의 이행을 감독하도록 하고 있다. 즉 제30조의4에 따른 대표이사등의 내부통제등 총괄 관리의무의 이행의 감독 주체는 이사회이고, 대표이사는 이사회 의장 여부에 관계없이 이사회의 구성원이므로, 별도의 문제가 되지 않는 것으로 판단된다.

---

2) 금융위원회(2016b), 35쪽.

II. 선임사외이사의 업무

선임사외이사는 ⅰ) 사외이사 전원으로 구성되는 사외이사회의의 소집 및 주재(제1호), ⅱ) 사외이사의 효율적인 업무수행을 위한 지원(제2호), ⅲ) 사외이사의 책임성 제고를 위한 지원(제3호) 업무를 수행한다(법13③).

III. 금융회사 및 그 임직원의 협조의무

금융회사 및 그 임직원은 선임사외이사가 업무를 원활하게 수행할 수 있도록 적극 협조하여야 한다(법13④).

IV. 위반시 제재

법 제13조 제2항을 위반하여 선임사외이사를 선임하지 아니한 자(제4호), 법 제13조 제4항을 위반하여 선임사외이사의 업무를 방해하거나 협조를 거부한 자(제5호)에게는 1억원 이하의 과태료를 부과한다(법43①).

법 제13조 제2항을 위반하여 사외이사가 아닌 자를 이사회 의장으로 선임하면서 그 사유를 공시하지 아니하거나 거짓으로 공시한 자(제2의4호)에게는 3천만원 이하의 과태료를 부과한다(법43②).

제3절 이사회의 운영 등

I. 지배구조내부규범 마련 의무

금융회사는 주주와 예금자, 투자자, 보험계약자, 그 밖의 금융소비자의 이익을 보호하기 위하여 그 금융회사의 이사회의 구성과 운영, 이사회내 위원회의 설치, 임원의 전문성 요건, 임원 성과평가 및 최고경영자의 자격 등 경영승계에 관한 사항 등에 관하여 지켜야 할 구체적인 원칙과 절차("지배구조내부규범")를 마련하여야 한다(법14①).

법상 지배구조내부규범에 규정해야 할 사항들을 이미 다른 명칭으로 사내규정을 마련하여 운영 중인 경우에도 지배구조내부규범을 별도로 규정해야 하는지 여부가 문제된다. 금융회사가 비록 지배구조내부규범에 마련된 사항이 현행 내규 등에 나누어져 규정되어 있더라도 법에서 지배구조내부규범을 마련하도록 규정하고 있는 점, 지배구조내부규범 제·개정시 공시하도록 하고 있는 점 등을 고려할 때, 별도로 지배구조내부규범을 마련해야 한다. 특히 지배구조내부규범 및 지배구조 연차보고서를 공시하도록 하는 것은 주주·금융소비자들이 해당 사항을 충분히 인지할 수 있도록 하는 것이 입법취지이므로, 주주·금융소비자들이 알기 쉽도록 지배구조내부규범을 마련하여 공시하여야 한다.

1. 지배구조내부규범의 필요적 포함사항

지배구조내부규범에는 다음의 사항이 포함되어야 한다(법14①, 영13①).

(1) 이사회의 구성과 운영에 관한 사항

지배구조내부규범에는 이사회의 구성과 운영에 관한 사항인 ⅰ) 이사회의 구성 방법 및 절차(가목), ⅱ) 이사회의 소집절차 및 의결권 행사 방법(나목), ⅲ) 이사회 운영 실적 등의 평가에 관한 사항(다목), ⅳ) 이사회 및 이사의 권한과 책임(라목), ⅴ) 이사의 자격요건(마목), ⅵ) 이사의 선임과 퇴임에 관한 기준 및 절차(바목)가 포함되어야 한다(영13①(1)).

(2) 이사회내 위원회의 설치와 운영에 관한 사항

지배구조내부규범에는 이사회내 위원회(법 제16조 제1항에 따른 위원회와 임원으로 구성되는 위원회)의 설치와 운영에 관한 사항인 ⅰ) 이사회내 위원회의 종류와 그 위원회의 구성·기능·운영 절차(가목), ⅱ) 이사회내 위원회 운영 실적 등의 평가에 관한 사항(나목)이 포함되어야 한다(영13①(2)).

(3) 임원에 관한 사항

지배구조내부규범에는 임원에 관한 사항인 ⅰ) 임원의 자격요건(가목), ⅱ) 임원의 권한과 책임(나목), ⅲ) 위에서 살펴볼 제4호에 따른 경영승계 계획을 포함한 임원의 선임과 퇴임에 관한 기준 및 절차(다목), ⅳ) 임원 및 임원 후보(해당 금융회사의 임직원만 해당)에 대한 교육제도(라목), ⅴ) 임원에 대한 성과평가 및 보수지급 방법에 관한 사항(마목)이 포함되어야 한다(영13①(3)).

(4) 최고경영자의 자격 등 경영승계에 관한 사항

지배구조내부규범에는 최고경영자(대표이사 또는 대표집행임원)의 자격 등 경영승계에 관한 사항인 ⅰ) 최고경영자의 경영승계 원칙(가목), ⅱ) 최고경영자의 자격(나목), ⅲ) 최고경영자 후보의 추천절차(다목), ⅳ) 최고경영자 추천 관련 공시(라목), ⅴ) 책임경영체제 확립(마목)이 포함되어야 한다(영13①(4)).

2. 금융지주회사의 자회사등의 지배구조내부규범 반영사항 결정

금융지주회사는 이사회의 심의·의결을 거쳐 소속 자회사등이 지배구조내부 규범에 반영하여야 할 원칙과 절차 등을 정할 수 있다(법14②, 영13②).

3. 지배구조내부규범의 작성

금융회사는 지배구조내부규범을 [별표 1]에 따라 작성하여야 한다(감독규정5 ②).

[별표 1]

지배구조내부규범에 대한 세부 항목(제5조 제2항 관련)

구분	지배구조내부규범 세부 항목
1. 이사회의 구성현황	가. 상임이사·비상임이사·사외이사의 최소 숫자비율 나. 의장 선임절차·임기·자격요건·권한
2. 이사의 자격요건	가. 상임이사·비상임이사·사외이사 각각의 결격사유 및 적극적 자격요건
3. 이사회 및 이사의 권한·책임	가. 이사회의 심의·의결사항, 보고사항, 기타 권한 및 권한의 위임에 관한 사항 나. 상임이사·비상임이사·사외이사의 권한과 책임
4. 이사의 선임·퇴임에 관한 기준 및 절차	가. 상임이사·비상임이사·사외이사 각각의 선임절차(추천절차 포함)·임기 및 사외이사 연임기준 나. 이사의 퇴임사유 및 퇴임절차
5. 이사회의 소집절차 및 의결권 행사방법	가. 소집권자, 소집절차, 최소 소집횟수, 의결요건 및 의결권 제한사유
6. 이사회 운영실적 등의 평가에 관한 사항	가. 이사회 운영실적에 대한 평가주체·방법·절차·지표 등
7. 위원회의 종류·구성·기능	가. 위원회의 종류, 위원회별 구성기준(위원비율, 위원장 선임기준 등)·권한 및 소집에 관한 사항 등
8. 위원회 운영실적 등의 평가에 관한 사항	가. 위원회 운영실적에 대한 평가주체·방법·절차·지표 및 평가결과 활용방안 등
9. 임원의 자격요건	가. 임원별 결격사유 및 적극적 자격요건
10. 임원의 권한·책임	가. 임원별 권한(업무범위 등) 및 책임에 관한 기본사항
11. 임원의 선임·퇴임에 관한 기준 및 절차	가. 임원후보자 선정기준, 임원별 선임절차(추천절차 포함)·임기·연임기준

	나. 임원별 퇴임사유 및 퇴임절차, 유고시 업무대행자 및 후임자 선출방법
12. 임원 및 그 후보자에 대한 교육제도	가. 임원에 대한 교육 및 연수제도 나. 임원후보자에 대한 교육·연수·평가제도 및 평가결과 활용방안 등
13. 임원에 대한 성과평가 및 보수지급의 방법	가. 임원 성과에 대한 평가주체·방법·절차·지표 및 평가결과 활용방안 등 나. 임원 보수의 구성내역·지급방법 등
14. 최고경영자 경영승계 원칙	가. 최고경영자 경영승계 절차, 경영승계 계획의 수립 및 변경 나. 경영승계 절차의 개시사유 및 개시결정 시기 다. 최고경영자 사고 등 비상상황 발생 시 대행자 선정, 신임 후보 선임 등 비상계획
15. 최고경영자의 경영승계 지원	가. 최고경영자 승계 관련업무 담당 지원부서 지정 및 운영현황
16. 최고경영자의 자격	가. 최고경영자의 최소 자격요건
17. 최고경영자 후보자 추천절차	가. 최고경영자 후보자 추천절차, 후보군 선발 및 자격검증 등 관리 방법 나. 주주, 이해관계자 및 외부 자문기관 등 금융회사 외부로부터의 추천 활용 방법
18. 최고경영자 추천 관련 공시	가. 다음 각 호의 사항에 대한 공시 여부, 주주총회 소집 통지시 공시사실 및 공시확인 방법 고지 여부 1) 최고경영자후보추천절차 개요 2) 임원후보추천위원회 위원의 명단 및 약력 3) 임원후보추천위원회 후보 제안자 및 후보자와의 관계 4) 관련 법령에 따른 자격요건 충족여부 및 근거 5) 최고경영자 후보자 추천이유 6) 최고경영자 후보자의 경력
19. 책임경영체제 확립	가. 최고경영자의 임기, 선임과 해임의 이사회 결의·보고 내역 나. 최고경영자의 역할, 권한 위임 사항 다. 최고경영자의 임면을 위한 평가기준 및 절차, 해임 및 퇴임사유

Ⅱ. 지배구조내부규범의 공시의무

금융회사는 ⅰ) 지배구조내부규범을 제정하거나 변경한 경우 그 내용(제1호), ⅱ) 금융회사가 매년 지배구조내부규범에 따라 이사회 등을 운영한 현황(제2호)을 금융위원회가 정하는 바에 따라 인터넷 홈페이지 등에 공시하여야 한다(법 14③).

1. 지배구조내부규범의 제정 또는 변경

금융회사는 법 제14조 제3항 제1호에 따라 지배구조내부규범을 제정·변경한 경우 해당 금융회사 및 다음의 구분에 따른 해당 금융회사가 속하는 협회 등("관련협회등")의 인터넷 홈페이지 등에 제정·변경일부터 7영업일 이내에 공시하여야 한다(감독규정5③).

1. 은행, 한국산업은행, 중소기업은행, 농협은행, 수협은행인 경우: 전국은행연합회
2. 금융투자업자인 경우: 한국금융투자협회
3. 생명보험회사인 경우: 생명보험협회
4. 손해보험회사인 경우: 손해보험협회
5. 여신전문금융회사인 경우: 여신전문금융업협회
6. 상호저축은행인 경우: 상호저축은행중앙회

2. 지배구조 연차보고서

(1) 공시의무

금융회사는 법 제14조 제3항 제2호에 따라 매년 지배구조내부규범에 따른 이사회 등을 운영한 현황에 대한 보고서("지배구조 연차보고서")를 익년도 정기주주총회일 20일 전부터 해당 금융회사 및 관련협회등의 인터넷 홈페이지 등에 공시하여야 한다(감독규정5④).

(2) 필요적 포함사항

금융회사는 지배구조 연차보고서에 다음의 내용을 포함하여야 하며, 그 구체적인 항목 및 방법("지배구조 연차보고서 작성기준")은 각 금융회사가 속한 관련협회 등의 장이 정할 수 있다(감독규정5⑤).

1. 금융회사의 지배구조 정책(지배구조내부규범, 윤리강령 등) 및 지배구조 현황
2. 이사회, 이사회내 위원회 등에 관한 다음의 각 목의 사항
   가. 이사회, 이사회내 위원회 등의 역할, 책임 및 운영에 관한 기준
   나. 이사에 대한 직무평가 기준
   다. 이사회, 이사회내 위원회, 부의장이 있는 경우 부의장, 법 제13조 제2항에 따른 선임 사외이사("선임사외이사")가 있는 경우 그 선임사외이사,

그 밖의 구성원 명단 및 경력

라. 이사회 및 이사회내 위원회의 회의개최 횟수 및 이사들의 개인별 참석 현황

마. 사외이사가 아닌 이사를 이사회 의장으로 선임한 경우에는 그 선임 이유

3. 법 제17조에 따른 임원후보추천위원회에 관한 다음 각 목의 사항

가. 임원후보추천위원회의 구성, 권한과 책임

나. 임원후보추천위원회의 명단 및 약력

다. 임원(사외이사, 대표이사, 대표집행임원, 감사위원에 한한다)후보의 자격요건, 후보추천 절차, 임원 업무수행 평가방식 등 임원 선임기준

라. 임원 후보자 및 그 제안자와의 관계(해당 금융회사의 사외이사이거나 사외이사이었던 자를 사외이사 후보로 추천할 때에는 과거 해당 사외이사 후보 제안자를 모두 포함)

마. 법에 따른 임원 자격요건 충족 여부 및 근거

바. 사외이사 후보와 해당 금융회사(그 계열회사를 포함), 그 임원 및 대주주와의 관계

사. 사외이사 후보자 추천 이유 및 사외이사 후보자의 경력

아. 사외이사 재임여부 및 평가결과

자. 사외이사 후보군 관리현황

차. 임원후보추천위원회가 이사회에 사외이사 후보군 추천과 관련하여 보고한 내용

카. 사외이사 지원부서가 임원후보추천위원회에 사외이사 후보군관리 업무와 관련하여 주기적으로 보고한 내용

타. 최고경영자(대표이사 또는 대표집행임원을 말한다. 이하 같다) 후보자 추천이유 및 최고경영자 후보자의 경력

파. 그 밖의 이사회가 정한 임원후보추천 관련 사항

4. 사외이사의 활동에 관한 사항으로 다음 각 목의 사항

가. 이사회 및 이사회내 위원회의 회의일시, 안건내용(보고안건도 포함), 사외이사 개인별 이사회내 위원회 참석 및 찬성 여부

나. 사외이사에 대한 임원배상책임보험 가입 여부 및 현황

다. 사외이사에 대하여 제공한 금융회사의 전략, 금융, 회계, 위험관리 등에 대한 교육 및 연수 실시 현황

라. 법 제6조에 따른 사외이사의 자격요건 유지 여부

마. 사외이사 또는 그 배우자, 직계혈족, 배우자의 직계혈족(이 호에서 "사외

이사등"이라 한다)이 수탁자·임직원이거나 최근 2년 이내에 수탁자·임
직원이었던 대학 그 밖의 비영리법인에 대한 기부금 등의 제공내역

바. 사외이사의 활동내역을 근거로 한 평가 개요 및 평가 결과

사. 사외이사 지원부서의 지정 및 운용현황

아. 사외이사 개인별 재직기간

자. 사외이사 개인별 보수 총액 및 내역

차. 사외이사 개인별 보수 외에 지급된 편익 제공 현황

카. 금융회사와 사외이사등이 소속한 기관과의 계약체결 내역

타. 최근 5년간 사외이사 선임 내역

5. 최고경영자 경영승계에 관한 다음 각 목의 사항

가. 최고경영자 경영승계와 관련된 내부규정

나. 금융회사 최고경영자후보 추천절차 개요

다. 법에 따른 자격요건 충족여부 및 근거

라. 최고경영자 경영승계절차가 진행된 경우 그 내역

마. 최고경영자 후보군 관리 내역

바. 이사회의 최고경영자 경영승계계획 적정성 점검 내역

사. 최고경영자 경영승계 지원부서 지정 및 운영현황

6. 법 제19조에 따른 감사위원회 활동내역

7. 법 제21조에 따른 위험관리위원회 활동 내역

8. 법 제22조의2에 따른 내부통제위원회("내부통제위원회")의 활동 내역

9. 지배구조와 관련한 금융위 또는 감독원장의 권고·지시한 사항 및 금융회사
의 개선 내용 또는 계획

10. 그 밖에 금융회사의 정관이 정하는 지배구조 관련 주요사항

III. 지배구조내부규범 작성 및 공시와 준수사항

금융회사는 법 제14조에 따른 지배구조내부규범의 작성 및 관련 내용의 공
시와 관련하여 다음을 준수하여야 한다(영13③, 감독규정5①). 즉 ⅰ) 지배구조내
부규범 및 관련 내용의 공시자료는 주주 및 금융회사 이용자 등이 쉽게 이해할
수 있도록 객관적인 사실에 근거하여 명료하게 작성하여야 하며(감독규정5①(1)),
ⅱ) 지배구조내부규범 및 관련 내용의 공시자료는 금융회사의 지배구조와 관련
해 중요한 사항을 포함하여야 한다(다만 세부적인 사항은 금융회사의 다른 내규 등에
위임하거나 인용할 수 있다)(감독규정5①(2)).

IV. 위반시 제재

법 제14조 제3항을 위반하여 공시를 하지 아니하거나 거짓으로 공시한 자(제2의5호)에게는 3천만원 이하의 과태료를 부과한다(법43②).

제4절 이사회의 권한

I. 이사회의 심의·의결사항

다음의 사항은 이사회의 심의·의결을 거쳐야 한다(법15①).

1. 경영목표 및 평가에 관한 사항
2. 정관의 변경에 관한 사항
3. 예산 및 결산에 관한 사항
4. 해산·영업양도 및 합병 등 조직의 중요한 변경에 관한 사항
5. 법 제24조에 따른 내부통제기준 및 제27조에 따른 위험관리기준의 제정·개정 및 폐지에 관한 사항
5의2. 내부통제 및 위험관리 정책의 수립 및 감독에 관한 사항[3]
6. 최고경영자의 경영승계 등 지배구조 정책 수립에 관한 사항
7. 대주주·임원 등과 회사 간의 이해상충 행위 감독에 관한 사항

금융사지배구조법 제15조 제1항 제1호의 "경영목표 및 평가에 관한 사항"과 관련하여 금융지주회사의 자회사 정관에 자회사 이사회는 지주회사 이사회 및 이사회내 위원회의 심의·의결사항을 따르도록 하는 것이 가능한지 여부가 문제된다. 자회사의 이사회가 그 심의·의결시 금융지주회사의 이사회 및 이사회내 위원회의 심의·의결 사항을 따르도록 자회사의 정관으로 정하는 것은 불가능하다. 금융지주회사법 제15조 및 동법 시행령 제11조에 따라 금융지주회사는 자회사등의 경영목표 및 평가에 관한 경영관리업무를 수행할 수 있으나, 금융사지배

---

3) [신설 2024.1.2] [시행일 2024.7.3.]. 부칙[2024.1.2. 제19913호] 제3조(이사회 심의·의결사항에 대한 적용례) 제15조 제1항 제5호의2의 개정규정은 이 법 시행 이후 최초로 소집되는 주주총회일부터 적용한다.

구조법상 "경영목표 및 평가에 관한 사항"이 해당 금융회사 이사회의 심의·의결 사항으로 명시되어 있는 점을 감안할 때, 자회사의 이사회 기능을 형해화할 정도로 일방적으로 지주회사 이사회 및 이사회내 위원회의 결정사항을 따르도록 강제하는 것은 곤란하다.[4]

위험관리기준의 세부세항 중 타 내규로의 위임이 가능한 사항과 위임이 가능하다면 해당 내규도 이사회(또는 위원회)의 심의·의결 사항인지 여부가 문제이다. 금융사지배구조법 제15조 및 제27조는 금융회사에 위험관리기준이라는 별도의 내부기준을 마련할 의무를 부과하고 있다. 해당 위험관리기준에는 시행령 제22조 제1항 각 호 및 감독규정 제13조 제1항 각호에서 정한 사항이 포함되어야 하나, 금융회사가 그 세부 사항을 하위 내규로 위임하는 것은 가능하다. 다만, 하위 내규로 위임하더라도 위임의 일반 원칙에 따라 법에서 이사회가 위험관리기준을 정하게 한 취지를 형해화할 정도의 포괄위임은 불가하며, 이사회 또는 위험관리위원회에 사후보고를 통한 시정가능성 등이 확보되어야 한다.[5]

▌ 금융위원회 질의회신(문서번호 180004, 회신일자 20180228)

[질의]

▫ 금융사지배구조법 제15조의 강행규정 여부 및 주주제안 가능 여부 등: 금융사지배구조법 제15조 제1항은 "정관의 변경에 관한 사항"은 이사회의 심의·의결을 거쳐야 한다고 규정하고 있음

▫ 금융회사의 소수주주가 이사회의 심의·의결사항인 정관변경을 주주제안할 경우 이를 이사회에 결의안건으로 부의하여야 하는지 여부 및 이사회가 이를 부결하여 주주총회에 상정하지 않을 수 있는지 여부

[회신]

▫ 주주가 주주제안권 행사를 통해 제안한 정관변경 안건을 이사회에서 부결하여 주주총회에 상정하지 않는 것은 상법 제363조의2에 따른 주주제안권과 충돌하여 허용되지 않습니다.

[이유]

▫ 상법 제363조의2에 따른 주주제안권은 주주가 일정한 사항을 주주총회

---

4) 금융위원회(2016b), 46쪽.
5) 금융위원회(2016b), 37쪽.

의 목적 사항으로 할 것을 제안할 수 있는 권한입니다. 따라서 주주제안권을 가진 주주가 정관의 변경을 주주총회 안건으로 할 것을 제안할 경우 금융회사는 상법 제363조의2 제3항에 따라 해당 주주제안의 내용이 법령 또는 정관을 위배 하는 경우 등을 제외하고는 이를 반드시 주주총회의 목적사항으로 하여야 합니다.

　□ 이와 관련하여 금융사지배구조 법 제15조 제1항은 "정관의 변경에 관한 사항은 이사회의 심의·의결을 거쳐야 한다"고 규정하고 있어서 마치 금융회사의 경우 주주가 정관변경을 제안할 경우 상법 제363조의2에도 불구하고 이사회가 심의·의결을 통해 주주총회에 부의할지 여부를 결정할 수 있는 것처럼 오해될 소지가 있습니다.

　○ 그러나 금융사지배구조법 제15조는 금융회사의 내부의사결정 사항 중 중요 사항은 대표이사가 단독으로 결정하지 않고 이사회를 통해 결정하도록 하기 위한 규정일 뿐, 상법상 주주제안권을 배제하는 조항으로 보기는 어렵습니다.

　○ 따라서 주주가 제안한 정관의 변경사항에 대한 이사회의 심의·의결은 동 사항을 주주총회의 목적사항으로 하는 절차적 행위에 불과하며, 이사회에서 주주총회 안건 상정을 부결하는 것은 상법 제363조의2에 따른 주주제안권과 충돌하여 허용되지 않습니다.

Ⅱ. 정관 규정

이사회의 심의·의결 사항은 정관으로 정하여야 한다(법15②).

Ⅲ. 위임 사항

상법 제393조 제1항6)에 따른 이사회의 권한 중 지배인의 선임 또는 해임과 지점의 설치·이전 또는 폐지에 관한 권한은 정관에서 정하는 바에 따라 위임할 수 있다(법15③).

법 제15조 제1항 각호의 이사회 심의·의결사항을 이사회내 위원회에 위임할 수 있는지 여부이다. 법 제15조의 이사회 심의·의결사항은 이사회내 위원회에 위임할 수 없다. 법 제15조 제1항의 각 호의 사항은 법에서 이사회 심의·의

---

6) 제393조(이사회의 권한) ①중요한 자산의 처분 및 양도, 대규모 재산의 차입, 지배인의 선임 또는 해임과 지점의 설치·이전 또는 폐지 등 회사의 업무집행은 이사회의 결의로 한다.

결사항이라고 열거한 것으로 별도의 위임조항이 없다[7])면 이사회내 위원회에 위임할 수 없다. 한편, 법 제15조 제1항 이외의 사항으로서 상법 제393조의2 제2항 각호의 사항(정관에서 위임을 금지하는 것으로 정한 사항 포함)을 제외하고는 그 권한을 위원회에 위임할 수 있다.[8])

Ⅳ. 이사회의 대표이사 등의 내부통제등 총괄 관리의무 이행 감독

이사회는 제30조의4(대표이사등의 내부통제등 총괄 관리의무)에 따른 대표이사 등의 내부통제등 총괄 관리의무의 이행을 감독한다(법15④).[9])

제2장 이사회내 위원회

제1절 이사회내 위원회의 설치 및 구성

Ⅰ. 이사회내 위원회의 설치의무

금융회사는 상법 제393조의2[10])에 따른 이사회내 위원회로서 다음의 위원회를 설치하여야 한다(법16① 전단). 이 경우 감사위원회는 상법 제415조의2[11])에 따

---

7) 법 제15조 제1항 제5호의 위험관리기준의 제정·개정은 법 제21조 제4호에 따라 위험관리위원회에 위임 가능하다.
8) 금융위원회(2016b), 36쪽.
9) [신설 2024.1.2] [시행일 2024.7.3.].
10) 제393조의2(이사회내 위원회) ① 이사회는 정관이 정한 바에 따라 위원회를 설치할 수 있다.
② 이사회는 다음 각호의 사항을 제외하고는 그 권한을 위원회에 위임할 수 있다.
1. 주주총회의 승인을 요하는 사항의 제안
2. 대표이사의 선임 및 해임
3. 위원회의 설치와 그 위원의 선임 및 해임
4. 정관에서 정하는 사항
③ 위원회는 2인 이상의 이사로 구성한다.
④ 위원회는 결의된 사항을 각 이사에게 통지하여야 한다. 이 경우 이를 통지받은 각 이사는 이사회의 소집을 요구할 수 있으며, 이사회는 위원회가 결의한 사항에 대하여 다시 결의할 수 있다.
⑤ 제386조 제1항·제390조·제391조·제391조의3 및 제392조의 규정은 위원회에 관하여 이를 준용한다.

른 감사위원회로 본다(법16① 후단).

   1. 임원후보추천위원회
   2. 감사위원회
   3. 위험관리위원회[12]
   4. 보수위원회
   5. 내부통제위원회[13]

    법 제16조에 따른 이사회내 위원회는 정관에 반영되어 있는지 여부에 상관없이 법에 따라 반드시 설치하여야 하며, 금융회사가 법상 위원회 이외의 위원회를 자체적으로 운영하는 경우에는 그 구성을 자율적으로 정할 수 있다. 법 제16조에 따라 법 제3조에 따른 금융회사를 제외한 모든 금융회사는 이사회내 위원

---

11) 제415조의2(감사위원회) ① 회사는 정관이 정한 바에 따라 감사에 갈음하여 제393조의2 의 규정에 의한 위원회로서 감사위원회를 설치할 수 있다. 감사위원회를 설치한 경우에는 감사를 둘 수 없다.
   ② 감사위원회는 제393조의2 제3항에도 불구하고 3명 이상의 이사로 구성한다. 다만, 사외이사가 위원의 3분의 2 이상이어야 한다.
   ③ 감사위원회의 위원의 해임에 관한 이사회의 결의는 이사 총수의 3분의2 이상의 결의로 하여야 한다.
   ④ 감사위원회는 그 결의로 위원회를 대표할 자를 선정하여야 한다. 이 경우 수인의 위원이 공동으로 위원회를 대표할 것을 정할 수 있다.
   ⑤ 감사위원회는 회사의 비용으로 전문가의 조력을 구할 수 있다.
   ⑥ 감사위원회에 대하여는 제393조의2제4항 후단을 적용하지 아니한다. [신설 2009.1.30]
   ⑦ 제296조·제312조·제367조·제387조·제391조의2제2항·제394조제1항·제400조·제402조 내지 제407조·제412조 내지 제414조·제447조의3·제447조의4·제450조·제527조의4·제530조의5 제1항 제9호·제530조의6 제1항 제10호 및 제534조의 규정은 감사위원회에 관하여 이를 준용한다. 이 경우 제530조의5 제1항 제9호 및 제530조의6 제1항 제10호중 "감사"는 "감사위원회 위원"으로 본다.
12) 기존에 이사회내 위원회로 리스크관리위원회를 설치하여 운영하고 있으며, 법에 정의된 위험관리위원회의 주요 사항을 충족하여 운영하는 경우, 위험관리위원회를 설치한 것으로 볼 수 있는지 여부가 문제된다. 법에서 "위험관리위원회" 마련 의무를 부과하고 있는 점, 지배구조 연차보고서를 통해 주주와 금융소비자들이 보다 쉽게 알기 위해서는 법이 적용되는 금융회사가 동일한 명칭을 사용함이 바람직하다는 점을 종합적으로 고려할 때, 위험관리위원회로 명칭을 변경해야 하는 것이 바람직하나, 다른 법령이나 규정에서 "리스크관리위원회" 등과 같이 위험관리위원회와 동일한 기능을 수행하는 기구의 명칭을 달리 사용하는 경우에는 그 명칭을 사용할 수 있다(금융위원회(2016b), 46쪽).
13) [신설 2024.1.2] [시행일 2024.7.3.], 부칙[2024.1.2. 제19913호] 제5조(이사회내 내부통제위원회 설치에 관한 경과조치) 금융회사는 이 법 시행 이후 최초로 소집되는 주주총회일까지 제16조 제1항 제5호의 개정규정에 따른 내부통제위원회를 설치하여야 한다.

회를 반드시 설치하여야 한다. 정관에 반영되어 있지 않은 경우에도 법에 따라 설치의무가 부과되며, 법 준수 측면에서 정관에 반영하는 것이 바람직하다. 한편, 금융회사가 법에서 규정한 위원회 외에 자체적으로 이사회 내 위원회를 운영하는 경우에는, 법상 별도 제한이 없으므로 금융회사가 위원회의 구성 및 위원회 대표에 관한 사항 등을 자율적으로 정할 수 있다.[14]

임원후보추천위원회가 설치되는 경우 상법상 사외이사후보추천위원회를 별도로 운영해야 하는지 여부이다. 법 제3조 제3항에 해당하지 않는 금융회사는 법 제16조에 따라 임원후보추천위원회를 설치해야 한다. 금융사지배구조법은 금융회사의 지배구조에 대해서 상법에 우선하는 점, 상법상 사외이사후보추천위원회의 역할을 임원후보추천위원회가 포괄하고 있는 점 등을 고려할 때, 임원후보추천위원회를 설치하는 경우에는 상법에 따른 사외이사후보추천위원회를 설치할 필요가 없다.[15]

II. 보수위원회의 설치 여부

금융회사의 정관에서 정하는 바에 따라 감사위원회가 법 제22조(보수위원회 및 보수체계 등) 제1항 각 호에 관한 사항인 ⅰ) 보수의 결정 및 지급방식에 관한 사항(제1호), ⅱ) 보수지급에 관한 연차보고서의 작성 및 공시에 관한 사항(제2호), ⅲ) 그 밖에 금융위원회가 정하여 고시하는 사항(제3호)[16]을 심의·의결하는 경우에는 보수위원회를 설치하지 아니할 수 있다(법16② 본문). 다만, 최근 사업연도 말 현재 자산총액이 5조원 이상인 금융회사(영14)의 경우에는 그러하지 아니하다(법16② 단서).

---

14) 금융위원회(2016b), 41쪽.
15) 금융위원회(2016b), 48쪽.
16) "그 밖에 금융위원회가 정하여 고시하는 사항"이란 다음을 말한다(감독규정9①).
  1. 영 제17조 제1항 각 호에 해당하는 사람에 대한 보수체계의 설계·운영 및 그 설계·운영의 적정성 평가 등에 관한 사항
  2. 보수정책에 대한 의사결정 절차와 관련된 사항
  3. 그 밖에 보수체계와 관련된 사항
  위의 제1호에서 영 제17조 제1항 각 호에 해당하는 사람은 1. 임원(사외이사, 비상임이사, 감사위원, 준법감시인 및 위험관리책임자는 제외), 2. 자본시장법에 따른 증권 또는 파생상품의 설계·판매·운용 업무를 담당하는 직원으로서 법 제22조 제1항에 따라 보수위원회가 심의·의결한 사람("금융투자업무담당자")을 말한다.

Ⅲ. 내부통제위원회의 설치 생략

금융회사의 정관으로 정하는 바에 따라 감사위원회 또는 위험관리위원회에서 제22조의2 제1항 각 호에 관한 사항(＝내부통제위원회의 심의·의결 사항)을 심의·의결하고, 점검·평가 및 필요한 조치를 요구하는 경우에는 내부통제위원회를 설치하지 아니할 수 있다(법16③).[17]

Ⅳ. 이사회내 위원회의 구성

위원회 위원의 과반수는 사외이사로 구성한다(법16④).

임원후보추천위원회의 위원은 모두 이사이어야 하는지와 동일한 이사가 각 이사회내 위원회 위원을 겸임할 수 있는지의 문제가 있다. 임원후보추천위원회는 이사회내 위원회이므로 이사로 구성해야 하고, 위원회내 위원은 겸직이 가능하다. 임원후보추천위원회는 법 제16조에 따라 상법 제393조의2에 따른 이사회내 위원회로써, 이사회내 위원회는 이사로 구성되므로 이사가 아닌 자가 위원이될 수는 없다. 이사회내 위원회의 구성과 관련하여 이사회내 위원회 간 겸임을 제한하는 규정은 없으므로 겸임이 가능하다.[18]

Ⅴ. 이사회내 위원회의 대표

위원회의 대표는 사외이사로 한다(법16⑤).

Ⅵ. 위반시 제재

법 제16조 제1항 및 같은 조 제2항 단서를 위반하여 이사회내 위원회를 설치하지 아니한 자(제6호), 법 제16조 제4항을 위반하여 위원회 위원의 과반수를 사외이사로 두지 아니한 자(제7호)에게는 1억원 이하의 과태료를 부과한다(법43①).[19]

---

17) [신설 2024.1.2] [시행일 2024.7.3.].
18) 금융위원회(2016b), 42쪽.
19) [개정 2024.1.2] [시행일 2024.7.3.].

제2절 임원후보추천위원회

I. 임원후보의 추천

임원후보추천위원회는 임원(사외이사, 대표이사, 대표집행임원, 감사위원에 한정) 후보를 추천한다(법17①).

임원의 연임시 임원후보추천위원회 적용 여부이다. 임원의 연임시에도 임원 후보추천위원회의 후보 추천 등의 절차를 거쳐야 한다.[20]

임원후보 추천을 임원추천위원회로 통합하지 않고 임원별로 후보추천위원 회를 설치·운영할 수 있는지 여부이다. 법 제16조, 제17조에 따르면, 임원후보추 천위원회의 구성·운영절차 등에 대한 사항을 규정하고 있을 뿐, 위원회의 세부 형태를 별도로 제한하고 있지 않다. 이에 따라 사외이사후보추천위원회, 감사위 원후보추천위원회 등 임원별 후보추천위원회를 구성하더라도 법에서 규정한 사 항을 준수한다면 법상 임원후보추천위원회를 설치한 것으로 볼 수 있다.[21]

II. 임원후보추천위원회의 구성

임원후보추천위원회는 3명 이상의 위원으로 구성한다(법17②).

III. 주주총회 또는 이사회의 임원선임과 임원후보추천위원회의 추천

금융회사는 주주총회 또는 이사회에서 임원을 선임하려는 경우 임원후보추 천위원회의 추천을 받은 사람 중에서 선임하여야 한다(법17③).

금융지주회사의 임원후보추천위원회와 해당 자회사의 임원후보추천위원회 가 모두 있는 경우 CEO후보는 금융지주의 임원후보추천위원회에서 추천하고 나 머지 임원은 자회사 임원후보추천위원회에서 선임하는 것이 가능한지 여부이다. 자회사의 임원후보를 추천하는 것은 법령상 지주회사 임원후보추천위원회의 권 한이 아니므로, CEO후보 또한 자회사 임원후보추천위원회를 통해서 추천해야 한다. 즉 금융사지배구조법 제17조 제3항에 따라 임원후보추천위원회가 있는 자 회사의 임원은 자회사 임원후보추천위원회의 추천을 받은 사람 중에서만 선임해

---

20) 금융위원회(2016b), 17쪽.
21) 금융위원회(2016b), 50쪽.

야 하므로, 지주회사가 자회사의 CEO 후보 등을 직접 추천하는 것은 불가능하다. 다만, "자회사등에 대한 경영지배구조의 결정" 업무는 금융지주회사법 시행령 제11조에 따른 금융지주회사의 업무에 해당하므로, 지주회사가 자회사에 대하여 CEO 등 임원후보 물색과 관련한 정책을 전달하는 등 그 선임 의사결정 과정에 관여하는 것은 가능하다.[22)]

Ⅳ. 사외이사 후보 추천과 주주제안

임원후보추천위원회가 사외이사 후보를 추천하는 경우에는 법 제33조 제1항[23)]에 따른 소수주의 주주제안권을 행사할 수 있는 요건을 갖춘 주주가 추천한 사외이사 후보를 포함시켜야 한다(법17④).

소수주주가 추천하는 사외이사 후보를 반드시 임원후보로 추천하여야 하는지의 문제가 있다. 임원후보추천위원회는 법 제17조 제4항에 따라 주주제안권을 행사할 수 있는 요건을 갖춘 주주가 추천한 사외이사 후보를 최종 사외이사 후보로 추천하여야 한다.[24)]

법 제17조 제4항은 소수주주의 입장을 대변할 수 있는 자가 사외이사후보추천단계에서 배제되지 않도록 제도적 장치를 마련한 것으로서, 금융사지배구조법 제33조에 따른 소수주주가 사외이사 후보를 추천할 경우 임원후보추천위원회는 그 자를 최종적으로 사외이사 후보에 포함시켜야 한다. 다만, 소수주주권 행사 여부는 의무가 아닌 권리이기 때문에 만일 소수주주권을 행사하는 주주가 없다면, 소수주주가 사외이사 후보를 추천하도록 강제할 수 없다고 봄이 타당하다.

V. 위원의 의결권행사 제한

임원후보추천위원회의 위원은 본인을 임원 후보로 추천하는 임원후보추천위원회 결의에 관하여 의결권을 행사하지 못한다(법17⑤).

---

22) 금융위원회(2016b), 51쪽.
23) ① 6개월 전부터 계속하여 금융회사의 의결권 있는 발행주식 총수의 1만분의 10 이상에 해당하는 주식을 대통령으로 정하는 바에 따라 보유한 자는 상법 제363조의2에 따른 주주의 권리를 행사할 수 있다.
24) 금융위원회(2016b), 14쪽.

VI. 적용 배제

법 제17조 제2항과 제16조 제4항·제5항은 최초로 법 제12조 제1항에 따른 이사회를 구성하는 금융회사가 그 임원을 선임하는 경우에는 적용하지 아니한다(법17⑥). 따라서 임원후보추천위원회는 3명 이상의 위원으로 구성한다(법17②)는 규정, 위원회 위원의 과반수는 사외이사로 구성한다(법16④)는 규정, 위원회의 대표는 사외이사로 한다(법16⑤)는 규정은 이사회를 구성하는 금융회사가 그 임원을 선임하는 경우에는 적용하지 아니한다(법17⑥).

VII. 위반시 제재

법 제17조 제1항을 위반하여 임원후보를 추천하지 아니한 자(제8호), 법 제17조 제2항을 위반하여 임원후보추천위원회를 구성한 자(제9호), 법 제17조 제3항에 따라 임원을 선임하지 아니한 자(제10호), 법 제17조 제4항을 위반하여 주주제안권을 행사할 수 있는 요건을 갖춘 주주가 추천한 사외이사 후보를 포함시키지 아니한 자(제11호)에게는 1억원 이하의 과태료를 부과한다(법43①).

제3절 사외이사에 대한 정보제공

I. 정보제공의 방법

금융회사는 사외이사의 원활한 직무수행을 위하여 충분한 자료나 정보를 제공하여야 한다(법18①). 이에 따라 금융회사는 다음의 방법으로 사외이사에게 자료나 정보를 제공하여야 한다(영15).

1. 사외이사가 회사의 경영실태를 원활히 파악할 수 있도록 영업·재무, 그 밖의 업무집행 상황 등에 관한 자료나 정보를 연 1회 이상 정기적으로 제공할 것
2. 사외이사가 원활한 직무 수행을 위하여 법 제13조에 따른 이사회 의장 또는 선임사외이사를 통하여 해당 금융회사에 대하여 자료나 정보의 제공을 요구하는 경우 금융회사는 정당한 사유가 없으면 요구받은 자료나 정보를 지체 없이 제공할 것

3. 이사회 및 이사회내 위원회("이사회등")의 회의자료를 회의 개최 2주일 전까지 제공할 것. 다만, 해당 금융회사의 정관 또는 이사회규정 등에서 그 기간을 달리 정할 수 있다.

II. 사외이사의 정보제공 요청과 금융회사의 제공의무

사외이사는 해당 금융회사에 대하여 그 직무를 수행할 때 필요한 자료나 정보의 제공을 요청할 수 있다(법18② 전단). 이 경우 금융회사는 특별한 사유가 없으면 이에 따라야 한다(법18② 후단).

III. 위반시 제재

법 제18조(제20조 제4항에서 준용하는 경우를 포함)를 위반하여 자료나 정보를 제공하지 아니하거나 거짓으로 제공한 자(제3호)에게는 3천만원 이하의 과태료를 부과한다(법43②).

제4절 감사위원회의 구성 및 감사위원의 선임 등

I. 감사위원회의 구성요건

1. 감사위원회의 구성과 자격

감사위원회는 3명 이상의 이사로 구성한다(법19① 전단). 이 경우 감사위원회 위원("감사위원") 중 1명 이상은 대통령령으로 정하는 회계 또는 재무 전문가이어야 한다(법19① 후단).

여기서 "대통령령으로 정하는 회계 또는 재무 전문가"란 다음의 어느 하나에 해당하는 사람을 말한다(영16①).

1. 공인회계사 자격을 취득한 후 그 자격과 관련된 업무에 5년 이상 종사한 경력이 있는 사람
2. 재무 또는 회계 분야의 석사 이상의 학위가 있는 사람으로서 해당 학위 취득 후 연구기관이나 대학에서 재무 또는 회계 관련 분야의 연구원 또는 조교수 이상의 직에 5년 이상 근무한 경력이 있는 사람

3. 주권상장법인에서 재무 또는 회계 관련 업무에 임원으로 5년 이상 또는 임직원으로 10년 이상 근무한 경력이 있는 사람

4. 국가, 지방자치단체, 공공기관운영법에 따른 공공기관, 금융감독원, 한국거래소 또는 금융투자업관계기관(금융투자 관계 단체는 제외)에서 재무 또는 회계 관련 업무 또는 이에 대한 감독업무에 5년 이상 종사한 경력이 있는 사람

5. 금융위원회법 제38조에 따른 검사대상기관(이에 상응하는 외국금융기관을 포함)에서 재무 또는 회계 관련 업무에 5년 이상 종사한 경력이 있는 사람

6. 그 밖에 제1호부터 제5호까지의 규정에 준하는 사람으로서 금융위원회가 정하여 고시하는 자격을 갖춘 사람[25]

2. 사외이사가 감사위원의 2/3 이상

사외이사가 감사위원의 3분의 2 이상이어야 한다(법19②).

상근감사위원을 반드시 두어야 하는지 여부이다. 법 제19조에 따르면 감사위원회는 3인 이상의 이사(1인 이상은 회계·재무 전문가)로 구성하는 한편, 사외이사를 3분의 2 이상으로 두도록 규정하고 있다. 그 외 감사위원회의 구성과 관련하여서는 규정한 바가 없기 때문에 상근감사위원의 선임 여부는 금융회사 또는 주주총회에서 자율적으로 판단할 사항이다.[26]

Ⅱ. 감사위원회의 구성요건 미달과 충족 조치

금융회사는 감사위원의 사임·사망 등의 사유로 감사위원의 수가 제1항 및 제2항에 따른 감사위원회의 구성요건에 미치지 못하게 된 경우에는 그 사유가 발생한 후 최초로 소집되는 주주총회에서 제1항 및 제2항에 따른 요건을 충족하도록 조치하여야 한다(법19③).

---

25) "금융위원회가 정하여 고시하는 자격을 갖춘 사람"이란 다음의 어느 하나에서 재무 또는 회계 관련 업무에 5년 이상 근무한 경력이 있는 사람을 말한다(감독규정6).
1. 전국은행연합회
2. 생명보험협회
3. 손해보험협회
4. 상호저축은행중앙회
5. 여신전문금융업협회
26) 금융위원회(2016b), 55쪽.

Ⅲ. 감사위원 후보의 추천

감사위원 후보는 임원후보추천위원회에서 추천한다(법19④ 전단). 이 경우 위원 총수의 3분의 2 이상의 찬성으로 의결한다(법19④ 후단).

Ⅳ. 감사위원이 되는 사외이사의 분리 선임

금융회사는 감사위원이 되는 사외이사 1명 이상에 대해서는 다른 이사와 분리하여 선임하여야 한다(법19⑤).

법 제19조 제5항에서 말하는 "분리선임"은 주주총회에서 감사위원이 되는 사외이사 선임시, 그 중 최소 1인 이상은 다른 이사와 "안건을 분리하여" 선임해야 함을 의미한다.[27]

V. 감사위원의 선임·해임 권한

1. 감사위원의 선임 또는 해임

감사위원을 선임하거나 해임하는 권한은 주주총회에 있다(법19⑥ 전단).

2. 감사위원이 되는 이사 선임

감사위원이 되는 이사의 선임에 관하여는 감사 선임 시 의결권 행사의 제한에 관한 상법 제409조 제2항 및 제3항을 준용한다(법19⑥ 후단). 아래서는 준용규정을 살펴본다.

(1) 의결권 제한

의결권없는 주식을 제외한 발행주식의 총수의 3%(정관에서 더 낮은 주식 보유비율을 정할 수 있으며, 정관에서 더 낮은 주식 보유비율을 정한 경우에는 그 비율로 한다)를 초과하는 수의 주식을 가진 주주는 그 초과하는 주식에 관하여 감사위원의 선임에 있어서는 의결권을 행사하지 못한다(법19⑥ 후단, 상법409②).

(2) 전자적 방법에 의한 의결권행사

회사가 제368조의4 제1항에 따라 전자적 방법으로 의결권을 행사할 수 있도록 한 경우에는 출석한 주주의 의결권의 과반수로써 감사위원의 선임을 결의

할 수 있다(법19⑥ 후단, 상법409③).

(3) 감사위원의 선임

감사위원이 되는 이사 중 분리선임하지 않는 나머지 이사에 대해서는 법 19조 제6항 및 제7항의 의결권 제한 규정을 어떠한 방식으로 적용해야 하는지 여부이다. 이사로 선임하는 단계부터 의결권 제한 규정을 적용하거나, 이사 선임시에는 다른 이사와 함께 일괄 선임한 후 선임된 이사 중에서 감사위원을 선출할 때 의결권 제한 규정을 적용하는 방법이 모두 가능하다.[28]

즉 법 제19조 제5항의 취지는 감사위원이 되는 사외이사 중에서 최소 1인은 분리선임하라는 의미이지 1인만 분리선임하라는 의미는 아니므로, 모든 감사위원을 분리선임하는 것도 가능하다. 따라서 모든 감사위원을 이사 선임시부터 3% 의결권 제한 규정을 적용하여 다른 이사와 분리선임할 수 있다. 위의 방법과 달리 감사위원 중 일부에 대해서만 분리선임을 적용하고자 하는 경우에는, 분리선임 대상이 아닌 감사위원에 대해서는, 이사 선임시에는 의결권 제한 없이 다른 이사와 동일한 방식으로 일괄 선임한 후 감사위원을 선임할 때 의결권 제한 규정을 적용하는 방식도 가능하다.

또한 금융사지배구조법은 감사위원이 되는 이사의 선임에 있어서 상법 제409조 제2항 및 제3항을 준용함에 따라 의결권 없는 주식을 제외한 발행주식의 3%를 초과하여 주식을 보유한 자는 그 초과분에 대해 의결권을 제한 받게 되며, 최대주주는 그 특수관계인, 최대주주특수관계인의 계산으로 주식을 보유하는 자, 최대주주특수관계인에게 의결권을 위임한 자가 소유한 주식을 합산하여 3% 초과 주식의 의결권을 제한받게 된다. 그 외 의결정족수의 계산방법 등에 대해서는 법에서 달리 정한 사항이 없으므로, 법 제4조(다른 법률과의 관계)에 근거하여 상법에 따라 처리함이 바람직하다.[29]

VI. 최대주주 등의 의결권행사의 제한

최대주주, 최대주주의 특수관계인, 그 밖에 "대통령령으로 정하는 자"가 소유하는 금융회사의 의결권 있는 주식의 합계가 그 금융회사의 의결권 없는 주식을 제외한 발행주식 총수의 3%를 초과하는 경우 그 주주는 3%를 초과하는 주식

---

28) 금융위원회(2016b), 53쪽.
29) 금융위원회(2016b), 54쪽.

에 관하여 감사위원이 되는 이사를 선임하거나 해임할 때에는 의결권을 행사하지 못한다(법19⑦ 본문). 다만, 금융회사는 정관으로 3%보다 낮은 비율을 정할 수 있다(법19⑦ 단서).

위에서 "대통령령으로 정하는 자"란 ⅰ) 최대주주 또는 그 특수관계인의 계산으로 주식을 보유하는 자(제1호), ⅱ) 최대주주 또는 그 특수관계인에게 의결권 (의결권의 행사를 지시할 수 있는 권한을 포함)을 위임한 자(해당 위임분만 해당)(제2호)의 어느 하나에 해당하는 자를 말한다(영16②).

Ⅶ. 상근감사의 설치 여부

1. 상근감사 설치의무 금융회사

최근 사업연도 말 현재 자산총액이 1천억원 이상(신용카드업을 영위하지 아니하는 여신전문금융회사로서 주권상장법인이 아닌 경우에는 최근 사업연도 말 현재 자산총액이 2조원 이상인 경우)인 금융회사는 회사에 상근하면서 감사업무를 수행하는 감사("상근감사")를 1명 이상 두어야 한다(법19⑧ 본문, 영16③ 본문).

다만, ⅰ) 외국 금융회사의 국내지점, 그 밖의 영업소(제1호), ⅱ) 주주총회일 또는 사원총회일부터 6개월 이내에 합병 등으로 인하여 소멸하는 금융회사(제2호), ⅲ) 채무자회생법에 따라 회생절차가 개시되거나 파산선고를 받은 금융회사(제3호), ⅳ) 해산을 결의한 금융회사(제4호) 중 어느 하나에 해당하는 금융회사는 제외한다(영16③ 단서).

금융사지배구조법상 감사위원회 도입의무가 없는 금융회사가 감사위원회를 두는 경우에도 법 제19조에 따른 절차와 요건을 모두 갖추어 감사위원회를 구성해야 하는지 여부이다. 상근감사 도입 의무가 있는 금융회사(자산총액 1천억원 이상)가 상근감사제도 대신 감사위원회를 두는 경우에는 금융사지배구조법상 절차와 요건을 모두 갖추어 감사위원회를 구성해야 한다.[30]

즉 법 제19조 제8항 및 영 제16조 제3항에 따라 자산총액 1천억원 이상인 금융회사 등은 상근감사를 두거나 금융사지배구조법에 따른 감사위원회를 설치해야 한다. 따라서 해당 금융회사가 상근감사제도를 두지 않고 감사위원회를 두는 경우에는 반드시 법 제19조에 따른 절차와 요건을 갖춘 감사위원회를 구성해

---

30) 금융위원회(2016b), 57쪽.

야 한다. 다만, 법 제3조 제3항에 해당하는 금융회사 등은 임원후보추천위원회 구성 의무가 없으므로, 법 제19조에 따른 절차 중 임원후보추천위원회를 통한 감사위원 후보 추천 과정은 생략할 수 있을 것이다.

2. 상근감사 설치 의무배제 금융회사: 감사위원회 설치 금융회사

금융사지배구조법에 따른 감사위원회를 설치한 경우(감사위원회 설치 의무가 없는 금융회사가 이 조의 요건을 갖춘 감사위원회를 설치한 경우를 포함)에는 상근감사를 둘 수 없다(법19⑧ 단서).

3. 상근감사 선임과 의결권행사 제한

상근감사를 선임하는 경우 감사 선임 시 의결권 행사의 제한에 관한 법 제19조 제7항 및 상법 제409조 제2항·제3항[31]을 준용한다(법19⑨).

Ⅷ. 상근감사 및 사외이사가 아닌 감사위원의 자격요건

상근감사 및 사외이사가 아닌 감사위원의 자격요건에 관하여는 법 제6조(사외이사의 자격요건) 제1항 및 제2항을 준용한다(법19⑩ 본문). 다만, 해당 금융회사의 상근감사 또는 사외이사가 아닌 감사위원으로 재임(在任) 중이거나 재임하였던 사람은 제6조 제1항 제3호에도 불구하고 상근감사 또는 사외이사가 아닌 감사위원이 될 수 있다(법19⑩ 단서).

Ⅸ. 위반시 제재

법 제19조 제1항 및 제2항을 위반하여 같은 항에 규정된 요건을 모두 충족하는 감사위원회를 설치하지 아니한 자(제12호), 법 제19조 제3항을 위반하여 같은 조 제1항 및 제2항의 감사위원회의 구성요건을 충족시키지 아니한 자(제13호), 법 제19조 제4항부터 제7항까지의 규정을 위반하여 감사위원의 선임절차를 준수

---

31) 제409조(선임) ② 의결권없는 주식을 제외한 발행주식의 총수의 100분의 3(정관에서 더 낮은 주식 보유비율을 정할 수 있으며, 정관에서 더 낮은 주식 보유비율을 정한 경우에는 그 비율로 한다)을 초과하는 수의 주식을 가진 주주는 그 초과하는 주식에 관하여 제1항의 감사의 선임에 있어서는 의결권을 행사하지 못한다.
③ 회사가 제368조의4 제1항에 따라 전자적 방법으로 의결권을 행사할 수 있도록 한 경우에는 제368조 제1항에도 불구하고 출석한 주주의 의결권의 과반수로써 제1항에 따른 감사의 선임을 결의할 수 있다.

하지 아니한 자(제14호), 법 제19조 제8항을 위반하여 상근감사를 두지 아니한 자(제15호)에게는 1억원 이하의 과태료를 부과한다(법43①

제5절 감사위원회 또는 감사에 대한 지원 등

Ⅰ. 전문가의 조력 요구권

감사위원회 또는 감사는 금융회사의 비용으로 전문가의 조력을 구할 수 있다(법20①).

Ⅱ. 업무지원 부서의 설치의무

금융회사는 감사위원회 또는 감사의 업무를 지원하는 담당부서를 설치하여야 한다(법20②).

▌ 금융위원회 질의회신(문서번호 180427, 회신일자 20190215)

[질의]

□ 동일 부서에서 준법감시업무 및 감사업무 수행할 수 있는지 여부: 자산운용사가 준법감시팀과 감사팀을 분리하지 않고 준법감시팀에서 준법감시업무와 감사업무를 함께 수행하는 것이 금융사지배구조법에 위반되는지 여부

[회신]

□ 감사 담당부서와 준법감시 담당부서는 각각 별도로 두어야 합니다.

[이유]

□ 지배구조법에서는 금융회사에 대하여 감사위원회 또는 감사의 업무를 지원하는 담당부서(지배구조법20②) 및 준법감시인의 직무수행을 지원하기 위한 내부통제 전담조직*(지배구조법 시행령19③)을 마련하도록 각 규정하고 있습니다.

* 자산총액 1천억원 미만 금융회사의 경우에는 준법감시인 본인만으로 내부통제 조직을 운영할 수 있음(금융회사 지배구조 감독규정11③)

○ 동 규정의 입법취지는 감사 및 준법감시인의 업무 독립성 차원에서 다른 업무와 별도로 해당 업무를 전담하는 독립된 부서를 갖추어 지원하도록 하기 위

함입니다.

ㅁ 또한, 감사업무는 CEO를 견제하는 측면이 있는 만큼, CEO의 관리감독을 받아 내부통제 업무를 담당하는 준법감시 업무와 감사업무를 같은 부서에서 담당할 경우 이해상충의 소지가 있습니다.

ㅁ 이에 감사 담당부서와 준법감시 담당부서는 각각 별도로 두어야 합니다.

Ⅲ. 업무내용 보고

금융회사는 감사위원회 또는 감사의 업무 내용을 적은 보고서를 정기적으로 금융위원회에 제출하여야 한다(법20③). 이에 따라 금융회사는 ⅰ) 감사위원회의 구성 및 운영 현황(감사인 경우에는 감사의 감사 현황)(제1호), ⅱ) 감사 결과 및 그 조치내역(제2호)을 포함한 감사위원회 또는 감사의 업무 내용을 적은 보고서를 매 반기 경과 후 1개월 이내에 감독원장에게 제출하여야 한다(감독규정7①). 감사위원회 또는 감사의 업무내용 보고는 [별지 제6호서식]으로 한다(감독규정7②, 감독규정 시행세칙4).

Ⅳ. 감사위원에 대한 정보제공

감사위원(감사위원회가 설치되지 아니한 경우에는 감사)에 대한 정보제공에 관하여는 법 제18조(사외이사에 대한 정보제공)를 준용한다(법20④). 아래서는 준용규정을 살펴본다.

1. 정보제공의 방법

금융회사는 감사위원 또는 감사의 원활한 직무수행을 위하여 충분한 자료나 정보를 제공하여야 한다(법18①). 이에 따라 금융회사는 다음의 방법으로 감사위원 또는 감사에게 자료나 정보를 제공하여야 한다(영15).

1. 감사위원 또는 감사가 회사의 경영실태를 원활히 파악할 수 있도록 영업·재무, 그 밖의 업무집행 상황 등에 관한 자료나 정보를 연 1회 이상 정기적으로 제공할 것
2. 감사위원 또는 감사가 원활한 직무 수행을 위하여 법 제13조에 따른 이사회 의장 또는 선임사외이사를 통하여 해당 금융회사에 대하여 자료나 정보의

제공을 요구하는 경우 금융회사는 정당한 사유가 없으면 요구받은 자료나 정보를 지체 없이 제공할 것

3. 이사회 및 이사회내 위원회("이사회등")의 회의자료를 회의 개최 2주일 전까지 제공할 것. 다만, 해당 금융회사의 정관 또는 이사회규정 등에서 그 기간을 달리 정할 수 있다.

2. 감사위원 또는 감사의 정보제공 요청과 금융회사의 제공의무

감사위원 또는 감사는 해당 금융회사에 대하여 그 직무를 수행할 때 필요한 자료나 정보의 제공을 요청할 수 있다(법18② 전단). 이 경우 금융회사는 특별한 사유가 없으면 이에 따라야 한다(법18② 후단).

V. 위반시 제재

법 제18조(법 제20조 제4항에서 준용하는 경우를 포함)를 위반하여 자료나 정보를 제공하지 아니하거나 거짓으로 제공한 자(제3호), 법 제20조 제2항을 위반하여 담당부서를 설치하지 아니한 자(제4호), 법 제20조 제3항을 위반하여 보고서를 제출하지 아니한 자(제5호)에게는 3천만원 이하의 과태료를 부과한다(법43②).

제6절　위험관리위원회

위험관리위원회는 ⅰ) 위험관리의 기본방침 및 전략 수립(제1호), ⅱ) 금융회사가 부담 가능한 위험 수준 결정(제2호), ⅲ) 적정투자한도 및 손실허용한도 승인(제3호), ⅳ) 위험관리기준의 제정 및 개정(제4호), ⅴ) 그 밖에 금융위원회가 정하여 고시하는 사항(제5호)을 심의·의결한다(법21).

위 제5호에서 "그 밖에 금융위원회가 정하여 고시하는 사항"이란 다음 각 호를 말한다(감독규정8 본문). 다만, 제4호 및 제5호는 해당 금융회사가 은행 또는 보험회사인 경우에 한한다(감독규정8 단서).

1. 위험관리조직 구조 및 업무 분장에 관한 사항
2. 위험관리정보시스템의 운영에 관한 사항
3. 각종 한도의 설정 및 한도초과의 승인에 관한 사항

4. 각 국외 현지법인 및 국외지점의 상황을 고려한 위기상황분석(은행업감독규정 또는 보험업감독규정에 따른 위기상황분석) 결과와 관련된 자본관리계획·자금조달계획에 관한 사항. 단, 위기상황분석 결과는 반기 1회 이상 위험관리위원회에 보고한다.

5. 자산건전성 분류기준·대손충당금 등 적립기준(각 국외 현지법인 및 국외 지점의 상황을 고려하여야 한다)에 관한 사항

▌금융위원회 질의회신(문서번호 170506, 회신일자 20180116)

[질의]

▫ 위험관리위원회에서 심의 의결하는 사항을 하부 위원회로 위임하여 운영할 수 있는지 질의: 저축은행이 위험관리위원회를 보조하는 실무위원회를 설치하여 다음의 업무를 실무위원회로 위임하여 처리하도록 할 수 있는지 여부

① 관련 규정(저축은행중앙회의 유가증권 투자규정)상 투자대상 적격 유가증권으로 지정되지 않은 유가증권에 대한 예외적 투자 승인

② 손절매 한도를 넘어 가격이 하락한 경우 해당 내용에 대한 실무부서의 보고 수령

③ 손절매 유예 여부의 결정

▫ 금융사지배구조법상 위험관리위원회는 사외이사 중심으로 구성되므로 투자와 관련한 신속한 의사결정을 요하는 사항에 대하여 제 때에 의결이 어려운 경우가 많음

○ 투자리스크와 관련한 세부적인 의결사항은 미등기임원 등으로 구성되는 실무위원회에 위임하여 처리하도록 허용하여 신속한 의사결정을 도모할 필요

[회신]

▫ 금융회사가 투자할 수 있는 투자대상 자산군의 결정, 금융회사가 부담 가능한 위험 수준의 결정 업무는 금융사지배구조법 제21조에 따라 기본적으로 위험관리위원회가 심의·의결하여야 합니다.

▫ 다만, 개별 투자대상 자산에 대한 투자 가능여부의 결정, 개별 자산에 대한 손절매 한도 초과여부의 결정 등의 업무에 대한 결정 권한은 위험관리위원회가 실무위원회에 위임할 수 있습니다.

[이유]

▫ 금융사지배구조법 제21조 각 호에서 정하고 있는 사항*은 원칙적으로 위험관리위원회가 심의·의결해야 합니다.

> * 1. 위험관리의 기본방침 및 전략 수립
>   2. 금융회사가 부담 가능한 위험 수준 결정
>   3. 적정투자한도 및 손실허용한도 승인
>   4. 위험관리기준의 제정 및 개정
>   5. 그 밖에 금융위원회가 정하여 고시하는 사항

○ 다만, 위임의 일반 법리에 따라 위험관리위원회가 구체적으로 범위를 정하여 법 제21조 각 호에 속하는 사항 중 일부를 하부위원회에 위임하는 것은 허용됩니다.

▫ 문의하신 사항에 대하여 살펴보면,

○ "손절매 한도를 넘어 가격이 하락한 경우 해당 내용에 대한 실무부서의 보고를 수령"하는 업무는 법률에서 위험관리위원회의 심의·의결을 필요로 하는 사항이 아니므로, 별도의 권한 위임 조치가 없이도 하부위원회가 보고를 받는 것이 허용됩니다.

○ "관련 규정상 투자대상 적격 유가증권으로 지정되지 않은 유가증권에 대한 예외적 투자 승인" 및 "손절매 유예 여부의 결정"은 법상 위험관리위원회의 심의·의결 사항인 "① 위험관리의 기본 방침 및 전략 수립" 및 "② 금융회사가 부담 가능한 위험 수준 결정"과 관련된 업무이므로 위험관리위원회가 그 권한을 하부위원회에 포괄 위임하는 것은 금지됩니다.

- 다만 위험관리위원회가 자체 운영규정 등을 통해 하부위원회에 대한 권한의 위임범위를 설정하여 "개별 투자대상자산에 대한 적격 여부의 판단" 및 "개별 손절매 건에 대한 손절매 유예여부 결정" 권한을 하부위원회가 결정하도록 하는 것은 가능합니다.

▌금융위원회 질의회신(문서번호 170242, 회신일자 20170925)

[질의]

▫ 소규모 금융회사의 지배구조법 제21조 적용 및 리스크관리위원회 자율 설치·운영에 관한 질의: 위험관리위원회 설치의무가 면제되는 소규모 금융회사

의 경우 금융사지배구조법 제21조 제1호부터 5호까지의 사항을 이사회에서 심의·의결하는 것으로 하고, 이사회를 보조하는 성격의 리스크관리위원회를 자율적으로 설치하여 다음과 같이 운영할 수 있는지 여부

〈리스크관리위원회 운영(안)〉

○ (구성) 위원장: 대표이사(임원), 위원: 관련팀장 5명

○ (심의·의결 사항) ① 리스크 측정기준 및 측정방법의 결정, ② 부분별 리스크 허용한도의 배분기준 결정, ③ 대출금리 기준 결정 및 금리산정체계 결정, ④ 대출원가 산정 및 운용의 적정성 점검 및 조치, ⑤ 신상품 도입, 신규사업 진출에 관련한 사항, ⑥ 유가증권 신규투자 및 기 투자조건의 변경에 관한 사항, ⑦ 리스크관리정보시스템의 운영에 관한 사항, ⑧ 다른 규정에서 리스크관리위원회가 심의하도록 규정한 사항, ⑨ 기타 위원장이 필요하다고 인정하는 사항

[회신]

□ 위험관리위원회 설치의무가 면제되는 소규모 금융회사의 경우, 지배구조법 제21조 제1호부터 제5호까지에 따른 위험관리위원회의 심의·의결 사항 중 제4호의 위험관리기준의 제·개정을 제외한 사항은 이사회 심의·의결 없이 하부조직 등을 통해 자율적으로 결정하실 수 있습니다.

[이유]

□ 지배구조법 제21조 제1호부터 제5호까지에 따른 위험관리위원회의 심의·의결 사항 중 제4호에 따른 위험관리기준의 제·개정은 지배구조법 제15조 제1항 제5호에 따라 이사회의 의결 사항으로 하여야 합니다.

□ 그러나 지배구조법 제21조 제1호, 제2호, 제3호 및 제5호에 따른 사항*과, 이사회에 의해 심의·의결된 위험관리기준의 집행을 위해 필요한 세부 사항 등은 하부 위원회 등을 통해 정할 수 있습니다.

    * 1. 위험관리의 기본 방침 및 전략 수립
      2. 금융회사가 부담 가능한 위험 수준의 결정
      3. 적정투자한도 및 손실허용한도 승인
      5. 그 밖에 금융위원회가 정하여 고시하는 사항

▌ **금융위원회 질의회신(회신일자 20161219)**

[질의]

□ 위험관리위원회 설치 의무가 면제되는 소규모 금융회사가 위험관리위원

회를 설치한 경우, 해당 금융회사의 이사회가 위험관리기준의 제정 및 개정에 관한 결정권한을 위험관리위원회에 위임하여 위험관리위원회의 심의·의결만으로 위험관리기준을 제·개정하고 시행할 수 있는지 여부

[회신]

ㅁ 해당 위험관리위원회가 금융사지배구조법상 요건과 절차(사외이사의 과반수 이상 포함, 위원회의 대표가 사외이사 등)를 모두 갖추어 구성된 경우에는, 금융회사의 이사회가 위험관리위원회에 위험관리기준을 제·개정 권한을 위임할 수 있습니다.

[이유]

ㅁ 위험관리기준의 제·개정은 지배구조법 제15조 제1항 제5호에 따른 이사회의 법정 심의·의결 사항으로 되어 있으나, 법 제21조 제4항에 따라 동 사항에 대한 위험관리위원회의 심의·의결 권한이 명시되어 있으므로, 이 법에 따른 위험관리위원회에 동 권한을 위임할 수 있습니다.

ㅇ 다만, 여기서 말하는 위험관리위원회는 지배구조법에 따른 요건과 절차를 모두 갖추어 구성된 법정 위험관리위원회를 말하는 것입니다. 따라서 위험관리위원회 설치 의무가 없는 소규모 금융회사가 자율적으로 설치한 위험관리위원회가 법정 위험관리위원회와 동일한 기능을 수행하기 위해서는 법상 요구하는 요건과 절차를 모두 갖추어 위험관리위원회가 구성되어야 할 것입니다.

▌ 금융위원회 질의회신(회신일자 20161019)

[질의]

ㅁ 금융사지배구조법 제15조 및 제21조의 해석에 관한 건: 위험관리기준의 제정 및 개정에 관한 사항은 금융사지배구조법에 따라 이사회 심의·의결사항이며 동시에 동법 제21조 제4호에 따라 위험관리위원회의 심의·의결사항이기도 한바, 위험관리위원회의 심의의결만으로 위험관리기준을 제·개정하고 시행할 수 있는지 여부(이사회 심의 의결은 사후에 거침)

[회신]

ㅁ 이사회가 위험관리기준의 제정 및 개정에 관한 사항의 결정 권한을 위험관리위원회에 위임하는 경우에는 위험관리위원회의 심의·의결만으로 위험관리기준을 제·개정하고 시행할 수 있습니다.

[이유]

□ 지배구조법 제15조 제1항의 각 호의 사항은 법에서 정한 이사회의 심의·의결사항이므로 원칙적으로는 이사회가 심의·의결하여야 합니다.

□ 다만, 위험관리기준의 제정 및 개정에 관한 사항은 법 제21조 제4호에 따라 위험관리위원회에서도 심의·의결하도록 규정한바, 이사회가 해당 심의·의결 권한을 위험관리위원회에 포괄적으로 위임할 수 있는 것으로 보입니다.

º 따라서 이사회가 위험관리위원회에 위험관리기준의 제정 및 개정에 관한 권한을 위임한다면, 이사회 심의·의결 없이 위험관리위원회의 심의·의결만으로 위험관리기준을 제·개정하고 시행할 수 있다고 판단됩니다.

제7절 보수위원회 및 보수체계 등

I. 보수위원회의 심의·의결사항

보수위원회는 ⅰ) 임원(사외이사, 비상임이사, 감사위원, 준법감시인 및 위험관리책임자는 제외)(제1호), ⅱ) 증권 또는 파생상품의 설계·판매·운용 업무를 담당하는 직원으로서 보수위원회가 심의·의결한 사람("금융투자업무담당자")(제2호)에 대한 보수와 관련한 ⅰ) 보수의 결정 및 지급방식에 관한 사항(제1호), ⅱ) 보수지급에 관한 연차보고서의 작성 및 공시에 관한 사항(제2호), ⅲ) 그 밖에 금융위원회가 정하여 고시하는 사항(제3호)을 심의·의결한다(법22①, 영17①).

위 제3호에서 "그 밖에 금융위원회가 정하여 고시하는 사항"이란 다음 각 호를 말한다(감독규정9①).

1. 영 제17조 제1항 제1호 및 제2호에 해당하는 사람에 대한 보수체계의 설계·운영 및 그 설계·운영의 적정성 평가 등에 관한 사항
2. 보수정책에 대한 의사결정 절차와 관련된 사항
3. 그 밖에 보수체계와 관련된 사항

보수위원회는 사외이사, 감사위원, 준법감시인 및 위험관리책임자에 관한 법 제22조 제1항에 대한 사항을 심의 의결할 수 없는지 여부이다. 법 제22조 제1

항 및 시행령 제17조 제1항에서 보수위원회가 심의·의결할 대상으로 임원(사외이사 등 제외) 및 금융투자업무담당자를 규정한 것은 금융회사의 경영에 관한 주요 의사결정을 하거나 위험에 중요한 영향을 미치는 업무를 수행하는 자가 단기 성과에 집중하여 위험을 과도하게 부담하는 행위 등을 방지하도록 규율하기 위함이다. 따라서 법에서 규정한 임원이 아닌 사외이사 등의 경우라도 금융회사가 자체적으로 추가하여 보수위원회에서 보수 관련 사항을 심의·의결할 수 있다. 다만, 준법감시인 및 위험관리책임자는 금융사지배구조법 제25조 제6항에 따라 별도의 보수지급 및 평가기준을 마련해야 할 것이다.[32)

금융사지배구조법 시행령 제17조 제1항은 금융투자업무담당자를 "증권 또는 파생상품의 설계·판매·운용 업무를 담당하는 직원으로서 보수위원회가 심의·의결한 사람"으로 정의하고 있다. 즉 보수위원회는 상기 업무를 담당하는 직원 중에서 그 업무의 투자성, 중요성 등을 고려하여 자율적으로 금융투자업무담당자를 정할 수 있다. 한편, 보수위원회는 임원 및 금융투자업무담당자의 보수 결정 및 지급 방식에 관련한 원칙적 사항들을 심의·의결하는 것으로, 보수위원회가 반드시 개별 임직원의 보수를 결정할 필요는 없다.[33)

▌금융위원회 질의회신(회신일자 20170511)

[질의]

□ 지배구조법령상 보수위원회 심의·의결 대상이 되는 직원의 범위 질의: 금융사지배구조법 제22조 제1항 및 같은 법 시행령 제17조 제1항 제2호에 따라 보수위원회가 심의·의결할 대상이 되는 직원의 범위

지배구조법 시행령 제17조 제1항 제2호에서 보수위원회 심의·의결할 대상이 되는 직원은 자본시장법에 따른 증권 또는 파생상품의 설계·판매·운용 업무를 담당하는 직원(금융투자업무담당자)으로 정하고 있음

당사(캐피탈사)는 "기업금융실"을 편제하고 있으며 주요업무는 다음과 같음

1. 주식이나 회사채의 매입 또는 처분

2. 사모집합투자기구 참여를 통한 투자(주로 유한책임사원(LP)로 참여하나, 무한책임사원(GP)로 참여하는 경우도 드물지만 있음)

---

32) 금융위원회(2016b), 60쪽.
33) 금융위원회(2016b), 61쪽.

3. PF 등 투자성 여신 집행

<질의사항> 당사의 기업금융실에 속한 직원이 "금융투자업무담당자"에 해당하여 보수위원회 심의·의결 대상이 되는지 여부

[회신]

□ 귀사의 기업금융실에 속한 직원 중 "사모집합투자기구 참여를 통한 투자 업무"나 "주식이나 회사채의 매입 또는 처분 업무"를 담당하는 직원은 금융투자 업무담당자에 해당합니다.

□ "PF 등 투자성 여신"이 프로젝트파이낸싱에 투자(Equity) 형태로 참여하는 것을 의미한다면 이러한 업무에 종사하는 직원 또한 금융투자업무담당자에 해당합니다.

[이유]

□ 금융사지배구조법 시행령 제17조 제1항 제2호에 따르면, 금융투자업무담당자는 "자본시장법에 따른 증권 또는 파생상품의 설계·판매·운용 업무를 담당하는 직원으로서 보수위원회에서 심의·의결한 사람"을 의미합니다.

○ 사모집합투자기구에 사원으로 참여하는 것은 자본시장법상 증권의 일종인 "사모집합투자증권"을 매입하는 것을 의미하는바, 증권의 운용업무에 해당 합니다. 따라서 해당업무를 담당하는 직원은 금융투자업무 담당자에 해당합니다.

○ 주식이나 회사채의 매입 또는 처분을 담당하는 것은 증권의 운용업무에 해당하므로 해당 업무를 담당하는 직원은 금융투자업무 담당자에 해당합니다.

○ 프로젝트파이낸싱에 투자(Equity) 형태로 참여하는 것은 자본시장법상 지분증권의 운용 업무에 해당합니다. 따라서 이러한 업무에 종사하는 직원은 금융투자업무담당자에 해당합니다.

II. 보수체계의 마련 의무

금융회사는 임직원이 과도한 위험을 부담하지 아니하도록 보수체계를 마련하여야 한다(법22②).

금융지주회사의 자회사의 경우 법 제22조 제1항에서 정한 심의·의결사항을 지주회사의 보수위원회에서 결정할 수 있는지 여부가 문제되고, 또한 법 제22조 제2항에서 정한 보수체계를 금융지주회사의 보수위원회에서 결정할 수 있는지 여부도 문제된다. 법 제22조 제1항과 제2항에서 정한 심의·의결 사항은 자회사의 보수위원회에서 직접 정하여야 한다. 다만 지주회사는 자회사의 보수체계 운영과 관련된 정책을 자회사에 시달할 수 있으며, 자회사는 이를 보수위원회 심의에 반영할 수 있다. 금융지주회사법 제15조 및 동법 시행령 제11조에 따라 금융지주회사는 자회사등의 경영성과 평가와 보상의 결정 등 자회사등의 경영관리에 관한 업무를 수행할 수 있으나, 이것이 지주회사가 자회사의 보수체계를 직접 결정한다는 의미는 아니다. 지주회사가 자회사의 보수체계 운영과 관련된 정책을 자회사에 시달하면, 자회사는 이를 바탕으로 그 임직원에 대한 보수체계를 직접 결정하여야 한다. 따라서 지주회사의 보수위원회가 자회사의 보수체계를 결정할 수는 없으며, 자회사의 보수위원회에서 직접 결정해야 한다. 만약 자회사가 보수위원회를 두고 있지 않은 경우에는, 자회사의 이사회에서 이를 결정해야 할 것이다.[34]

Ⅲ. 성과보수의 지급

1. 성과보수의 이연지급

금융회사는 ⅰ) 임원(감사, 감사위원, 준법감시인 및 위험관리책임자는 제외)(제1호), ⅱ) 금융투자업무담당자(제2호), ⅲ) 단기 실적에 따른 성과보수를 지급할 경우 과도한 위험을 추구하는 등 부작용이 나타날 수 있는 업무로서 ㉠ 대출, 지급보증 및 어음의 할인·인수, 팩토링 업무(가목), ㉡ 보험상품 개발 및 보험계약 인수에 관한 업무(나목), ㉢ 매출채권의 양수 및 신용카드의 발행 업무(다목), ㉣ 그밖에 단기 실적에 따른 성과보수를 지급할 경우 부작용이 나타날 수 있는 것으로 금융회사가 판단하여 정하는 업무(라목)의 어느 하나에 해당하는 업무에 종사하는 직원 중 고용계약에 따라 담당 업무로부터 발생하는 이익의 일부를 성과보수로 받는 직원(최하위 직급의 직원=감독규정9② 및 「기간제 및 단시간근로자 보호 등에 관한 법률」에 따른 기간제근로자 또는 단시간근로자는 제외할 수 있다)(제4호)에 대하여 보수의 일정비율 이상을 성과에 연동하여 미리 정해진 산정방식에 따른 보수("성과보수")로 일정기간 이상 이연하여 지급하여야 한다(법22③ 전단, 영17②).

---

34) 금융위원회(2016b), 44쪽.

2. 성과보수의 산정

금융회사는 다음의 기준에 맞추어 성과와 연동하여 미리 정해진 산정방식에 따른 보수("성과보수")를 지급하여야 한다(법22③ 후단, 영17③).

1. 성과보수의 비율은 직무의 특성, 업무책임의 정도 및 해당 업무의 투자성(자본시장법 제3조 제1항 각 호 외의 부분 본문에 따른 투자성) 등을 고려하여 달리 정할 것
2. 임원(사외이사 및 비상임이사는 제외) 및 금융투자업무담당자에 대해서는 해당 업무의 투자성과 그 존속기간 등을 고려하여 성과보수의 40% 이상에 대하여 이연 기간을 3년 이 상으로 할 것. 다만, 해당 업무의 투자성 존속기간이 3년 미만인 경우에는 성과보수의 이연 기간을 3년 미만으로 할 수 있다.
3. 그 밖에 성과보수에 관하여 필요한 사항으로서 금융위원회가 정하여 고시하는 기준

위 제3호에서 "금융위원회가 정하여 고시하는 기준"이란 다음 각 호를 말한다(감독규정9③).

1. 영 제17조 제3항 제2호에 따라 성과보수를 이연 지급할 경우에는 이연기간 중 초기에 지급되는 부분이 기간별 균등배분한 수준보다 크지 않도록 할 것
2. 임원 및 금융투자업무 담당자에게 이연지급되는 성과보수는 해당 금융회사의 장기 성과와 연계될 수 있도록 다음 각 목의 하나의 형태로 지급할 것. 다만, 해당 금융회사를 금융지주회사법 제4조 제1항 제2호에 따른 자회사등("자회사등")으로 하는 금융지주회사가 주권 상장법인인 경우는 그 금융지주회사 주식 등으로 대체하여 지급할 수 있다.
   가. 해당 금융회사의 주식 또는 주식연계상품
   나. 이연지급 기간 중 담당 업무와 관련하여 금융회사에 손실이 발생한 경우 이연지급 예정인 성과보수를 실현된 손실규모를 반영하여 재산정
   다. 그 밖에 금융회사의 장기 성과와 연계할 수 있는 방식으로서 해당 금융회사가 정하는 방식
3. 성과보수 지급의 기준이 되는 재무제표가 오류 또는 부정 등으로 인하여 정정되는 경우 기지급된 성과보수는 정정 내용을 반영하여 조정할 것

3. 성과보수 이연지급 대상의 기준

금융투자업무담당자의 성과보수 금액이 일정수준 이하(예: 1천만원)인 경우에는 법 제22조 제3항에 따른 성과보수 이연지급 대상에서 제외할 수 있는지 여부이다. 성과보수의 금액 수준에 따라 이연지급 여부를 달리할 수 있다는 별도 규정이 없으므로, 일단 법 제22조 제3항에 따른 성과보수 이연지급 대상에 해당하는 경우에는 반드시 성과보수를 이연지급하여야 한다. 다만, 성과보수의 수준이 현저하게 미미하여 단기성과 추구를 위해 과도한 위험을 부담하는 등의 부작용이 나타날 우려가 적다고 보수위원회가 판단하는 경우에는, 해당 직원을 금융투자업무담당자로 지정하지 않을 수도 있을 것이다.[35]

4. 성과보수 지급 방식

성과보수의 일정비율 이상을 금융회사의 장기성과와 연계될 수 있는 형태로 지급하라는 의미는 무엇인가이다. 법 제22조 및 감독규정 제9조에 따르면 임원(사외이사 등 제외) 및 금융투자업무 담당자의 성과보수의 일정 비율 이상을 금융회사의 장기 성과와 연계되는 형태로 3년 이상 이연지급할 것을 규정하고 있다. 그 형태로는 장기 성과 악화시 이연 지급하기로 한 성과보수를 환수 또는 축소하거나, 성과보수를 주식 및 주식연계상품 형태로 지급하는 방법 등이 포함된다.[36]

▌**금융위원회 질의회신(문서번호 190136, 회신일자 20200324)**

[질의]

▫ 성과보수 이연지급 장기성과 연동 기준 변경 적용: 금융사지배구조법 제22조 제3항에 따른 성과보수 이연지급 관련하여,

○ 성과보수 산정방식을 변경할 경우, 旣 산정되었으나 미지급된 이연성과보수(지급시기 未도래)도 재산정하는 것이 가능한지 여부

[회신]

▫ 미지급된 이연성과보수(지급시기 未도래)를 새로운 산정방식에 따라 재산정하는 것은 허용되지 않는다고 판단됩니다.

---

35) 금융위원회(2016b), 64쪽.
36) 금융위원회(2016b), 65쪽.

[이유]

□ 지배구조법 제22조 제3항은 임원 및 금융투자업무담당자 등에 대하여 보수의 일정비율 이상을 성과에 연동하여 미리 정해진 산정방식에 따른 보수(성과보수)로 일정기간 이상 이연하여 지급하여야 한다고 규정하고 있습니다.

○ 법문언상 성과보수는 "미리 정해진" 산정방식에 따라 지급하여야 함을 명시적으로 규정하고 있으므로, 미지급된 이연성과보수(지급시기 未도래)를 새로운 산정방식에 따라 재산정하는 것은 허용되지 않는다고 판단됩니다.

▌ 금융위원회 질의회신(회신일자 20170425)

[질의]

□ 지배구조법상 성과보수 이연지급 조항의 구체적 해석: 금융사지배구조법령상 성과보수 이연지급 조항의 구체적 해석 및 적용

° 금융사지배구조법 시행령 제17조 제3항 제2호상 "성과보수의 일정 비율 이상에 대해서 이연 기간을 3년 이상으로 할 것", 금융회사 지배구조 감독규정 제9조 제3항 제1호 "성과보수를 이연 지급할 경우에는 초기에 지급되는 부분이 기간별 균등배분한 수준보다 크지 않도록 할 것"에 대한 해석

1. "초기에 지급되는 부분"이 ① 이연하여 지급하는 부분 중 이연 첫해에 지급되는 부분(이연부분)을 의미하는지 아니면 ② 이연하여 지급하지 않는 당해연도 일시지급분(미이연부분)을 의미하는지 여부

2. 당사의 경우 취급하는 대출의 평균 duration이 2년 정도임. 금융사지배구조법 시행령 제17조 제3항 제2호 후단 "해당 업무의 투자성 존속기간이 3년 미만인 경우에는 성과보수의 이연 기간을 3년 미만으로 할 수 있다"의 단서 조항에 해당될 수 있는지 여부

[회신]

□ (질의 1) 금융회사 지배구조 감독규정 제9조 제3항 제1호에서 "성과보수를 이연 지급하는 경우에는 초기에 지급되는 부분이 기간별 균등배분한 수준보다 크지 않도록 할 것"에서 "초기에 지급되는 부분"은 이연하여 지급하는 부분 중 이연 첫해에 지급되는 부분을 의미합니다.

□ (질의 2) 단순히 평균 듀레이션 기간만으로 투자성 존속기간이 3년 미만인지 여부를 판단하는 것은 적절하지 않습니다.

[이유]

□ (질의 1) 금융회사 지배구조 감독규정 제9조 제3항 제1호는 "성과보수를 이연 지급하는 경우에는" 초기에 지급되는 부분이 기간별 균등배분한 수준보다 크지 않도록 할 것을 규정하고 있습니다. 이는 성과보수 중 이연성과보수에 한정하여 그 지급방법을 명시하는 것이므로, 여기서 초기에 지급되는 부분이라 함은 미이연 성과보수를 의미하는 것이 아니라 이연지급 초기에 지급되는 부분을 의미합니다.

□ (질의 2) "듀레이션"을 "대출만기"를 의미하는 것으로 이해한다고 하더라도, 귀사에서 취급하는 대출의 평균 만기가 2년이라고 해서 2년 이내에 대출원리금 전액이 회수되는 등 동 대출로 인한 위험이 종결된다고 보기는 어렵습니다. 따라서 단순히 듀레이션만으로 이를 투자성 존속 판단하는 것은 적절치 않습니다.

Ⅳ. 연차보고서

1. 지배구조 연차보고서의 공시

금융회사는 ⅰ) 임원(감사, 감사위원, 준법감시인 및 위험관리책임자는 제외)(제1호), ⅱ) 금융투자업무담당자(제2호), ⅲ) 단기 실적에 따른 성과보수를 지급할 경우 과도한 위험을 추구하는 등 부작용이 나타날 수 있는 업무로서 ㉠ 대출, 지급보증 및 어음의 할인·인수, 팩토링 업무(가목), ㉡ 보험상품 개발 및 보험계약 인수에 관한 업무(나목), ㉢ 매출채권의 양수 및 신용카드의 발행 업무(다목), ㉣ 그 밖에 단기 실적에 따른 성과보수를 지급할 경우 부작용이 나타날 수 있는 것으로 금융회사가 판단하여 정하는 업무(라목)의 어느 하나에 해당하는 업무에 종사하는 직원 중 고용계약에 따라 담당 업무로부터 발생하는 이익의 일부를 성과보수로 받는 직원(최하위 직급의 직원＝감독규정9② 및 「기간제 및 단시간근로자 보호 등에 관한 법률」에 따른 기간제근로자 또는 단시간근로자는 제외할 수 있다)(제3호)의 보수지급에 관한 연차보고서를 작성하고 결산 후 3개월 이내에 금융위원회가 정하는 바에 따라 인터넷 홈페이지 등에 그 내용을 공시하여야 한다(법22④, 영17④).

2. 지배구조 연차보고서의 필요적 포함사항

연차보고서에는 ⅰ) 보수위원회의 구성, 권한 및 책임 등(제1호), ⅱ) 임원의 보수총액(기본급, 성과보수, 이연 성과보수 및 이연 성과보수 중 해당 회계연도에 지급된 금액 등)(제2호)이 포함되어야 하며, 연차보고서의 작성에 관한 세부 기준은 대통령령으로 정한다(법22⑤).

이에 따른 연차보고서는 다음의 기준에 따라 작성하여야 한다(영17④).

1. 보수위원회의 구성, 심의·의결 절차 등 보수체계에 대한 의사결정 절차가 제시될 것
2. 임직원에 대한 성과측정, 성과와 보수의 연계방식, 성과보수의 이연 등 그 밖에 보수체계의 주요 내용을 제시할 것
3. 그 밖에 연차보고서 작성에 필요한 세부 기준으로서 금융위원회가 정하여 고시하는 기준

영 제17조 제4항에서 정하는 사항에 대한 구체적인 항목 및 방법은 각 금융회사가 속한 관련협회등의 장이 정하는 보수체계 연차보고서 작성기준에 따른다(감독규정9⑥).

3. 보수체계 연차보고서의 공시

금융회사는 영 제17조 제5항에 따른 연차보고서("보수체계 연차보고서")를 지배구조 연차보고서와 함께 익년도 정기주주총회일 20일전부터 해당 금융회사 및 관련협회등의 인터넷 홈페이지 등에 공시하여야 한다(감독규정9④ 본문). 다만, 금융회사의 이사회등(이사회 및 이사회내 위원회)이 최근 사업연도에 발생한 성과보수(법 제22조 제3항에 따른 성과보수)에 관한 사항을 기간 이내에 보수체계 연차보고서를 통해 공시하지 못한 경우에는 최근 사업연도 성과보수는 이를 의결하는 이사회등이 개최된 날의 익월 15일까지 추가로 공시할 수 있다(감독규정9④ 단서).

감독규정 제9조 제4항에서 정하는 사항에 대한 구체적인 항목 및 방법은 각 금융회사가 속한 관련협회등의 장이 정하는 보수체계 연차보고서 작성기준에 따른다(감독규정9⑥).

보수체계 연차보고서를 지배구조 연차보고서와 함께 공시하도록 한바, 보수체계 연차보고서에 기재되어야 할 내용을 지배구조 연차보고서에 모두 포함시켜 작성할 경우 보수체계 연차보고서를 지배구조 연차보고서와 통합 작성하여 공시할 수 있는지 여부이다. 감독규정 제9조 제4항에 따라 통합하여 공시할 수 있다.

다만, 통합 공시하는 경우 "보수체계 및 지배구조 연차보고서" 등 연차보고서의 제목에는 "보수체계"와 "지배구조"라는 표현이 들어가야 한다.

즉 금융회사 지배구조 감독규정 제9조 4항에서는 보수체계 연차보고서를 지배구조 연차보고서와 함께 공시하도록 하고 있으며, 그 외 분리 공시 등을 규정한 사항이 없기 때문에 보수체계 연차보고서에 포함되어야 할 사항이 모두 기재되어 있다면 지배구조 연차보고서와 통합하여 공시하는 것이 가능하다.[37]

4. 보수체계 연차보고서의 필요적 포함사항

금융회사는 보수체계 연차보고서를 작성하는 경우 다음 각 호에 따른 보수에 관한 총계정보와 임원 및 금융투자업무담당자의 보수에 관한 세부적인 사항을 포함하여야 한다(감독규정9⑤ 본문). 다만, 제6호에는 임원 및 직원의 보수에 관한 총계정보를 포함하여야 한다(감독규정9⑤ 단서).

1. 회계연도 중 보수액(기본급 및 성과보수를 구분하고 대상 임직원 수를 포함)
2. 성과보수 금액, 지급형태(현금, 주식, 주식연계상품 및 기타로 구분), 성과보수 환수기준 및 보수간의 배분을 결정하는 기준
3. 이연된 성과보수(지급이 확정된 부분과 그렇지 않은 부분을 구분)
4. 이연된 성과보수 중 해당 회계연도에 지급된 금액
5. 회계연도 중 지급된 퇴직 관련 보수금액, 해당 임직원 수 및 1인 기준 최고 지급액
6. 회계연도 중 임직원에게 지급된 보수금액, 직급별 보수액 및 성과보수액

보수체계 연차보고서를 공시할 때 성과보수 환수기준을 포함하여 공시하라는 의미는 무엇인가이다. 금융사지배구조법 제22조는 임원 및 금융투자업무담당자에게 성과보수를 지급하되 3년 이상 이연지급하도록 하고 있으며, 금융회사 지배구조 감독규정 제9조 제3항은 성과보수의 일정비율 이상을 장기 성과와 연계될 수 있는 형태로 지급하도록 하여 법상 의무를 구체화하고 있습니다. 이러한 형태에는 미래 성과보수의 환수나 축소, 주식연계 성과급의 지급 등이 포함될 수 있다. 따라서 감독규정 제9조 제5항에서 보수체계 연차보고서를 공시할 때 성과

---

37) 금융위원회(2016b), 68쪽.

보수 환수기준을 포함하라는 의미는, 금융회사가 장기성과와 연동된 성과보수 지급을 위해 성과보수 환수 관련 기준을 마련하고 있는지 여부를 공시하라는 의미이다. 만약 금융회사가 환수기준을 마련하지 않는 경우에는, 성과보수를 장기성과와 연계하여 지급하고 있음을 나타낼 수 있는 별도의 보수기준 등 구체적인 사유를 설명하여야 한다.[38]

V. 위반시 제재

법 제22조 제4항 및 제5항에 따른 연차보고서의 공시를 하지 아니하거나 거짓으로 공시한 자(제5의2호)에게는 3천만원 이하의 과태료를 부과한다(법43②).

제8절 내부통제위원회

내부통제위원회에 관한 아래 내용은 2024년 1월 2일 신설되어 2024년 7월 3일부터 시행된다.[39]

I. 내부통제위원회의 심의·의결사항

내부통제위원회는 다음에 관한 사항을 심의·의결한다(법22의2①).

1. 내부통제의 기본방침 및 전략 수립
2. 임직원의 직업윤리와 준법정신을 중시하는 조직문화의 정착방안 마련
3. 법 제14조 제1항에 따른 지배구조내부규범의 마련 및 변경
4. 법 제24조 제1항에 따른 내부통제기준의 제정 및 개정
5. 그 밖에 금융위원회가 정하여 고시하는 사항

법 제15조 제1항 제5호에서 내부통제기준의 제정·개정 및 폐지에 관한 사항을 이사회의 심의·의결사항으로 정하고 있으며, 법 제22조 제1항 제4호에서 내부통제기준의 제정 및 개정을 내부통제위원회 심의·의결사항으로 정하고 있다, 금융위원회 지배구조법 유권해석 36번(2016)을 유추 적용하여, 금융지배구조

---

38) 금융위원회(2016b), 66쪽.
39) [신설 2024.1.2] [시행일 2024.7.3.].

법상 내부통제위원회에서 위임된 사항에 대하여는 내부통제위원회의 심의·의결을 거치면 될 것으로 판단된다.

또한, 지배구조내부규범의 마련 및 변경도 내부통제위원회에서 심의·의결을 거치면 될 것으로 판단된다.

II. 내부통제위원회의 점검·평가 등

내부통제위원회는 제30조의2(임원의 내부통제등 관리의무) 제1항에 따른 임원과 제30조의2 제2항에 따른 대표이사등이 각각 제30조의2 및 제30조의4(대표이사등의 내부통제등 총괄 관리의무)에 따른 관리조치와 보고를 적절하게 수행하고 있는지 여부를 점검·평가하고 미흡한 사항에 대해서는 개선 등 필요한 조치를 요구하여야 한다(법22의2②).

III. 내부통제위원회가 아닌 감사위원회 또는 위험관리위원회의 담당 사항

법 제22조의2 제2항에 따른 관리조치와 보고를 적절하게 수행하고 있는지 여부에 대한 점검·평가와 미흡한 사항에 대한 개선 등 필요한 조치의 요구에 대해서는 금융회사의 정관으로 정하는 바에 따라 내부통제위원회가 아닌 감사위원회나 위험관리위원회가 담당하도록 할 수 있다(법22의2③, 영17의2).

이 규정은 금융회사에 설치되어있는 이사회내 위원회에서 내부통제위원회 일부 업무를 담당할 수 있도록 함으로써 금융회사의 부담을 경감하기 위함이다.[40]

제9절 금융지주회사의 완전자회사등의 특례

I. 사외이사 미설치 또는 이사회내 위원회 미설치

1. 관련 규정

금융지주회사가 발행주식 총수를 소유하는 자회사 및 그 자회사가 발행주식 총수를 소유하는 손자회사(손자회사가 발행주식 총수를 소유하는 증손회사를 포함한다. 이하 이 조에서 "완전자회사등"이라 한다)는 "경영의 투명성 등 대통령령으로 정

---

40) 금융위원회(2024), "금융회사의 지배구조에 관한 법률 시행령 조문별 제·개정이유서", 금융위원회(2024. 2), 2쪽.

하는 요건에 해당하는 경우"에는 법 제12조 및 제16조에도 불구하고 사외이사를 두지 아니하거나 이사회내 위원회를 설치하지 아니할 수 있다(법23①).

위에서 "경영의 투명성 등 대통령령으로 정하는 요건에 해당하는 경우"란 다음의 요건을 모두 충족하는 경우를 말한다(영18).

1. 법 제23조 제1항에 따른 완전자회사등("완전자회사등")의 경영의 투명성 확보를 위한 다음 각 목의 요건. 이 경우 해당 이사회 또는 해당 감사위원회는 다음 각 목과 관련하여 금융위원회가 정하여 고시하는 기준[41]을 준수하여야 한다.
   가. 금융지주회사의 이사회가 완전자회사등에 대하여 조언·시정권고 및 이에 필요한 자료의 제출을 요구하는 경우 완전자회사등은 특별한 사정이 없으면 요구에 성실히 응할 것
   나. 금융지주회사의 감사위원회가 완전자회사등에 대하여 그 업무·재무구조 등에 대한 감사 및 이에 필요한 자료의 제출을 요구하는 경우 완전자회사등은 특별한 사정이 없으면 요구에 성실히 응할 것
2. 완전자회사등을 포함하여 자회사등을 총괄하는 사항으로서 금융지주회사의 내부통제체제에 관한 사항인 다음 각 목의 요건
   가. 금융위원회가 정하여 고시하는 사항[42]을 금융지주회사의 법 제24조 제1

---

[41] "금융위원회가 정하여 고시하는 기준"이란 다음 각 호를 말한다(감독규정10①).
  1. 법 제23조에 따른 완전자회사등의 경영의 건전성, 소비자 권익 및 건전한 금융거래질서를 해하지 아니할 것
  2. 금융지주회사의 이사는 재임중뿐만 아니라 퇴임후에도 직무상 알게 된 완전자회사등의 영업상 비밀을 누설하지 아니할 것
  3. 금융관계법령을 위반하지 아니할 것
[42] "금융위원회가 정하여 고시하는 사항"이란 다음 각 호를 말한다(감독규정10②).
  1. 금융지주회사등(금융지주회사 및 그 자회사등)의 업무의 분장 및 조직구조에 관한 사항
  2. 금융지주회사등의 자산의 운용 또는 업무의 영위과정에서 발생하는 위험의 관리에 관한 사항
  3. 금융지주회사등의 임·직원이 업무를 수행함에 있어서 반드시 준수하여야 하는 절차에 관한 사항
  4. 금융지주회사등의 임·직원이 업무를 수행함에 있어서 준수해야 하는 법, 영, 이 규정, 금융지주회사법, 공정거래법 등 금융지주회사 관련 법령 준수 여부의 확인에 관한 사항
  5. 금융지주회사등의 경영의사결정에 필요한 정보가 효율적으로 전달될 수 있는 체제의 구축에 관한 사항
  6. 금융지주회사등의 임·직원의 법 제24조에 따른 내부통제기준 준수여부를 확인하는 절차·방법 및 내부통제기준을 위반한 임·직원의 처리에 관한 사항
  7. 금융지주회사등 임·직원의 유가증권거래내역의 보고 등 불공정거래행위를 방지하기

항에 따른 내부통제기준에 포함할 것

　나. 금융지주회사의 준법감시와 관련하여 해당 준법감시인, 금융지주회사 및 그 자회사등은 금융위원회가 정하여 고시하는 기준[43]을 준수할 것

2. 사외이사 선임의 금지 여부

완전자회사 특례 적용시 사외이사 선임이 금지되는지 여부가 문제이다. 완전자회사등의 특례가 적용되는 경우에는 사외이사 선임, 이사회내 위원회 설치 등에 대한 의무가 면제되는 것이지, 사외이사의 선임 또는 이사회내 위원회 설치가 금지되는 것은 아니다. 법 제23조 제1항에서는 완전자회사등의 특례로서 사외이사 선임의무를 면제하고 있으나, 필요에 따라 사외이사를 선임할 수 있으며, 이 경우 선임할 사외이사의 수에 대하여 특별히 제한은 없다.[44]

3. 임원후보추천위원회 설치

지주회사의 자회사가 법 제3조 제3항에 해당하지 않는 경우에는 임원후보추천위원회를 설치하여야 하나, 법 제23조에 따른 완전자회사등의 특례에 해당하는 경우에는 임원후보추천위원회를 설치하지 않을 수 있다. 금융사지배구조법상 금융회사의 임원은 임원후보추천위원회에서 추천한 후보 중에서 선임하도록 하고 있는 점, 임원후보추천위원회는 소수주주가 주주제안권을 통해 추천한 사외이사 후보를 추천해야 한다는 점, 금융지주회사의 완전자회사등에 대한 별도 특례(법23)가 있는 점 등을 종합적으로 고려할 때, 법 제3조의 적용범위에 포함되고, 법 제23조의 완전자회사등의 특례가 적용되지 않는다면, 금융지주회사의 자회사는 임원후보추천위원회 등 이사회내 위원회를 구성해야 한다.[45]

위한 절차나 기준에 관한 사항
43) "금융위원회가 정하여 고시하는 기준"이란 다음 각 호를 말한다(감독규정10③).
　1. 준법감시인은 선량한 관리자의 주의로 직무를 수행하여야 하며, 그 금융지주회사의 자회사등의 임직원이 아닐 것
　2. 금융지주회사등은 준법감시인이 그 직무를 수행함에 있어서 자료나 정보의 제출을 요구하는 경우 성실히 응할 것
　3. 금융지주회사등은 준법감시인이었던 자에 대하여 해당 직무 수행과 관련한 사유로 부당한 인사상 불이익을 주지 아니할 것
44) 금융위원회(2016b), 43쪽.
45) 금융위원회(2016b), 47쪽.

II. 상근감사 선임의무

완전자회사등이 감사위원회를 설치하지 아니할 때에는 상근감사를 선임하여야 한다(법23②).

III. 상근감사의 자격요건

상근감사의 자격요건에 관하여는 제6조(사외이사의 자격요건) 제1항 및 제2항을 준용한다(법23③ 본문). 다만, 해당 완전자회사등의 상근감사 또는 사외이사가 아닌 감사위원으로 재임 중이거나 재임하였던 사람은 제6조 제1항 제3호에도 불구하고 상근감사가 될 수 있다(법23③ 단서).

제 4 편
/

내부통제 및 위험관리 등

지배구조규제에 있어 중요한 부분은 내부통제와 위험관리에 관한 사항이다. 사외이사나 이사회내 위원회 등 이사회 관련 제도가 대규모 금융회사에게만 국한되는 규제인 반면에 내부통제기준과 위험관리기준에 관한 사항과 이와 관련된 업무를 하는 준법감시인제도와 위험관리책임자제도는 규모, 업종 및 상장 여부 등에 관계없이 모든 금융회사에 적용되는 점이 다르다. 아래서는 내부통제기준과 준법감시인제도, 위험관리기준과 위험관리책임자제도를 살펴본다.

제1장 내부통제

제1절 내부통제기준

I. 내부통제기준 마련의무

금융회사는 법령을 준수하고, 경영을 건전하게 하며, 주주 및 이해관계자 등을 보호하기 위하여 금융회사의 임직원이 직무를 수행할 때 준수하여야 할 기준 및 절차인 내부통제기준을 마련하여야 한다(법24①).

그러나 금융지주회사가 금융회사인 자회사등의 내부통제기준을 마련하는 경우 그 자회사등은 내부통제기준을 마련하지 아니할 수 있다(법24②).

II. 내부통제기준의 필요적 포함사항 등

1. 내부통제기준의 필요적 포함사항

(1) 시행령 규정사항

내부통제기준에는 금융회사의 내부통제가 실효성있게 이루어질 수 있도록 다음의 사항이 포함되어야 한다(법24③, 영19①).

1. 업무의 분장 및 조직구조
2. 임직원이 업무를 수행할 때 준수하여야 하는 절차
3. 내부통제와 관련하여 이사회, 임원 및 준법감시인이 수행하여야 하는 역할
4. 내부통제와 관련하여 이를 수행하는 전문성을 갖춘 인력과 지원조직
5. 경영의사결정에 필요한 정보가 효율적으로 전달될 수 있는 체제의 구축
6. 임직원의 내부통제기준 준수 여부를 확인하는 절차·방법과 내부통제기준을 위반한 임직원의 처리
7. 임직원의 금융관계법령 위반행위 등을 방지하기 위한 절차나 기준(임직원의 금융투자상품 거래내용의 보고 등 불공정행위를 방지하기 위한 절차나 기준을 포함)
8. 내부통제기준의 제정 또는 변경절차
9. 준법감시인의 임면절차
10. 이해상충을 관리하는 방법 및 절차 등(금융회사가 금융지주회사인 경우는 예외)
11. 상품 또는 서비스에 대한 광고의 제작 및 내용과 관련한 준수사항(금융지주회사만 해당)
12. 법 제11조 제1항에 따른 임직원 겸직이 제11조 제4항 제4호 각 목[1]의 요건을 충족하는지에 대한 평가·관리
13. 그 밖에 내부통제기준에서 정하여야 할 세부적인 사항으로서 금융위원회가 정하여 고시하는 사항

---

[1] 가. 금융시장의 안정성을 저해하지 아니할 것
나. 금융회사의 경영건전성을 저해하지 아니할 것
다. 고객과의 이해상충을 초래하지 아니할 것
라. 금융거래질서를 문란하게 하지 아니할 것
마. 임직원 겸직 운용기준 및 법 제24조 제1항에 따른 내부통제기준에 위배되지 아니할 것

(2) 감독규정 규정사항

금융회사는 다음의 사항 및 [별표 3]의 기준에 따른 사항을 내부통제기준에 포함하여야 한다(영19④, 감독규정11②). [별표 3]은 별도 목차로 살펴본다.

1. 내부고발자 제도의 운영에 관한 다음 각 목의 사항
    가. 내부고발자에 대한 비밀보장
    나. 내부고발자에 대한 불이익 금지 등 보호조치
    다. 회사에 중대한 영향을 미칠 수 있는 위법·부당한 행위를 인지하고도 회사에 제보하지 않는 사람에 대한 불이익 부과
2. 위법·부당한 행위를 사전에 방지하기 위하여 명령휴가제도 도입 및 그 적용대상, 실시주기, 명령휴가 기간, 적용 예외 등 명령휴가제도 시행에 필요한 사항
3. 사고발생 우려가 높은 단일거래에 대해 복수의 인력 또는 부서가 참여하도록 하는 직무분리기준에 대한 사항
4. 새로운 금융상품 개발 및 금융상품 판매 과정에서 금융소비자 보호 및 시장질서 유지 등을 위하여 준수하여야 할 업무절차에 대한 사항(금융지주회사만 해당)
5. 영업점 자체점검의 방법·확인사항·실시 주기 등에 대한 사항
6. 특정금융정보법 제2조 제4호에 따른 자금세탁행위 및 같은 조 제5호에 따른 공중협박자금조달행위("자금세탁행위등")를 방지하기 위한 다음 각 목의 사항(법 제2조 제1호 나목의 금융투자업자 중 투자자문업자는 제외)
    가. 특정금융정보법 제2조 제2호에 따른 금융거래에 내재된 자금세탁행위 등의 위험을 식별, 분석, 평가하여 위험도에 따라 관리 수준을 차등화하는 자금세탁 위험평가체계의 구축 및 운영
    나. 자금세탁행위등의 방지 업무를 수행하는 부서로부터 독립된 부서 또는 외부전문가가 그 업무수행의 적절성, 효과성을 검토·평가하고 이에 따른 문제점을 개선하기 위한 독립적 감사체계의 마련 및 운영
    다. 소속 임직원이 자금세탁행위등에 가담하거나 이용되지 않도록 하기 위한 임직원의 신원사항 확인 및 교육·연수

(3) 감독규정 [별표 3]의 규정사항

[별표 3]
내부통제기준에 포함해야 하는 사항(제11조 제2항 관련)

구분	내부통제기준에 포함해야 하는 사항
1. 해당 금융회사가 금융지주회사인 경우	가. 금융지주회사의 자회사등 사이의 업무위탁이 금융지주회사법 시행령 제26조 제2항 제4호 각 목의 요건을 충족하는지에 대한 평가·관리에 관한 사항
2. 해당 금융회사가 보험회사인 경우	가. 보험업법 시행령 별표 4에 따른 교육을 이수하지 않은 모집종사자의 관리에 관한 사항 나. 다음의 보험계리업무와 관련한 업무처리기준 및 세부절차, 관련 기초통계자료의 보관, 내부 검증절차 및 검증기준, 임직원의 권한과 책임에 관한 사항 　1) 상품개발 관련 업무 　2) 최적기초율 산출 관련 업무 　3) 계약자 배당 관련 업무 　4) 실제사업비 배분 관련 업무 　5) 기타 회사가 정하는 계리업무 다. 보험금 지급업무를 공정하고 투명하게 처리하기 위하여 보험금 지급 관련 소송시 따라야 할 절차와 기준으로서 감독원장이 정하는 사항 라. 보험사기행위 예방 및 보험리스크 관리를 위해 계약심사시 따라야 할 절차와 기준 마. 대출금리의 산정 및 운용시 따라야 할 절차와 기준 바. 지급여력비율 관리업무와 관련한 업무처리기준 및 세부절차, 관련 기초통계자료의 보관, 내부 검증절차 및 검증기준, 임직원의 권한과 책임에 관한 사항
3. 해당 금융회사가 보험업법에 의한 보험대리점 또는 보험중개인으로 등록하여 보험모집을 하는 경우	가. 제휴보험회사의 선정·해지 기준 및 절차에 관한 사항 나. 판매대상 보험상품 선정기준에 관한 사항 다. 보험회사와 체결하는 제휴계약서에 포함되어야 할 민원 및 분쟁 처리절차와 책임소재에 관한 사항 라. 보험회사와의 제휴계약이 종료될 경우 고객보호에 관한 사항 마. 보험상품판매와 관련한 불공정행위 방지에 관한 사항
4. 해당 금융회사가 금융투자업자인 경우	가. 집합투자재산이나 신탁재산에 속하는 주식에 대한 의결권 행사와 관련된 법규 및 내부지침의 준수 여부에 관한 사항 나. 집합투자재산이나 신탁재산에 속하는 자산의 매매를 위탁하는 투자중개업자의 선정기준에 관한 사항 다. 지점, 그 밖의 영업소의 설치 및 각 지점별 영업관리자의 지정 등 그 통제에 관한 사항 라. 각 지점별 파생상품(파생결합증권 및 법 제93조에서 정한 집합투자기구의 집합투자증권을 포함) 영업관리자의 지정 등 파생상품 투자자 보호에 필요한 절차나 기준에 관한 사항

	마. 투자중개업자의 투자자계좌의 관리·감독에 관한 사항 바. 매매주문의 처리절차·방법이나 기준에 관한 사항 사. 투자자 예탁재산의 보관·관리방법에 관한 사항 아. 언론기관 등에 대한 업무관련 정보의 제공 절차나 기준에 관한 사항 자. 투자자 신용정보의 관리·보호에 관한 사항 차. 특정금융정보법 제2조 제4호의 자금세탁행위의 효율적 방지체제 구축·운영에 관한 사항 카. 투자자가 제기한 각종 고충·불만사항 및 투자자와 금융투자업자 사이에 발생한 분쟁의 처리기준 및 절차에 관한 사항 타. 기업의 자금조달을 위한 대표주관회사 업무 영위시 업무의 공정한 영위 및 이해상충방지 등에 관한 사항. 이 경우 대표주관회사의 담당직원의 적격기준, 기업실사 수행의 최소기간 및 법률·회계전문가 등 참여의무자, 일반적인 조사·검증절차 등에 관한 내용이 포함되어야 한다. 파. 매도 주문 수탁에 관한 사항 하. 신탁사업의 시공사 및 용역업체의 선정에 관한 사항 거. 집합투자업과 다른 금융투자업을 겸영하는 경우 이해상충 방지를 위한 사항
5. 해당 금융회사가 여신전문금융회사인 경우	가. 여신전문금융업감독규정 제7조의2 제3항 각 호의 요건에 해당하지 않도록 영위하려는 부수업무의 평가·관리에 관한 사항

(4) 감독규정 시행세칙 규정사항

감독규정 [별표 3] 제2호 다목에 따른 보험금 지급 관련 소송시 따라야 할 절차와 기준은 [별표 1]과 같다(감독규정 시행세칙5). [별표 1]은 다음과 같다.

[별표 1] 보험금 지급 관련 소송시 따라야 할 절차와 기준(감독규정 별표3 제2호 다목)

1. 소송제기 관련 내부통제에 관한 사항

　　가. 보험금 지급 관련 소송제기 여부를 결정하는 절차와 기준을 마련할 것

　　나. 소송제기 여부 심의 및 소송제기 관련 내부통제를 위하여 소송관리위원회를 설치하여 운영할 것

　　다. 임원 이상의 자가 소송제기 여부에 대한 최종 의사결정에 참여하는 절차를 마련할 것

　　라. 소송 관련 준법감시인의 견제기능 등을 내부통제 기준에 반영할 것

　　　마. 소송관리위원회 운영현황 등에 대해 정기적으로 이사회에 보고하는
　　　　　 절차를 마련할 것
　2. 소송관리위원회 설치·운영에 관한 사항
　　　가. 소송관리위원회의 구성, 권한, 운영 등에 관한 내부운영기준을 마련
　　　　　 할 것
　　　나. 소송관리위원회에 보험·법률 등에 전문적인 식견을 가진 외부위원을
　　　　　 포함할 것

2. 내부통제기준의 설정·운영기준 준수의무

　금융회사는 내부통제기준을 설정·운용함에 있어 [별표 2]에서 정하는 기준
을 준수하여야 한다(영19④, 감독규정11①). [별표 2]는 다음과 같다.

[별표 2] 내부통제기준의 설정·운영기준(제11조 제1항 관련)

1. 금융회사는 내부통제에 관한 이사회, 경영진 및 준법감시인 등의 역할을
　명확히 구분하여야 하고, 내부통제업무를 위임할 경우에는 위임받은 자
　와 그 권한을 위임한 자를 명확히 하여야 하며, 위임한 자는 위임받은 자
　의 업무를 정기적으로 관리·감독하여야 한다.
2. 금융회사는 준법감시업무가 효과적으로 수행될 수 있도록 충분한 경험과
　능력을 갖춘 자를 준법감시인으로 선임하여야 하며, 준법감시인이 자신
　의 책무를 공정하게 집행할 수 있도록 업무상 독립성을 보장하여야 한다.
3. 금융회사는 준법감시업무가 효과적으로 수행될 수 있도록 충분한 경험과
　능력을 갖춘 적절한 수의 인력을 준법감시조직에 배치하고 업무수행에
　필요한 물적자원을 배분하여야 한다.
4. 준법감시인은 직무수행에 필요한 경우 장부 등 금융회사(금융지주회사인
　경우에는 금융지주회사 및 그 자회사등)의 각종 기록에 접근하거나 각종 회
　의에 직접 참석할 수 있는 권한이 있어야 하며, 대표이사와 감사 또는 감
　사위원회에 아무런 제한 없이 보고할 수 있어야 한다.
5. 내부통제기준 및 관련 절차는 문서화되어야 하며 법규 등이 개정될 경우
　즉각적으로 수정되거나 재검토되어야 한다.
6. 내부통제기준은 금융회사(금융지주회사인 경우에는 금융지주회사 및 그 자회

사등)의 가능한 모든 업무활동을 포괄할 수 있어야 하며, 업무절차 및 전산
시스템은 적절한 단계로 구분하여 집행되도록 설계되어야 한다.

7. 내부통제기준에서의 준수대상 법률은 원칙적으로 상법, 법, 영, 금융관계
법령 및 금융소비자·투자자 보호와 직접 관련이 있는 법률에 한한다.

8. 금융회사는 금지사항 및 의무사항을 정한 법규의 취지를 임직원이 이해
하는데 필요한 교육과정을 수립하고 정기적·비정기적으로 필요한 교육
을 실시하여야 한다.

9. 금융회사는 영업과정에서 발생하는 각종 법규관련 의문사항에 대하여 임
직원이 상시에 적절한 지원 및 자문을 받을 수 있는 절차를 마련하여야
한다.

10. 금융회사는 중대한 법규위반사항을 사전에 방지하고 내부통제 관련제도
의 운영상 나타난 취약점을 조기에 식별하기 위해 법규준수 여부 등을
주기적으로 점검하여야 한다.

11. 금융회사는 법규준수여부에 대한 점검결과 임직원의 위법 행위를 발견
한 경우에는 해당 임직원에 대한 제재, 내부통제의 취약부분 개선 등을
통하여 법규위반사항이 재발하지 않도록 신속하고 효과적인 조치를 취하
여야 한다.

12. 금융회사는 고객과의 이해상충, 투자자의 고충사항 및 직원과의 분쟁을
신속하게 처리하기 위하여 적절한 절차를 마련하여야 한다.

13. 금융투자업자는 일반 투자자를 대상으로 장외파생상품을 신규 취급하는
경우 해당 상품 구조의 적정성에 대한 심사 절차를 마련하여야 한다.

14. 금융투자업자가 집합투자업을 겸영하는 경우에는 발생 가능한 이해상충
방지를 위해 적정한 수준의 정보교류차단 장치 등을 마련하여야 한다.

15. 금융지주회사는 금융지주회사 및 그 자회사등 전체의 준법감시업무가
효과적이고 체계적으로 수행될 수 있도록 자회사등의 준법감시인이 금융
지주회사의 준법감시인에게 정기적으로 보고하게 하는 등 금융지주회사
와 자회사등 사이에 준법감시업무 관련 지휘·보고체계를 갖추어야 한다.

16. 금융지주회사는 그 금융지주회사 또는 그 자회사등의 임직원이 다른 자
회사등의 임직원을 겸직하거나 그 금융지주회사와 자회사등간 혹은 그
자회사등 상호간 업무위탁을 하는 경우 해당 임직원 겸직 또는 업무위탁

의 적정성에 대한 평가·관리 절차를 마련하여야 한다.

Ⅲ. 내부통제 전담조직의 마련의무 등

금융회사는 금융위원회가 정하여 고시하는 바에 따라 내부통제를 전담하는 조직을 마련하여야 한다(법24③, 영19③).

1. 지원조직 구성·유지와 준법감시인의 직무수행 지원

금융회사는 내부통제업무가 효율적으로 수행될 수 있도록 충분한 경험과 능력을 갖춘 적절한 수의 인력으로 지원조직을 구성·유지하여 준법감시인의 직무수행을 지원하여야 한다(영19④, 감독규정11③ 본문). 다만, 자산총액이 1천억원 미만인 금융회사의 경우에는 준법감시인 본인만으로 내부통제 조직을 운영할 수 있다(영19④, 감독규정11③ 단서).

2. 지점장의 내부통제업무의 적정성 점검 및 대표이사 보고 등

지점장(금융회사가 지정하는 영업부문의 장을 포함)은 소관 영업에 대한 내부통제업무의 적정성을 정기적으로 점검하여 그 결과를 대표이사(대표집행임원을 포함)에 보고하고, 법규위반 행위가 발생한 경우 재발방지대책을 마련하여 시행하여야 한다(영19④, 감독규정11④ 본문). 다만, 해당 지점장이 해당 금융회사의 임직원이 아닌 경우에는 해당 지점을 관장하는 관리조직의 장이 동 업무를 수행할 수 있으며, 대표이사는 지점장의 점검결과를 보고받는 업무를 준법감시인에게 위임할 수 있다(영19④, 감독규정11④ 단서).

3. 관련협회등의 표준내부통제기준의 제정 및 권고

관련협회등은 소속 금융회사가 공통으로 사용할 수 있는 표준내부통제기준을 제정할 수 있고, 소속 금융회사에게 사용을 권고할 수 있다(영19④, 감독규정11⑥).

Ⅳ. 위반시 제재

법 제24조 제1항을 위반하여 내부통제기준을 마련하지 아니한 자(제16호)에게는 1억원 이하의 과태료를 부과한다(법43①).

관련 판례 ───

① 대법원 2022. 12. 15. 선고 2022두54047 판결

대법원 2부(주심 대법관 이동원)는, 피고(금융감독원장)가 ○○은행의 대표이사 또는 WM그룹장인 원고들에 대하여 2019년 위 은행이 판매한 사모펀드(독일국채금리연계 DLF)와 관련하여 감독자로서 금융관련 법규를 위반하고 금융질서를 심히 문란하게 하였다는 이유로 문책경고처분(원고1), 감봉요구처분(원고2)을 하자, 원고들이 위 각 처분의 취소를 청구한 사건에서,

피고의 상고를 기각하여, "주식회사 ○○은행이 '집합투자상품위탁판매업무지침' 등 내부통제기준을 마련하여 거기에 법정사항을 모두 포함시켰고, 위 내부통제기준의 실효성이 없다고 볼 수 없는 이상, 피고가 지적하는 여러 사정에도 불구하고 원고들을 내부통제기준 자체를 마련하지 못하였다는 사유로 제재할 수는 없어 결국 피고의 이 사건 처분사유를 모두 인정할 수 없다"고 보아 이 사건 각 징계처분을 취소한 원심판결을 확정하였음[대법원 2022. 12. 15. 선고 2022두54047 판결]

1. 사안의 개요

가. 사실관계

■ 주식회사 ○○은행은 은행업과 함께 집합투자증권에 대한 투자중개업을 겸영하면서, 2017년경부터 해외금리연계 파생결합펀드(=DLF)를 일반투자자들에게 판매해왔음

■ 피고는 ○○은행이 2019년 판매한 사모펀드인 '독일국채금리연계 DLF'(=이 사건 DLF)의 손실률이 사회적으로 문제되자 부문검사를 실시한 후, 2020. 3. 5. 원고 손△△(○○은행 대표이사)에게 위 원고가 임직원(행위자)들의 위반사실 ①~⑤에 대한 감독자로서 "금융관련 법규를 위반하고 금융질서를 심히 문란하게 하였다"라는 이유로 문책경고 처분을 하고, ○○은행에 대하여 원고 정□□(○○은행 WM그룹장)이 위반사실 ①~④의 행위자임을 이유로 원고 정□□에 대한 감봉요구(3월) 처분을 하였음(=이 사건 처분)

■ 구체적인 처분사유는 아래와 같음

• 위반사실 ① : 상품 출시 과정에서 상품선정절차를 생략할 수 있는 구체적 기준을 실효성 있게 마련하지 않음

- 위반사실 ② : 상품 판매 과정에서 내부통제기준을 실효성 있게 마련하지 않음(위험관리, 소비자보호 업무 등을 수행할 조직·전산시스템 미비, 사모펀드에 대하여 판매 후 원금손실 조건에 해당하는 경우 그 사실을 통지하는 절차를 마련하지 않음)
- 위반사실 ③ : 상품선정위원회 개별위원들에 대한 회의결과 통지 및 보고, 위원 선정 및 교체 등에 대한 기준·절차·시스템을 마련하지 않음
- 위반사실 ④ : 적합성보고서와 관련하여, 상품의 위험 정도와 무관하게 상품권유 사유를 선택할 수 있도록 시스템을 마련·운영하는 등 실효성 있는 내부통제기준을 마련하지 않음
- 위반사실 ⑤ : WM그룹의 내부통제기준 준수여부를 점검하기 위한 실효성 있는 내부통제체계를 마련하지 않음(준법감시인의 업무 중요도 및 위험도 판단 기준, 점검 방법 등에 관한 세부기준을 마련하지 않음, 자점감사 항목 선정을 실무부서에 위임하면서 불합리한 항목 선정에 대한 시정기준·절차를 마련하지 않음)

■ 원고들은 피고의 이 사건 각 처분에는 처분사유가 존재하지 않아 위법하다고 주장하며 이 사건 각 처분의 취소를 구하는 이 사건 소를 제기함

나. 소송의 경과

■ 제1심: 원고들 승소(처분사유 중 위반사실 ③만 인정한 후 이 사건 처분에 재량권 일탈·남용의 위법이 있다는 이유로 이 사건 처분을 취소하였음)[2]

---

2) 서울행정법원 2021. 8. 27 선고 2020구합57615 판결: 甲 은행이 투자중개업 영위 과정에서 금융회사의 지배구조에 관한 법률(이하 '금융사지배구조법'이라 한다) 제24조 등에 따라 내부통제기준을 마련할 의무가 있음에도, 경영진이 과도하게 해외금리연계 파생결합펀드상품 출시 및 판매를 독려하는 가운데, 상품선정위원회 운영 관련 기준 등 내부통제기준을 실효성 있게 마련하지 않았다는 이유로, 금융감독원장이 甲 은행의 대표이사인 乙 등에게 문책경고 등 처분을 한 사안이다.
금융회사가 금융사지배구조법 제24조에 따라 마련하여야 할 내부통제기준에 포함되어야 하는 개별적 법정사항이 흠결된 것인지 여부는 단순히 형식적 기준만으로 판단할 것은 아니고, 법정사항의 중핵이 되는 핵심적 주요 부분이 무엇인지를 분명히 한 후, 그 기준에 따라 해당 법정사항이 실질적으로 흠결된 것으로 볼 수 있는지 여부 및 예측 가능성의 한계를 개별적·구체적으로 판단해야 하는데, 甲 은행의 '집합투자상품위탁판매업무지침'이 상품선정위원회의 운용에 관하여 규정하면서, 위원회 의사결정절차의 핵심인 심의 및 의결에 관하여는 정족수 외에 아무런 절차를 규정하지 않았고, 심의 및 의결에 참여한 상품선정위원들에게 다른 위원들의 의견이나 최종적인 의결결과를 전달, 통지하는 절차조차도 마련하지 않았던 점 등을 종합하면, 甲 은행의 내부통제기준은 견제적 기능과 관련한 정보가 해당 상품 선정 및 판매를 최종적으로 결정하는 의사결정과정에 반영되도록 하기 위하여 '최소한 갖추어야 할 정보유통과정이나 절차'를 마련하지 않음으로써 새로운 금융상품 선정 및 판매 과정에서 '금융소비자보호 및 시장질서 유지 등을 위하여 준수하여야 할 업무절차'의 중핵이 되는 핵심적 사항이 흠결되었다고 보아야 하나, 다른 처분사유들이

▣ 원심: 피고의 항소 기각(처분사유가 모두 존재하지 않는다는 이유로 피고의 항소를 기각하였음)

• 주식회사 ○○은행이 '집합투자상품위탁판매업무지침' 등 내부통제기준을 마련하여 거기에 구「금융회사 지배구조 감독규정」(2021. 3. 25. 금융위원회고시 제2021-9호로 개정되기 전의 것) 제11조 제2항 제4호에서 정한 '새로운 금융상품 개발 및 금융상품 판매 과정에서 금융소비자 보호 및 시장질서 유지 등을 위하여 준수하여야 할 업무절차에 대한 사항'이나 구「금융회사의 지배구조에 관한 법률」시행령(2021. 3. 23. 대통령령 제31553호로 개정되기 전의 것) 제19조 제1항 제6호에서 정한 '임직원의 내부통제기준 준수 여부를 확인하는 절차·방법과 내부통제기준을 위반한 임직원의 처리' 등의 법정사항을 모두 포함시켰고, 위 내부통제기준의 실효성이 없다고 볼 수 없는 이상, 피고가 지적하는 여러 사정에도 불구하고 원고들을 내부통제기준 자체를 마련하지 못하였다는 사유로 제재할 수는 없어 결국 피고의 이 사건 처분사유를 모두 인정할 수 없다고 보았음

• 피고가 상고함

2. 대법원의 판단
가. 쟁점
▣ 실효성 있는 내부통제기준 마련 의무를 위반하였는지 여부
나. 판결 결과
▣ 상고 기각(원심의 판단을 그대로 수긍함)

3. 판결의 의의
▣ 이 판결은, 현행 법령상 금융회사의 내부통제기준 '준수' 의무 위반에 대하여 제재를 가할 법적 근거가 없는 상황에서, 금융회사의 내부통제기준 '마련' 의무 위반과 내부통제기준 '준수' 의무 위반은 구별되어야 한다는 점을 최초로 설시하고, 내부통제기준을 마련한 이상 그 내부통제기준을 일부 준수하지 않았다고 하더라도 이를 처분사유로 볼 수 없다고 본 원심을 수긍하였음

인정되지 않은 이상 위 처분사유만으로 乙 등에 대하여 문책경고 등 중징계를 부과할 만큼 乙 등이 내부통제기준마련의무를 중대하게 위반하였다고 보기는 어려우므로, 위 처분에는 재량권 일탈·남용의 위법이 있다고 한 사례이다.

② 서울행정법원 2022. 3. 14 선고 2020구합65654 판결

DLF 불완전판매 및 내부통제기준 마련의무 위반, 부당한 재산적 이익 수령, 금융감독원 검사업무 방해를 이유로 피고 금융위원회와 금융감독원이 A은행과 그 임원들에 대하여 제재조치를 취한 사안에서, A은행의 불완전판매 사실, 펀드 판매관련 내부통제기준 및 불완전판매 방지를 위한 점검에 관한 핵심적인 내부통제 시스템이 제대로 작동할 수 있도록 내부통제기준을 마련하지 않은 사실, 부당한 재산적 이익 수령 사실은 인정하였으나, 상품 사전심의 누락방지를 위한 내부통제 점검기준 마련의무 위반, 금융감독원 검사업무 방해는 제재사유로 인정하지 않으면서, 법령과 하위규범의 해석상 내부통제의 최종적인 권한과 책임은 그 대표이사인 은행장에게 있음이 명백하고, 투자자 보호의무를 도외시한 채 기업이윤만을 추구하는 모습은 은행의 공공성과 안전성에 대한 신뢰와 신의에 반하는 것으로서 불완전판매로 인한 손실규모가 막대하고, 임원들은 그 지위와 권한에 상응하는 책임이 있다는 이유로 다음과 같이 판단한 판결(2020구합65654)

A은행은 2016. 5.경부터 영·미 CMS금리(장단기 이자율 스왑)를 기초자산으로 하는 하나금융투자 발행의 DLS(파생결합증권)에 투자하는 DLF(파생결합펀드)를 판매하여 왔는데, 기초자산의 변동 폭에 따라 수익 또는 손실률이 결정되는 구조화 상품으로 최대 원금의 100%까지 손실을 볼 수 있는 수익률 대비 지나친 고위험 때문에 증권사들조차 출시하지 않은 최고위험등급의 상품이다. 가령, 주가지수를 기초자산으로 하는 ELS/ELF와 이미 2~3%대의 저금리였던 영·미 CMS 금리를 기초자산으로 하는 DLS/DLF가 구조적으로 동일해 보이는 것은 일종의 '착시 효과'일 뿐, 실제로는 그 변동 폭이나 위험도 면에서 전혀 유사하다고 볼 수 없다. DLS/DLF의 기초자산인 해외 CMS 금리의 생소함, 구성요소가 되는 LIBOR 금리, 스왑(SWAP) 등 개념의 어려움과 설계·위험구조의 복잡함, 설명보조 자료의 불완전성 등으로 인해 A은행에서 판매를 담당하였던 PB들조차 'ELF와 유사하다'고 이해하고 설명하거나, '기준금리'와 'CMS금리'를 혼동하는 등 그 내용을 정확히 이해하지 못한 채 판매하였던 것으로 보인다. A은행이 판매한 전체 해외 금리 연계 DLF 상품 중 이 사건에서 불완전판매 여부가 문제된 886건(가입금액 1,837억 원 상당)의 계좌에 대하여 판매과정에서 '적합성원칙', '적정성원칙', '설명의무 및 설명서 교부의무', '녹취의무' 등 자본시장법을 위반하였는지 여부와 이러한 불완전판매를 A은행이 초래하였는지 여부가 쟁점이 되었는데, 증거들에 의

하여 위 대상계좌 886건 모두의 불완전판매를 인정하였다.

또한, 그 과정에서 A은행과 B 은행장 등을 비롯한 임직원들이 일부 사유를 제외하고는 '불완전판매를 방지하기 위한 내부통제기준 마련의무'를 위반하였다고 보았다. 금융회사의 지배구조에 관한 법률 제24조 제1항에서 '내부통제기준 마련의무'의 범위와 내용을 같은 법 시행령에서 정하도록 위임하였고, 위 시행령 제19조 제1항에서는 '실효성 있는 내부통제기준'을 마련하도록 규정하면서 각 호에서 '내부통제기준에 포함되어야 하는 사항'을 정하는 한편, 금융위원회 고시에 세부적인 사항을 규정할 수 있도록 재위임 하였더라도, 이러한 관계 법령의 목적론적·체계적 해석에 비추어 충분히 그 범위를 예측할 수 있으므로 명확성의 원칙에 반하지 않는다고 판단하였다. 또한, 금융회사 지배구조 감독규정 제11조 제2항 각 호 및 [별표3]에서 정하는 [내부통제기준에 포함되어야 하는 사항]뿐만 아니라, 제11조 제1항 [별표2] 각 호에서 정하는 [내부통제기준 설정·운영기준]을 위반함으로써 해당 내부통제기준이 실효성이 없게 되는 경우에도, 내부통제기준 마련의무를 위반한 것으로 보아야 한다고 판단했다. 이에 따라 원고 B(은행장), C(부행장), D(WM사업단장)에 대하여 A은행의 일부 내규는 실효성이 없다는 이유로 '펀드 불완전판매 관련 내부통제기준 마련의무 위반'을 인정하였고, 준법감시인 제도의 형식적 운영, 인적, 물적 지원의 불비 등에 비추어 '불완전판매 방지를 위한 내부통제 점검기준 마련의무'도 그 위반을 인정하였으나, '상품 사전심의 누락방지를 위한 내부통제 점검기준 마련의무'는 인정되지 않는다고 보았다.

A은행이 DLS 발행사인 하나금융투자, 소시에테제네랄로부터 총 1,952만원 상당의 부당한 재산적 이익을 수령하였다는 사유도 인정하였으나, 금감원 검사업무 방해의 경우 '금감원 검사에 응하여 반드시 진실을 밝힐 의무가 있는 것은 아니고, 오히려 금감원에서 법령상 허용된 검사 방법을 통해 진실을 밝혀야 할 직무상의 의무가 있다'는 이유로 인정하지 않았다. '일부 처분사유가 인정되지 않은 점을 감안하더라도, 불완전판매로 인한 손실규모가 막대하고, 원고들이 투자자 보호의무를 도외시하고 기업이윤만을 추구하는 모습은 은행의 공공성과 안전성 대한 신뢰와 신의를 저버린 것이므로, 임원진은 이에 상응하는 책임을 질 필요가 있다'는 이유로, 피고들의 제재조치가 모두 적법하다고 판단하여 원고들의 청구를 모두 기각했다.

제2절 준법감시인

Ⅰ. 준법감시인의 임면 등

1. 준법감시인의 설치

금융회사(자산규모 등을 고려하여 "대통령령으로 정하는 투자자문업자 및 투자일임업자"는 제외)는 내부통제기준의 준수 여부를 점검하고 내부통제기준을 위반하는 경우 이를 조사하는 등 내부통제 관련 업무를 총괄하는 사람("준법감시인")을 1명 이상 두어야 하며, 준법감시인은 필요하다고 판단하는 경우 조사결과를 감사위원회 또는 감사에게 보고할 수 있다(법25①).

위에서 "대통령령으로 정하는 투자자문업자 및 투자일임업자"란 자본시장법에 따른 투자자문업이나 투자일임업 외의 다른 금융투자업을 겸영하지 아니하는 자로서 최근 사업연도 말 현재 운용하는 투자일임재산의 합계액이 5천억원 미만인 자를 말한다(법25①, 영20①).

준법감시인 업무를 감사위원회에 위임할 수 있는지 여부이다. 준법감시인 업무를 감사위원회에 위임할 수 없다. 즉 기본적으로 감사위원회는 주주에 의한 외부적 업무감시(사후적 규율)를, 준법감시인은 경영진에 의한 내부통제로서의 업무(사전적 규율)를 담당하기 때문에 감사위원회와 준법감시인의 그 목적과 취지가 상이하다.[3]

▎ **금융위원회 질의회신(회신일자 20161114)**

[질의]

▫ 준법감시인이 신용정보관리·보호인 등을 겸하고 있는 경우 임직원 제재를 직접 요구할 수 있는지 여부: 준법감시인이 "신용정보관리·보호인(신용정보법)" 및 "개인정보 보호책임자(개인정보보호법)"를 겸하고 있는 경우,

○ 금융사지배구조법에서 내부통제기준을 위반하는 경우 동 조사결과를 감사위원회 또는 감사에게 보고하여야 한다는 규정에도 불구하고, 준법감시인이 신용정보관리·보호인 및 개인정보 보호책임자의 자격으로 개인(신용)정보 관련

---

3) 금융위원회(2016b), 69쪽.

법령 또는 내규를 위반한 임직원에 대한 인사 제재조치를 감사위원회 보고 없이 직접 요구할 수있는지 여부

[회답]

□ 금융사지배구조법은 준법감시인이 법령 등을 위반한 임직원에 대하여 감사위원회 등에 보고 없이 인사 제재조치를 요구하는 것을 제한하고 있지 않습니다.

[이유]

□ 지배구조법 제25조에서는 준법감시인이 필요하다고 판단하는 경우 내부통제기준의 위반에 대한 조사결과를 감사위원회 또는 감사에게 보고할 수 있도록 규정하고 있습니다.

○ 그러나 동 조항은 준법감시인이 수행하는 내부통제 관련 업무를 감사 또는 감사위원회에 보고해야 함을 의무화한 것은 아니며, 감사 또는 감사위원회를 통해서만 법령 등 위반 임직원에 대한 인사 제재조치를 요구할 수 있도록 규정한 것 또한 아닙니다.

□ 준법감시인은 기본적으로 경영진에 의한 내부통제 업무를 수행하므로, 업무 수행 과정에서 필요하다고 판단될 경우 법령 등을 위반한 임직원에 대하여 직접 인사 제재조치를 요구할 수도 있을 것이며, 지배구조법은 이에 대하여 별도로 제한하고 있지는 않음을 알려드립니다.

2. 준법감시인의 선임과 해임

(1) 선임

(가) 사내이사 또는 업무집행책임자 중 선임

금융회사는 사내이사 또는 업무집행책임자 중에서 준법감시인을 선임하여야 한다(법25② 본문).

(나) 직원 중 선임

자산규모, 영위하는 금융업무 등을 고려하여 "대통령령으로 정하는 금융회사" 또는 외국금융회사의 국내지점은 사내이사 또는 업무집행책임자가 아닌 직원 중에서 준법감시인을 선임할 수 있다(법25② 단서). 금융회사는 준법감시인을 직원 중에서 선임하는 경우 「기간제 및 단시간근로자 보호 등에 관한 법률」에 따른 기간제근로자 또는 단시간근로자를 준법감시인으로 선임하여서는 아니 된다(법25⑤).

위에서 "대통령령으로 정하는 금융회사"란 ⅰ) 최근 사업연도 말 현재 자산총액이 7천억원 미만인 상호저축은행(제1호), ⅱ) 최근 사업연도 말 현재 자산총액이 5조원 미만인 금융투자업자(다만, 최근 사업연도 말 현재 운용하는 집합투자재산, 투자일임재산 및 신탁재산의 전체 합계액이 20조원 이상인 금융투자업자는 제외)(제2호), ⅲ) 최근 사업연도 말 현재 자산총액이 5조원 미만인 보험회사(제3호), ⅳ) 최근 사업연도 말 현재 자산총액이 5조원 미만인 여신전문금융회사(제4호)의 어느 하나에 해당하는 자를 말한다(영20② 본문). 다만, 해당 금융회사가 주권상장법인으로서 최근 사업연도 말 현재 자산총액이 2조원 이상인 자는 제외한다(영20② 단서).

(2) 선임과 해임의 이사회 의결

금융회사(외국금융회사의 국내지점은 제외)가 준법감시인을 임면하려는 경우에는 이사회의 의결을 거쳐야 하며, 해임할 경우에는 이사 총수의 3분의 2 이상의 찬성으로 의결한다(법25③).

▌ 금융위원회 질의회신(문서번호 190381, 회신일자 20201230)

[질의]

▫ 준법감시인 자격요건 상실여부에 관한 질의: 금융회사 준법감시인으로 선임된 직원이 임기 중 정년에 도달하여 회사 방침에 따라 「기간제 및 단시간근로자 보호 등에 관한 법률」에 따른 기간제근로자로 변경된 경우 준법감시인의 직위에서 물러나야 하는지 여부

[회신]

▫ 금융사지배구조법 제25조 제2항 단서*에 해당하는 경우, 직원을 준법감시인으로 선임할 수 있습니다. 다만, 동조 제5항에 따라 기간제근로자 또는 단시간근로자를 준법감시인으로 선임할 수 없습니다.

  * 자산규모, 영위하는 금융업무 등을 고려하여 대통령령으로 정하는 금융회사 또는 외국금융
    회사의 국내지점

▫ 한편, 직원 중 선임된 준법감시인이 임기 중 정년에 도달한 경우, 기간제근로자로 변경한 후, 준법감시인으로서 임기를 보장할 것인지에 대해서는 지배구조법에서 따로 정하고 있지 않으며, 회사에서 자체적으로 결정해야 할 사항으

로 보여집니다.

○ 다만, 이 경우에도 회사에서 준법감시인으로서의 임기를 보장한다고 하더라도 준법감시인의 직무 중요도 등을 고려할 때 준법감시인은 상근직원이어야 합니다.

[이유]

▫ 지배구조법 제25조 제4항에서는 준법감시인의 독립적이고 안정적인 업무수행을 위해 임기를 2년 이상 보장하도록 규정하고 있습니다.

○ 이에 따라 금융회사 직원 중에서 선임된 준법감시인이 임기 중 회사 내규에서 정한 임금피크제 적용대상이 되었다 하더라도 준법감시인으로서의 2년 이상 임기를 보장하여야 합니다(법령해석 회신문 170213, 180263).

○ 그러나 임금피크제와 달리 정년에 도달한 경우, 계속 근무 가능여부는 회사의 방침에 따라 결정되는 부분으로 계속 근무 기간을 보장하도록 강제할 수 없기 때문에 이를 정년 도달 후 임기 보장까지 포함하는 것으로 확대해석하기는 어렵습니다.

▫ 따라서 직원 중 준법감시인이 정년에 도달한 경우, 기간제근로자 변경 및 임기보장 여부는 회사에서 자체적으로 결정할 사항이며, 이 경우 준법감시인은 직무 중요도를 고려, 상근직원으로 하여야 합니다.

▎ 금융위원회 질의회신(문서번호 210206, 회신일자 20220615)

[질의]

▫ 자산총액 5조원 미만인 여신전문금융회사가 금융소비자보호 총괄책임자(CCO)에 임원이 아닌 직원을 선임하여 업무를 수행 할 수 있는지 여부: 자산총액 5조원 미만인 여신전문금융회사(이하 "여전사")가 금융소비자보호 총괄책임자에 임원이 아닌 직원을 선임해도 되는지 여부

[회신]

▫ 최근 사업연도 말 현재 자산총액이 5조원 미만인 여전사의 경우에는, 사내이사 또는 업무집행책임자가 아닌 직원 중에서 선임한 준법감시인을 금융소비자보호 총괄책임자로 선임할 수 있는 것으로 해석됩니다.

[이유]

▫ 금융소비자 보호에 관한 감독규정 [별표2] 비고1. 가. 및 비고2. 가.에 따

라서, "최근 사업연도 말 현재 자산총액이 5조원 미만인 여전사" 등의 경우에는, 준법감시인 또는 이에 준하는 사람을 금융소비자보호 총괄책임자로 선임할 수 있습니다.

○ 또한, 금융사지배구조법 제25조 제2항 및 동법 시행령 제20조 제2항 제4호에 따르면, 자산총액이 5조원 미만인 여전사의 경우 사내이사 또는 업무집행책임자가 아닌 직원 중에서 준법감시인을 선임할 수 있습니다.

□ 이에 따라 최근 사업연도 말 현재 자산총액이 5조원 미만인 여전사의 경우에는, 사내이사 또는 업무집행책임자가 아닌 직원인 준법감시인을 금융소비자보호 총괄책임자로 선임할 수 있는 것으로 해석됩니다.

3. 준법감시인의 임기

준법감시인의 임기는 2년 이상으로 한다(법25④).

▌ **금융위원회 질의회신(문서번호 170213, 회신일자 20170814)**

[질의]

□ 금융사지배구조법 관련 준법감시인(또는 위험관리책임자) 임면 조항 적용에 대한 해석 요청

(질의 1)

준법감시인(또는 위험관리책임자) 선임 당시 소규모 금융회사(자산총액 5조원 미만)로 분류되어 직원으로 선임하였으나 임기 중에 1. 회사의 자산총액이 5조원 이상으로 변동되었을 경우,

① 기존 선임된 준법감시인(또는 위험관리책임자)의 임기('금융사지배구조법 제25조 4항에 따라 임기는 2년 이상으로 보장) 만료시까지 그 직을 수행하고, 임기 만료시 사내이사 또는 업무집행책임자 중에서 선임하여야 하는지

② 최근 사업연도 말 현재 자산총액이 5조원 이상으로 확정된 즉시 직원으로 선임된 준법감시인(또는 위험관리책임자)을 해임하고, 사내이사 또는 업무집행책임자 중에서 준법감시인(또는 위험관리책임자)을 신규 선임해야 하는지

③ 기존에 직원으로 선임된 준법감시인(또는 위험관리책임자)의 지위를 직원에서 사내이사 또는 업무집행책임자로 승격하여 임기를 보장해야 하는지

④ 상기 ①, ②, ③ 외에 별도의 절차를 적용해야 하는지 여부

(질의 2)

해당 직원이 회사 규정에 따른 임금피크제 적용 대상이 되었을 경우 준법감시인(또는 위험관리책임자)의 임면 조항 적용에 대한 해석 요청

※ 회사 내규상 임금피크제 대상 직원의 경우 별도의 직무를 부여

① 기존 선임된 준법감시인(또는 위험관리책임자)의 임기 만료시까지 그 직을 수행 하고, 임기 만료시 임금피크제를 적용해야 하는지(임금피크제 적용 유예)

② 임금피크제 적용대상임을 사유로 금융사지배구조법 제25조 3항에 따른 절차를 통해 준법감시인(또는 위험관리책임자)의 해임 및 신규 선임이 가능한지 여부

[회신]

□ (질의 1) 기존의 직원인 준법감시인의 임기가 만료될 때까지(임기만료일이 자산총액 5조원 초과시점으로부터 2년을 초과하는 경우에는 최대 2년까지)는 직원인 준법감시인이 계속 그 직을 수행할 수 있습니다.

□ (질의 2) 현재 준법감시인인 직원은 금융사지배구조법 제25조 제4항에 따라 2년 이상 임기보장 의무가 있으므로, 선임 후 최소 2년 간은 임금피크제 적용을 유예하고 준법감시인의 직을 보장해야 합니다.

[이유]

□ (질의 1 관련) 금융사지배구조법은 법 시행 당시 자산총액 5조원 미만의 소규모 금융회사였던 회사가 법 시행 이후 자산총액 5조원을 초과하여 준법감시인의 임원 선임 의무가 새로이 발생하는 경우에 대한 경과규정을 따로 두고 있지 않습니다.

○ 그러나 금융사지배구조법 부칙 제14조는 "이 법 시행 당시 재임 또는 재직 중인 금융회사의 준법감시인에 대하여는 그 임기가 만료되는 날(임기 만료일이 이 법 시행 후 2년 이후이거나 직원으로 재직중인 경우에는 이 법 시행 후 2년이 되는 날로 한다)까지 이 법에 따라 선임된 준법감시인으로 본다"고 규정하고 있으므로, 동 규정을 자산총액 5조원을 최초로 초과하게 되어 지배구조법 규정을 적용받게 되는 금융회사의 준법감시인에 대해서도 유추 적용할 수 있습니다.

○ 따라서 자산총액이 5조원을 초과하게 된 금융회사가 기존에 임면한 직원인 준법감시인은 그 임기가 만료되는 날(임기 만료일이 자산총액 5조원 초과일로부터 2년 이후인 경우에는 최대 2년)까지는 그 지위를 유지할 수 있습니다.

□ (질의 2 관련) 금융사지배구조법 제25조 제4항은 "준법감시인의 임기는 2

년 이상으로 한다"고 규정하고 있습니다.

○ 회사의 내규는 법령에 우선하여 효력을 가질 수 없으므로 만약 귀사의 직원인 준법감시인이 임기 중 임금피크제 대상이 되었다 하더라도 준법감시인으로서의 2년 이상 임기보장 의무는 준수되어야 합니다.

4. 별도의 보수지급 및 평가 기준 마련·운영의무

금융회사는 준법감시인에 대하여 회사의 재무적 경영성과와 연동하지 아니하는 별도의 보수지급 및 평가 기준을 마련하여 운영하여야 한다(법25⑥).

금융사지배구조법 제25조 제6항에 따라 준법감시인 및 위험관리책임자의 경우 성과보수 지급이 전면 금지되는지 여부 및 준법감시인 및 위험관리책임자가 다른 업무를 겸직하는 경우, 해당 업무에 근거하여 성과보수 지급이 가능한지 여부이다. 법 제25조 제6항 규정은 준법감시인 및 위험관리책임자가 회사의 경영성과와 연동하는 보수를 받을 경우, 그 본연의 업무 수행과 이해상충 소지가 발생할 수 있으므로 이를 금지하는 취지이다. 따라서 그 보수는 반드시 고정급의 형태일 필요는 없으나, 회사의 경영성과와 연동하지 않는 형태의 보수여야 한다. 준법감시인 및 위험관리책임자가 다른 업무를 겸직하는 경우에, 다른 업무와 관련하여 경영성과와 연동하는 보수를 받게 된다면 해당 성과보수를 추구하는 과정에서 그 본연의 업무 수행과 이해상충 소지가 발생할 수 있으므로 허용되기 어렵다.[4]

5. 위반시 제재

법 제25조 제1항을 위반하여 준법감시인을 두지 아니한 자(제17호), 법 제25조 제2항에 따라 준법감시인을 선임하지 아니한 자(제18호), 법 제25조 제3항에 따른 의결절차(제28조 제2항에서 준용하는 경우를 포함)를 거치지 아니하고 준법감시인을 임면한 자(제19호), 법 제25조 제5항을 위반하여 준법감시인을 선임한 자(제20호)에게는 1억원 이하의 과태료를 부과한다(법43①).

법 제25조 제6항(제28조 제2항에서 준용하는 경우를 포함)을 위반하여 준법감시인에 대한 별도의 보수지급 및 평가 기준을 운영하지 아니한 자(제6호)에게는

---

4) 금융위원회(2016b), 67쪽.

3천만원 이하의 과태료를 부과한다(법43②).

II. 준법감시인의 자격요건

1. 준법감시인의 자격

준법감시인은 다음의 요건을 모두 충족한 사람이어야 한다(법26①).

1. 최근 5년간 금융사지배구조법 또는 금융관계법령을 위반하여 금융위원회 또는 금융감독원장, 그 밖에 대통령령으로 정하는 기관5)으로부터 문책경고 또는 감봉요구 이상에 해당하는 조치를 받은 사실이 없을 것
2. 다음의 어느 하나에 해당하는 사람. 다만, 다음 각 목(라목 후단의 경우는 제외)의 어느 하나에 해당하는 사람으로서 라목 전단에서 규정한 기관에서 퇴임하거나 퇴직한 후 5년이 지나지 아니한 사람은 제외한다.
   가. 금융위원회법 제38조에 따른 검사 대상 기관(이에 상당하는 외국금융회사를 포함)에서 10년 이상 근무한 사람
   나. 금융 관련 분야의 석사학위 이상의 학위소지자로서 연구기관 또는 대학에서 연구원 또는 조교수 이상의 직에 5년 이상 종사한 사람
   다. 변호사 또는 공인회계사의 자격을 가진 사람으로서 그 자격과 관련된 업무에 5년 이상 종사한 사람
   라. 기획재정부, 금융위원회, 증권선물위원회, 감사원, 금융감독원, 한국은행, 예금보험공사, 그 밖에 금융위원회가 정하여 고시하는 금융 관련 기관에서 7년 이상 근무한 사람. 이 경우 예금보험공사의 직원으로서 부실금융회사 또는 부실우려금융회사와 정리 금융회사의 업무 수행을 위하여 필요한 경우에는 7년 이상 근무 중인 사람을 포함한다.
   마. 그 밖에 가목부터 라목까지의 규정에 준하는 자격이 있다고 인정되는 사람으로서 대통령령으로 정하는 사람6)

---

5) "대통령령으로 정하는 기관"이란 다음의 기관을 말한다(영21①).
   1. 해당 임직원이 소속되어 있거나 소속되었던 기관
   2. 금융위원회와 금융감독원장이 아닌 자로서 금융관계법령에서 조치 권한을 가진 자
6) "대통령령으로 정하는 사람"이란 다음의 사람을 말한다(영21②).
   1. 보험계리사 자격을 취득한 후 그 자격과 관련된 업무에 5년 이상 종사한 사람(보험회사에 두는 준법감시인만 해당)
   2. 다음의 기관에서 7년 이상 종사한 사람
      가. 전국은행연합회
      나. 한국금융투자협회

2. 준법감시인의 자격상실 사유

준법감시인이 된 사람이 앞의 법 제26조 제1항 제1호의 요건을 충족하지 못하게 된 경우에는 그 직을 잃는다(법26②).

▍ 금융위원회 질의회신(문서번호 240127, 회신일자 20240508)

[질의]

□ 준법감시인(위험관리책임자) 자격요건 중 "검사대상기관"에 리츠AMC 포함 여부/부동산투자회사법상 자산관리회사가 준법감시인의 근무경력 자격요건 산정 대상이 되는 금융사지배구조법 제26조 제1항 제2호 가목에서 규정한 「금융위원회 설치 등에 관한 법률」("금융위원회법") 제38조에 따른 검사 대상 기관에 해당하는지?

[회신]

□ 부동산투자회사법상 자산관리회사는 금융위원회법 제38조에 따른 검사대상기관이므로, 금융사지배구조법 제26조 제1항 제2호 가목의 검사대상기관에 해당하는 것으로 판단됩니다.

[이유]

□ 금융사지배구조법 제26조 제1항 제2호는 준법감시인의 자격요건으로 "금융위원회법 제38조에 따른 검사 대상 기관에서 10년 이상 근무한 사람일 것"을 규정하고 있으며, 금융위원회법 제38조 제9호는 검사 대상 기관의 하나로 "다른 법령에서 금융감독원이 검사를 하도록 규정한 기관"을 정하고 있습니다.

○ 부동산투자회사법 제39조의2는 금융위원회는 금융감독원의 원장으로 하여금 부동산투자회사등의 업무에 관하여 검사하게 할 수 있으므로, 부동산투자회사법에 따른 자산관리회사는 금융위원회법 제38조의 검사대상기관에 해당하는 것으로 판단됩니다.

다. 보험협회 중 생명보험회사로 구성된 협회
라. 보험협회 중 손해보험회사로 구성된 협회
마. 상호저축은행중앙회
바. 여신전문금융업협회
사. 그 밖에 가목부터 바목까지의 기관에 준하는 기관으로서 금융위원회가 정하여 고시하는 기관[=한국거래소, 한국예탁결제원, 한국투자공사(준법감시인을 선임하려는 금융회사가 금융 투자업자인 경우에 한한다): 금융회사 지배구조 감독규정 제12조].

제2장 위험관리

제1절 위험관리기준

Ⅰ. 위험관리기준 마련의무

금융회사는 자산의 운용이나 업무의 수행, 그 밖의 각종 거래에서 발생하는 위험을 제때에 인식·평가·감시·통제하는 등 위험관리를 위한 기준 및 절차("위험관리기준")를 마련하여야 한다(법27①).

그러나 금융지주회사가 금융회사인 자회사등의 위험관리기준을 마련하는 경우 그 자회사등은 위험관리기준을 마련하지 아니할 수 있다(법27②).

Ⅱ. 위험관리기준의 필요적 포함사항

1. 금융회사의 경우

위험관리기준에는 다음의 사항이 포함되어야 한다(법27③, 영22①).

1. 위험관리의 기본방침
2. 금융회사의 자산 운용 등과 관련하여 발생할 수 있는 위험의 종류, 인식, 측정 및 관리
3. 금융회사가 부담 가능한 위험 수준의 설정
4. 적정투자한도 또는 손실허용한도의 승인
5. 위험관리를 전담하는 조직의 구조 및 업무 분장
6. 임직원이 업무를 수행할 때 준수하여야 하는 위험관리 절차
7. 임직원의 위험관리기준 준수 여부를 확인하는 절차·방법과 위험관리기준을 위반한 임직원의 처리
8. 위험관리기준의 제정이나 변경
9. 위험관리책임자의 임면
10. 그 밖에 위험관리기준에서 정하여 할 세부적인 사항으로서 금융위원회가 정하여 고시하는 사항

위 제10호에서 "금융위원회가 정하여 고시하는 사항"이란 다음을 말한다(감

독규정13①).

1. 금융사고 등 우발상황에 대한 위험관리 비상계획
2. 영 제22조 제2항에 따른 위험관리전담조직의 구성 및 운영
3. 부서별 또는 사업부문별 위험부담한도 및 거래한도 등의 설정·운영
4. 개별 자산 또는 거래가 금융회사에 미치는 영향(잠재적인 영향을 포함)의 평가
5. 위험한도의 운영상황 점검 및 분석
6. 위험관리정보시스템의 운영
7. 장부외 거래기록의 작성·유지
8. 내부적으로 관리할 지급여력수준(해당 금융회사가 보험회사인 경우에 한하여 적용)

2. 금융회사가 금융투자업자인 경우

금융회사가 금융투자업자인 경우에는 위험관리기준에서 다음의 사항을 포함하여야 한다(감독규정13②).

1. 금융투자업자가 내부적으로 관리하여야 할 다음 각 목의 구분에 따른 항목
   가. 1종 금융투자업자: 순자본비율 및 자산부채비율의 수준(일정한 변동범위를 포함)
   나. 2종 금융투자업자: 자기자본 및 최소영업자본액의 수준(일정한 변동범위를 포함)
   다. 3종 금융투자업자: 영업용순자본비율 및 자산부채비율의 수준(일정한 변동범위를 포 함)
2. 운용자산의 내용과 위험의 정도
3. 자산의 운용방법
4. 고위험 자산의 기준과 운용한도
5. 자산의 운용에 따른 영향
6. 콜차입 등 단기차입금 한도
7. 내부적인 보고 및 승인체계
8. 고유재산과 투자자재산 등 자산 및 집합투자재산을 운용하면서 발생하는 위험을 효율적으로 관리하기 위한 다음 각 목의 사항

가. 자산 및 집합투자재산의 운용시 발생할 수 있는 위험의 종류, 인식, 측정 및 관리체계에 관한 내용

나. 금융투자업자 또는 집합투자기구가 수용할 수 있는 위험수준의 설정에 관한 내용

다. 금융투자업규정 제4 - 14조에 따른 장부외거래기록의 작성·유지에 관한 사항

라. 개별 자산 또는 거래가 금융투자업자 또는 집합투자기구에 미치는 영향 (잠재적인 영향을 포함)의 평가에 관한 내용

마. 그 밖의 건전한 자산운용을 위해 필요한 사항

Ⅲ. 위험관리 전담조직 마련의무

금융회사는 금융위원회가 정하여 고시하는 바에 따라 위험관리를 전담하는 조직을 마련하여야 한다(법27③, 영22②).

1. 일반 금융회사: 위험관리 전담조직의 구성·유지와 위험관리책임자의 직무 수행 지원

금융회사는 위험관리업무가 효율적으로 수행될 수 있도록 충분한 경험과 능력을 갖춘 적절한 수의 인력으로 위험관리를 전담하는 조직을 구성·유지하여 ⅰ) 위험한도의 운영상황 점검 및 분석(제1호), ⅱ) 위험관리정보시스템의 운영 (제2호), ⅲ) 위험관리위원회, 이사회, 임원에 대한 위험관리정보의 적시 제공(제3호), ⅳ) 그 밖의 위험관리에 필요한 사항(제4호)에 해당하는 위험관리책임자의 직무수행을 지원하여야 한다(감독규정13③ 본문).

2. 소규모 금융회사: 위험관리책임자 본인만으로 위험관리 조직 운영

자산총액이 1천억원 미만인 금융회사의 경우에는 위험관리책임자 본인만으로 위험관리 조직을 운영할 수 있다(감독규정13③ 단서).

3. 내부통제 및 위험관리 전담조직

금융사지배구조법 시행령 제19조 및 제22조에 따른 위험관리 및 내부통제 전담조직은 반드시 별도의 부서를 의미하는 것인지, 아니면 전담 직원을 두는 것

으로 갈음할 수 있는지 여부이다. 동 법령의 취지는 준법감시인 및 위험관리책임
자의 업무 독립성 차원에서 다른 업무와 별도로 해당 업무를 전담하는 독립된
부서를 갖추라는 의미이다. 따라서 그 인원의 다소 여하는 불문하더라도 일단 독
립된 전담부서는 갖추어져야 한다. 회사의 인력 사정 등에 따라 불가피한 경우
준법감시 전담부서와 위험관리 전담부서를 통합하여 운영하는 것은 가능하다.
다만, 이 경우에도 직무 전념 차원에서 동일 직원이 위험관리와 준법감시 업무를
동시에 수행하지 않도록 하는 것이 바람직할 것이다.[7]

IV. 위반시 제재

법 제27조 제1항을 위반하여 위험관리기준을 마련하지 아니한 자(제21호)에
게는 1억원 이하의 과태료를 부과한다(법43①).[8]

제2절 위험관리책임자

I. 위험관리책임자의 설치

금융회사(자산규모 및 영위하는 업무 등을 고려하여 "대통령령으로 정하는 투자자
문업자 및 투자일임업자"는 제외)는 자산의 운용이나 업무의 수행, 그 밖의 각종 거
래에서 발생하는 위험을 점검하고 관리하는 위험관리책임자를 1명 이상 두어야
한다(법28①).

위에서 "대통령령으로 정하는 투자자문업자 및 투자일임업자"란 투자자문업

---

7) 금융위원회(2016b), 91쪽.
8) 법 제27조 제1항 등에 의하면 집합투자업자는 자산의 운용 등에서 발생하는 위험을 제때
   에 인식·평가·감시·통제하는 등 위험관리를 위한 기준 및 절차를 마련하여야 하고, 위험
   관리기준에는 "집합투자재산의 운용 과정에서 발생하는 위험을 인식·측정 및 관리 체계
   에 대한 내용"과 "우발상황에 대한 위험관리 비상계획" 등을 포함하여야 함에도, A자산운
   용은 2014. 4. 29.~2018. 8. 27.(검사종료일) 기간 중 투자적격등급 미만의 해외 대출채권
   에 주로 투자하는 "A 미국 금리연동 특별자산 모투자신탁" 등 2개 집합투자기구를 해외
   계열사에 위탁하여 운용하면서, 취득한 개별 대출채권의 투자 집중도 관리절차, 대출채권
   차주의 부도 등 신용위험 급변시 위탁운용사의 통보절차, 대출채권의 출자전환에 따라 취
   득하게 되는 비상장주식의 가치산정 준비 절차 및 우발상황 발생시 투자자의 손실 방지
   등을 위한 위험관리 비상계획 등이 포함된 위험관리기준을 마련하지 아니한 사실이 있어
   신분제제, 기관제재, 과태료 제재를 받았다.

이나 투자일임업 외의 다른 금융투자업을 겸영하지 아니하는 자로서 최근 사업연도 말 현재 운용하는 투자일임재산의 합계액이 5천억원 미만인 자를 말한다(영23①, 영20①).

주요업무집행책임자 중 위험관리업무를 담당하는 자와 위험관리책임자는 어떤 차이가 있는지 여부 및 위험관리 책임자와 주요업무집행책임자를 별도로 선임해도 되는지 여부이다. 위험관리책임자는 사내이사 또는 업무집행책임자 중에서 1인 이상 의무적으로 선임해야 한다. 다만, 위험관리책임자 이외에도 위험관리업무에 종사하는 업무집행책임자가 있는 경우에는 해당인을 주요업무집행책임자로 별도로 선임할 수 있다.[9]

즉 금융회사는 법 제28조에 따라 의무적으로[10] 사내이사 또는 업무집행책임자 중에서 위험관리책임자를 선임해야 한다. 다만, 금융회사 내에 위험관리책임자(예: 전무) 이외에도 위험관리업무를 담당하는 임원이 별도로 존재(예: 상무, 이사)하는 경우에는 위험관리책임자 이외에도 위험관리업무에 관여하는 주요업무집행책임자를 별도로 선임할 수 있다. 위험관리책임자 이외에 위험관리업무를 담당하는 임원이 존재하지 않는 경우에는 위험관리업무를 담당하는 주요업무집행책임자를 별도로 선임하지 않아도 된다.

II. 위험관리책임자의 임면, 임기 등

위험관리책임자의 임면, 임기 등에 관하여는 법 제25조(준법감시인의 임면 등) 제2항부터 제6항까지를 준용한다(법28②). 아래서는 준용규정을 살펴본다.

1. 위험관리책임자의 선임과 해임
(1) 선임
(가) 사내이사 또는 업무집행책임자 중 선임
금융회사는 사내이사 또는 업무집행책임자 중에서 위험관리책임자를 선임하여야 한다(법28②, 법25② 본문).

계열회사의 임직원을 해당 금융회사의 비상근 임직원으로 겸직 후 위험관리

---

9) 금융위원회(2016b), 84쪽.
10) 자산규모 5조원 미만(저축은행은 7천억원 미만) 비은행금융회사는 직원으로 임명 가능, 수탁자산 5천억 미만 투자자문·일임업자는 선임의무 면제.

책임자로 선임할 수 있는지 여부이다. 위험관리책임자는 사내이사 또는 업무집행책임자로 선임하여야 하므로, 비상근 임직원은 위험관리책임자가 될 수 없다. 위험관리책임자는 직무의 중요도 및 사내이사·업무집행책임자·계약직원이 아닌 직원 중 선임하여야 함을 감안할 때 비상근 임직원은 위험관리책임자가 될 수 없다.[11]

준법감시인 또는 위험관리책임자를 사내이사 또는 업무집행책임자 중에서 선임할 때 상근을 조건으로 하는지 여부이다. 준법감시인과 위험관리책임자는 상근으로 선임해야 한다. 즉 법 제25조 및 제28조에서는 준법감시인 및 위험관리책임자의 임면 관련 사항을 규정하면서 사외이사가 아닌 사내이사 또는 업무집행책임자 중에서 선임토록 하고, 직원으로 선임을 할 경우에도 기간제·단시간근로자 등을 선임하지 않도록 하고 있으며, 최소한의 임기(2년 이상)를 보장하는 등 독립적이고 안정적으로 업무를 수행하기 위한 장치를 마련토록 하고 있다. 이는 준법감시인 및 위험관리책임자가 수행하는 업무의 중요성을 감안한 것으로, 내부통제 및 위험관리 업무의 효율적 수행 측면에서 볼 때 상근임직원이 수행해야 한다.[12]

(나) 직원 중 선임

자산규모, 영위하는 금융업무 등을 고려하여 "대통령령으로 정하는 금융회사" 또는 외국금융회사의 국내지점은 사내이사 또는 업무집행책임자가 아닌 직원 중에서 위험관리책임자를 선임할 수 있다(법28②, 법25② 단서). 금융회사는 위험관리책임자를 직원 중에서 선임하는 경우「기간제 및 단시간근로자 보호 등에 관한 법률」에 따른 기간제근로자 또는 단시간근로자를 위험관리책임자로 선임하여서는 아니 된다(법28②, 법25⑤).

위에서 "대통령령으로 정하는 금융회사"란 ⅰ) 최근 사업연도 말 현재 자산총액이 7천억원 미만인 상호저축은행(제1호), ⅱ) 최근 사업연도 말 현재 자산총액이 5조원 미만인 금융투자업자(다만, 최근 사업연도 말 현재 운용하는 집합투자재산, 투자일임재산 및 신탁재산의 전체 합계액이 20조원 이상인 금융투자업자는 제외)(제2호), ⅲ) 최근 사업연도 말 현재 자산총액이 5조원 미만인 보험회사(제3호), ⅳ) 최근 사업연도 말 현재 자산총액이 5조원 미만인 여신전문금융회사(제4호)의 어

---

11) 금융위원회(2016b), 73쪽.
12) 금융위원회(2016b), 87쪽.

느 하나에 해당하는 자를 말한다(영20② 본문). 다만, 해당 금융회사가 주권상장
법인으로서 최근 사업연도 말 현재 자산총액이 2조원 이상인 자는 제외한다(영20
② 단서).

(2) 선임과 해임의 이사회 의결

금융회사(외국금융회사의 국내지점은 제외)가 위험관리책임자를 임면하려는 경
우에는 이사회의 의결을 거쳐야 하며, 해임할 경우에는 이사 총수의 3분의 2 이
상의 찬성으로 의결한다(법28②, 법25③).

위험관리책임자의 임면·해임을 위험관리위원회에서 할 수 있는지 여부이
다. 위험관리책임자의 임면·해임은 이사회 의결사항이다. 즉 금융사지배구조법
제28조 제2항에 따라 위험관리책임자의 임면·해임은 준법감사인과 동일하게 이
사회의 결의가 필요한 사항이다. 따라서 위험관리책임자의 임면·해임은 위험관
리위원회에서 결의할 수 없다.[13]

2. 위험관리책임자의 임기

위험관리책임자의 임기는 2년 이상으로 한다(법28②, 법25④).

위험관리책임자가 주요업무집행책임자인 경우 임기는 어떻게 되는지 여부
이다. 위험관리책임자는 임기 2년 이상이 적용되나, 업무집행책임자로 위험관리
책임자를 임면하는 경우에는 법 제8조에 따른 임기제한 규정(3년 이하, 정관이 달
리 정하는 경우 3년 초과 가능)을 추가로 적용받는다. 즉 위험관리책임자는 법 제28
조 제2항 및 법 제25조 제4항에 따라 임기는 2년 이상으로 하여야 한다. 위험관
리책임자를 업무집행책임자로 선임하는 경우에는 위험관리책임자인 동시에 위험
관리 주요업무집행책임자이므로 법 제8조에 따른 임기가 함께 적용되어야 한다.
이 경우에는 정관에 달리 정하는 바가 없다면, 임기는 2년 이상 3년 이하로 하여
야 한다. 다만, 정관에 달리 정하는 경우에는 3년 초과도 가능하다.[14]

준법감시인 및 위험관리책임자 연임시에도 임기를 2년 이상으로 해야 하는
지 여부이다. 준법감시인과 위험관리책임자가 독립적이고 안정적인 업무를 수행
할 수 있도록 임기를 2년 이상으로 규정하고 있으므로, 연임시에도 임기를 2년
이상으로 하여야 한다. 즉 법 제25조 제4항에서는 준법감시인 및 위험관리책임

---

13) 금융위원회(2016b), 72쪽.
14) 금융위원회(2016b), 85쪽.

자가 경영진으로부터 독립하여 안정적으로 직무를 수행할 수 있도록 최소한의 임기를 보장(2년 이상)하고 있다. 금융사지배구조법상 준법감시인 등의 연임에 대하여는 별도로 임기를 규정하고 있지 않으나, 연임 또한 임기의 보장 필요 측면에서 선임의 경우와 달리 볼 이유가 없기 때문에 연임시에도 임기를 2년 이상으로 하여야 한다.15)

3. 별도의 보수지급 및 평가 기준 마련의무

금융회사는 위험관리책임자에 대하여 회사의 재무적 경영성과와 연동하지 아니하는 별도의 보수지급 및 평가 기준을 마련하여 운영하여야 한다(법28②, 법25⑥).

Ⅲ. 위험관리책임자의 자격요건

1. 위험관리책임자의 자격

위험관리책임자는 위험관리에 대한 전문적인 지식과 실무경험을 갖춘 사람으로서 다음의 요건을 모두 충족한 사람이어야 한다(법28③).

1. 최근 5년간 금융사지배구조법 또는 금융관계법령을 위반하여 금융위원회 또는 금융감독원장, 그 밖에 대통령령으로 정하는 기관16)으로부터 문책경고 또는 감봉요구 이상에 해당하는 조치를 받은 사실이 없을 것
2. 다음 각 목의 어느 하나에 해당하는 사람일 것. 다만, 다음 각 목의 어느 하나에 해당하는 사람으로서 다목에서 규정한 기관에서 퇴임하거나 퇴직한 후 5년이 지나지 아니한 사람은 제외한다.
   가. 금융위원회법 제38조에 따른 검사대상기관(이에 상당하는 외국금융회사를 포함)에서 10년 이상 근무한 사람
   나. 금융 관련 분야의 석사학위 이상의 학위소지자로서 연구기관 또는 대학에서 위험관리와 관련하여 연구원 또는 조교수 이상의 직에 5년 이상 종사한 사람
   다. 금융감독원, 한국은행, 예금보험공사, 그 밖에 금융위원회가 정하는 금융

---

15) 금융위원회(2016b), 86쪽.
16) "대통령령으로 정하는 기관"이란 다음의 기관을 말한다(영23②, 영21①).
   1. 해당 임직원이 소속되어 있거나 소속되었던 기관
   2. 금융위원회와 금융감독원장이 아닌 자로서 금융관계법령에서 조치 권한을 가진 자

관련 기관에서 위험관리 관련 업무에 7년 이상 종사한 사람

라. 그 밖에 가목부터 다목까지의 규정에 준하는 자격이 있다고 인정되는 사람으로서 대통령령으로 정하는 사람[17)]

▌금융위원회 질의회신(문서번호 190347, 회신일자 20201112)

[질의]

□ 위험관리책임자 자격 요건 질의: 금융사지배구조법 제28조 제3항 위험관리책임자 자격요건 관련하여 위험관리책임자에게 요구되는 전문적인 지식과 실무경험을 각 금융회사에서 자율적으로 판단할 수 있는지 여부

[회신]

□ 위험관리책임자는 지배구조법 제28조 제3항 각 호의 요건을 모두 충족할 때 자격요건에 적합하다고 인정되며, 해당 금융회사가 위험관리책임자 자격요건에 적합하다는 사실 등을 확인하였다는 것을 반영한 선임 심사표를 작성하고, 이를 금융당국에 보고하여야 합니다.

[이유]

□ 지배구조법 제28조 제1항에 따라 금융회사는 자산의 운용이나 업무의 수행, 그 밖의 각종 거래에서 발생하는 위험을 점검하고 관리하는 위험관리책임자를 1명 이상 두어야 합니다(일부 투자자문업자 및 투자일임업자 제외)

○ 이와 관련, 지배구조법 제28조 제3항에서는 위험관리책임자의 자격요건으로 위험관리에 대한 전문적인 지식과 실무경험을 갖출 것을 규정하고 있습니다.

– 구체적으로는 지배구조법 제28조 제3항 제1호에 따라 최근 5년간 금융당국 등으로부터 문책경고 또는 감봉요구 이상에 해당하는 조치를 받은 사실이 없어야 합니다.

– 또한, 지배구조법 제28조 제3항 제2호에 따라 ① 금융위원회의 설치 등

---

17) "대통령령으로 정하는 사람"이란 영 제21조 제2항 제2호 각 목의 기관에서 위험관리 관련 업무에 7년 이상 종사한 사람을 말한다(영23③). 여기서 영 제21조 제2항 제2호 각 목의 기관은 다음과 같다.

가. 전국은행연합회, 나. 한국금융투자협회, 다. 보험협회 중 생명보험회사로 구성된 협회, 라. 보험 협회 중 손해보험회사로 구성된 협회, 마. 상호저축은행중앙회, 바. 여신전문금융업협회, 사. 그 밖에 가목부터 바목까지의 기관에 준하는 기관으로서 금융위원회가 정하여 고시하는 기관[= 한국거래소, 한국예탁결제원, 한국투자공사(준법감시인을 선임하려는 금융회사가 금융투자업자인 경우에 한한다): 금융회사 지배구조 감독 규정 제12조].

에 관한 법률 제38조에 따른 검사대상기관에서 10년 이상 근무, ② 금융 관련 분야 석사학위 이상의 학위소지자로서 연구기관 또는 대학에서 위험관리와 관련하여 연구원 또는 조교수 이상의 직에 5년 이상 종사, ③ 금융감독원, 한국은행, 예금보험공사 등에서 위험관리 관련 업무에 7년 이상 종사해야 합니다(①~③ 중 어느 하나에 해당하면 됨).

○ 한편, 지배구조법 제30조 제2항, 시행령 제25조, 감독규정 제14조, 감독규정 시행세칙 제6조에 따라 금융회사는 위험관리책임자 선임일로부터 7영업일 내에 법에서 정한 위험관리책임자 자격요건에 적합하다는 사실 등을 확인하였다는 것을 반영한 선임 심사표를 작성하고, 이를 금융당국에 보고하여야 합니다.

▢ 질의하신 사안에서 위험관리책임자는 위험관리에 대한 전문적인 지식과 실무경험을 갖춘 사람이어야 하며, 지배구조법 제28조 제3항 각 호의 요건을 모두 충족할 때 자격요건에 적합하다고 인정됩니다.

○ 한편, 지배구조법 제30조 제2항, 시행령 제25조, 감독규정 제14조, 감독규정 시행세칙 제6조에 따라 금융회사는 위험관리책임자 선임일로부터 7영업일 내에 법에서 정한 위험관리책임자 자격요건에 적합하다는 사실 등을 확인하였다는 것을 반영한 선임 심사표를 작성하고, 이를 금융당국에 보고하여야 합니다.

2. 위험관리책임자의 자격상실 사유

위험관리책임자가 된 사람이 앞의 제28조 제3항 제1호의 요건을 충족하지 못하게 된 경우에는 그 직을 잃는다(법28④).

Ⅳ. 위반시 제재

법 제28조 제1항을 위반하여 위험관리책임자를 두지 아니한 자(제22호)에게는 1억원 이하의 과태료를 부과한다(법43①).

법 제25조 제6항(제28조 제2항에서 준용하는 경우를 포함)을 위반하여 위험관리책임자에 대한 별도의 보수지급 및 평가 기준을 운영하지 아니한 자(제6호)에게는 3천만원 이하의 과태료를 부과한다(법43②).

제3절 선관의무와 겸직금지

I. 겸직금지 업무

준법감시인 및 위험관리책임자는 선량한 관리자의 주의로 그 직무를 수행하여야 하며, 다음의 업무를 수행하는 직무를 담당해서는 아니 된다(법29).

1. 자산운용에 관한 업무
2. 해당 금융회사의 본질적 업무(해당 금융회사가 인가를 받거나 등록을 한 업무와 직접적으로 관련된 필수업무로서 대통령령으로 정하는 업무[18])를 말한다) 및 그 부수업무
3. 해당 금융회사의 겸영(兼營)업무
4. 금융지주회사의 경우에는 자회사등의 업무(금융지주회사의 위험관리책임자가 그 소속 자회사등의 위험관리업무를 담당하는 경우는 제외)
5. 그 밖에 이해가 상충할 우려가 있거나 내부통제 및 위험관리업무에 전념하기 어려운 경우로서 대통령령으로 정하는 업무[19]

---

[18] "대통령령으로 정하는 업무"란 다음의 어느 하나에 해당하는 업무를 말한다(영24①).
  1. 은행법 제27조에 따른 은행업무
  2. 자본시장법에 따라 해당 금융투자업자가 영위하고 있는 업무로서 같은 법 시행령 제47조 제1항에 따른 금융투자업의 종류별로 정한 업무
  3. 보험업법에 따라 해당 보험회사가 취급하는 보험에 관한 업무로서 다음에서 정하는 업무
    가. 보험상품 개발에 관한 업무
    나. 보험계리에 관한 업무(위험관리책임자가 해당 업무를 수행하는 사람인 경우는 예외)
    다. 모집 및 보험계약 체결에 관한 업무
    라. 보험계약 인수에 관한 업무
    마. 보험계약 관리에 관한 업무
    바. 보험금 지급에 관한 업무
    사. 재보험에 관한 업무
    아. 그 밖에 보험에 관한 업무로서 금융위원회가 정하여 고시하는 업무
  4. 상호저축은행법 제11조에 따른 상호저축은행의 업무
  5. 여신전문금융업법 제46조 제1항에 따른 여신전문금융회사의 업무
[19] "대통령령으로 정하는 업무"란 다음의 구분에 따른 업무를 말한다(영24② 본문). 다만, 제20조 제2항에 따른 금융회사 및 외국금융회사의 자산총액 7천억원 미만인 국내지점(자본시장법 제3조 제2항 제2호에 따른 파생상품을 대상으로 하는 투자매매업을 겸영하지 아니하는 경우에 한정)의 경우에는 다음의 구분에 따른 업무를 겸직할 수 있다(영24② 단서).
  1. 위험관리책임자: 법 제25조 제1항에 따른 준법감시인의 내부통제 관련 업무
  2. 준법감시인: 법 제28조 제1항에 따른 위험관리책임자의 위험 점검·관리 업무

▌ 금융위원회 질의회신(문서번호 210280, 회신일자 20230504)

[질의]

▫ (질의 1) 위험관리책임자가 운용자산에 대한 사후관리업무 전반*을 담당할 수 있는지 여부

　* 투자자금 회수가능성 등에 대한 모니터링, 투자자금 회수를 위한 조치 등

▫ (질의 2) 만약 위험관리책임자가 운용자산에 대한 사후관리업무 전반을 담당하는 것이 부적절한 경우, 최소한 위험관리책임자가 운용자산에 대한 모니터링 업무*만을 담당하는 것은 가능한지 여부

　* 투자실적, 투자 승인 후 거래참여자의 신용등급 등 중요 사항의 변경 등 투자자금 회수에 문제가 발생할 수 있는 제반 위험징후를 정기적·비정기적으로 점검하는 업무

[회신]

▫ (질의 1 관련) 위험관리책임자가 운용자산에 대한 사후관리업무 전반을 담당하는 것은 금융사지배구조법에 위반될 수 있을 것으로 판단됩니다.

▫ (질의 2 관련) 위험관리책임자가 고유업무*를 수행하는 과정에서 운용자산에 대한 모니터링 업무만을 담당하는 것은 가능한 것으로 판단됩니다.

　* 자산의 운용이나 업무의 수행, 그 밖의 각종 거래에서 발생하는 위험을 점검하고 관리(지배구조법 제28조 제1항)

○ 다만, 위험관리책임자의 업무 중요성 등을 고려하여 모니터링 업무 시 이해상충 우려, 과도한 업무부담에 따른 직무 충실성 저해 등이 발생하지 않도록 하는 것이 바람직함을 알려드립니다.

[이유]

▫ 지배구조법 제29조는 금융회사의 위험관리책임자가 그 회사의 자산운용에 관한 업무 및 본질적 업무 등을 수행하는 것을 금지하고 있습니다.

○ 한편, 위험관리책임자는 지배구조법 제28조에 따라 고유업무인 자산의 운용이나 업무의 수행, 그 밖의 각종 거래에서 발생하는 위험을 점검하고 관리하는 것은 인정됩니다.

▫ (질의 1 관련) 위의 판단기준을 따를 때, 위험관리책임자가 운용자산에 대한 사후관리업무 전반을 담당하는 것은 금융회사의 자산운용 업무와 밀접한

관련이 있으므로 지배구조법 제29조에 위반될 수 있을 것으로 판단됩니다.

□ (질의 2 관련) 위의 판단기준을 따를 때, 위험관리책임자가 고유업무를 수행하는 과정에서 운용자산에 대한 모니터링 업무만을 담당하는 것은 가능한 것으로 판단됩니다.

○ 위험관리책임자의 고유업무는 자산 운용이나 업무의 수행, 그 밖의 각종 거래에서 발생하는 위험을 점검하고 관리하는 것으로,

‒ 보험업감독규정 제7-6조제3항에서는 위험관리책임자와 위험관리 조직이 영업부서 및 자산운용부서와 독립적으로 운영되도록 하고, 위험관리 조직에서 위험한도의 운용상황 점검 및 분석 등을 수행하도록 하고 있는 점(기존 법령해석 190223 참조)을 고려할 때, 운용자산에 대한 모니터링 업무만을 담당하는 것은 가능한 것으로 판단됩니다.

▌ 금융위원회 질의회신(문서번호 210031, 회신일자 20230504)

[질의]

□ 준법지원부서의 겸직금지업무 해당여부(청구, 수납업무): 여신전문금융회사의 준법감시인이 원리금 청구·수납 업무*를 겸직하는 것이 금융사지배구조법 제29조에 위반되는지 여부

* (청구) 고객에 대한 우편 등을 통한 원리금 청구 업무
 (수납) 고객과의 유선통화를 통해 고객의 일시불 상환 등 수납

[회신]

□ 여신전문금융회사의 준법감시인이 원리금 청구·수납 업무를 겸직하는 것은 이해상충 여지가 없다고 볼 특별한 사정이 있는 경우가 아니라면 겸직하지 않는 것이 바람직합니다.

[이유]

□ 지배구조법 제29조에서는 준법감시인에 대하여 자산운용에 관한 업무, 해당 금융회사의 본질적 업무, 부수업무 및 겸영업무 등의 겸직을 제한하고 있습니다.

○ 이는 준법감시인의 직무충실성을 보장하고 업무상 이해상충 등을 방지하기 위한 것으로, 겸직 가능성은 해당 업무가 준법감시인의 업무와 이해상충 소지

가 있는지 여부를 기준으로 개별적으로 판단하여야 합니다.

□ 한편, 기존 법령해석 회신문(190369 참조)에 따르면, 금융회사의 여신 사후관리(채권관리, 채권추심 등) 업무는 여신심사를 통해 금융회사가 보유하게 된 채권의 사후관리 업무로서 본질적 업무인 여신심사와 밀접하게 연계된 업무인 만큼 이해상충 여지가 없다고 볼 특별한 사정이 있는 경우가 아니라면 겸직하지 않는 것이 바람직합니다.

□ 질의하신 사안의 경우, 여신전문금융회사의 원리금 청구·수납 업무는 채권에 대한 변제 요구 및 채무자로부터 변제 수령 등 채권의 만족을 얻기 위한 일체의 행위로 여신심사를 통해 금융회사가 보유하게 된 채권의 사후관리 업무로서 본질적 업무인 여신심사와 밀접하게 연계된 업무인 만큼 이해상충 여지가 없다고 볼 특별한 사정이 있는 경우가 아니라면 겸직하지 않는 것이 바람직합니다.

▎금융위원회 질의회신(문서번호190369, 회신일자 20201112)

[질의]

□ 금융사지배구조법에서 정한 준법감시인의 겸직금지 업무 관련 질의: 여신전문금융회사의 여신 사후관리 업무(채권관리, 채권추심 등)가 지배구조법 제29조에서 정한 준법감시인 겸직 금지 업무에 해당하는지 여부

[회신]

□ 금융회사 준법감시인이 여신 사후관리 업무를 담당하는 것은 지배구조법 제29조에 따라 겸직이 제한됩니다.

[이유]

□ 지배구조법에서는 직무충실성 보장 및 업무상 이해상충 등을 방지하기 위해 준법감시인이 자산 운용에 관한 업무, 해당 금융회사의 본질적 업무, 부수 업무 및 겸영업무 등을 겸직하는 것을 제한하고 있습니다(지배구조법 제29조, 동법 시행령 제24조).

○ 준법감시인이 금융회사의 본질적 업무인 여신심사 또는 여신 사후관리 업무 등 여신관리와 관련한 전반적 업무를 담당하는 것은 준법감시인의 업무범위를 초과하기 때문에 허용되기 어렵습니다(법령해석 회신문 190065 참조).

□ 질의하신 사안의 경우 여신 사후관리(채권관리, 채권추심 등) 업무는 여신심사를 통해 금융회사가 보유하게 된 채권의 사후관리 업무로서 본질적 업무인

여신심사와 밀접하게 연계된 업무인 만큼 이해상충 여지가 없다고 볼 특별한 사정이 있는 경우가 아니라면 겸직하지 않는 것이 바람직합니다.

▌ 금융위원회 질의회신(문서번호190065, 회신일자 20190604)

[질의]

□ 위험관리책임자의 여신담당부서 관할 가능 여부 질의: 여신협의체 심사를 거치는 것을 조건으로 금융회사 위험관리책임자가 여신심사 부서 및 여신 사후관리 부서를 관할하여 겸직할 수 있는지 여부

[회신]

□ 여신협의체 심사를 거친다고 하더라도 금융회사 위험관리책임자가 여신심사부서 및 여신 사후관리 부서를 관할하여 겸직하는 것은 제한됩니다.

[이유]

□ 금융사지배구조법에서는 위험관리책임자에 대하여 자산운용에 관한 업무, 해당 금융회사의 본질적 업무, 부수업무 및 겸영업무 등의 겸직을 제한하고 있습니다(지배구조법 제29조, 동법 시행령 제24조)

○ 이는 위험관리책임자의 직무충실성 보장 및 업무상 이해상충 등을 방지하기 위한 것으로, 겸직 가능성은 해당 업무가 위험관리책임자의 업무와 이해상충 소지가 있는지 여부를 기준으로 개별적으로 판단하여야 합니다.

○ 다만, 본질적 업무 등이라 하더라도 자산의 운용이나 업무의 수행, 그 밖의 각종 거래에서 발생하는 위험을 점검하고 관리하는 업무 등 위험관리책임자의 고유 업무와 관련이 있는 경우에는 겸직이 가능합니다.

– 예를 들어 위험관리책임자가 여신심사나 자산운용 등과 관련한 심사위원회에서 의결권을 행사하거나 의견을 개진하는 행위 등은 허용됩니다.

○ 그러나 위험관리책임자가 본질적 업무와 관련한 부서를 직접 관장하거나 본질적 업무와 관련한 최종적인 집행권한을 갖는 것은 위험관리 업무의 범위를 넘는 것으로 겸직이 제한됩니다.

○ 따라서 위험관리책임자가 여신 심사 및 여신 사후관리 부서를 직접 관할하는 것은 여신관리와 관련한 전반적 업무를 담당하게 됨으로써 위험관리책임자의 업무범위를 초과하기 때문에 허용되기 어렵습니다.

□ 질의하신 사안의 경우 여신협의체 심사과정을 거친다고 하더라도 위험관

리책임자가 여신 심사부서를 담당하는 조직을 관할하도록 허용할 경우, 위험관
리책임자의 업무수행시 1차적으로 위험관리 측면뿐만 아니라 대출실적 등 경영
실적 측면도 함께 고려할 수밖에 없게 되므로 위험관리 업무와 이해상충 소지가
발생할 우려가 큽니다.

○ 또한, 사후관리(연체관리, 경매진행, 법정관리 등) 업무도 여신심사를 통해
금융회사가 보유하게 된 채권의 사후관리 업무로서 본질적 업무인 여신심사와
밀접하게 연계된 업무인 만큼 이해상충 여지가 없다고 볼 특별한 사정이 있는
경우가 아니라면 겸직하지 않는 것이 바람직합니다.

▌금융위원회 질의회신(문서번호 190038, 회신일자 20190424)

[질의]

▢ 준법감시인의 겸직금지 업무 관련 금융사지배구조법 해석 요청: FATCA/
CRS 업무가 금융사지배구조법에서 정한 준법감시인의 겸직금지 업무에 해당하
는지 여부

※ FATCA: 미국 연방 법률인 「해외 금융 계좌 신고법」(Foreign Account Tax
Compliance Act)에 따라 국내 거주 미국인 계좌 보유자에 대한 정보(이름, 주소, 생
년월일, 계좌정보 등)를 수집·점검하고 국세청에 보고하는 업무

※ CRS: OECD가 마련한 공통보고기준(Common Reporting Standard)에 따라
국내 거주 외국인 계좌 보유자에 대한 정보(이름, 주소, 생년월일, 계좌정보 등)를
수집·점검하고 국세청에 보고하는 업무

[회신]

▢ FATCA/CRS 업무는 국내 거주 외국인 계좌보유자에 대한 정보(이름, 주
소, 생년월일, 계좌정보 등)를 수집·점검하고 국세청에 보고하는 Back office 업무
의 일종입니다.

○ 특히 FTACA/CRS와 관련한 "점검"업무는 금융회사의 법령준수 및 건전
한 경영을 위한 내부통제 업무의 일종으로 준법감시인이 겸직할 수 있습니다.

○ 다만, 자료실사·수집 등 FATCA/CRS와 관련한 "운영"업무의 경우 준법
감시인이 수행할 경우 이해상충이 발생할 수 있는 만큼 겸직이 불가능합니다.

[이유]

▢ 지배구조법에서는 준법감시인에 대하여 자산운용에 관한 업무, 해당 금

융회사의 본질적 업무 및 그 부수업무, 겸영업무 등의 겸직을 제한하고 있습니다(지배구조법 제29조, 동법 시행령 제24조).

ㅇ 이는 준법감시인의 직무충실성 보장 및 업무상 이해상충 등을 방지하기 위한 것으로, 겸직 가능성은 해당 업무가 준법감시인의 업무와 이해상충 소지가 있는지 여부를 기준으로 개별적으로 판단하여야 합니다.

ㅁ 질의하신 사안의 경우, FATCA/CRS 업무는 국내 거주 외국인 계좌보유자에 대한 정보(이름, 주소, 생년월일, 계좌정보 등)를 수집·점검하고 국세청에 보고하는 Back office 업무의 일종으로, 특히 FATCA/CRS와 관련하여 수집된 자료의 적정성을 점검하는 업무는 내부통제 성격을 지닌 업무로서 준법감시인의 겸직이 가능합니다.

ㅇ 다만, 준법감시인이 FATCA/CRS 업무의 실제 운영(자료 실사 및 수집 등)까지 수행할 경우, 점검업무를 소홀히 수행하게 되는 등 이해상충 문제가 발생할 수 있으므로 이러한 운영업무는 준법감시인의 겸직이 불가능합니다.

▌금융위원회 질의회신(문서번호 170461, 회신일자 20180607)

[질의]

ㅁ 준법감시인의 여신 및 투자심의위원회 의결권 행사 가능 여부: 금융사지배구조법 제29조(겸직금지 등) 및 금융위원회의 "금융회사의 지배구조에 관한 법률 설명서"(2016.10.)에 따라 준법감시인이 여신 및 투자심의위원회에서 의결권을 행사하는 것이 허용되는 겸직인지 여부

[회신]

ㅁ 준법감시인이 금융사지배구조법 제25조에 따른 본연의 업무인 내부통제기준의 준수 여부 점검 등을 수행하기 위해 여신 및 투자심의위원회에 참여하여 의결권을 행사하는 것은 허용됩니다.

[이유]

ㅁ 금융사지배구조법 제29조는 준법감시인 및 위험관리책임자가 자산운용에 관한 업무 및 해당 금융회사의 본질적 업무 등을 겸직하는 것을 금지하고 있습니다.

ㅇ 여기서 겸직금지란 준법감시인 및 위험관리책임자가 본연의 업무 이외에 다른 업무를 수행하는 것을 금지하는 것이므로, 준법감시인이 본연의 업무를 수

행하는 과정에서 금융회사의 자산운용에 관한 업무나 본질적 업무와 관련한 업무를 겸하는 것은 같은 법제29조의 취지에 저촉되지 않습니다.

　　□ 질의하신 사안과 관련하여, 준법감시인은 지배구조법 제25조에 따라 내부통제기준의 준수 여부 점검 등 내부통제기준 위반행위에 대한 조사 업무를 수행할 직무상 책임이 있으므로,

　　○ 여신 및 투자결정 과정에서의 내부통제기준 준수 여부 등을 점검하기 위해 심의위원회에 참석하여 의견을 개진하거나, 의결권을 행사*하는 것은 지배구조법 제29조에 따른 겸직 제한에 위배되지 않는다고 판단됩니다.

> * 다수의 위원으로 구성된 위원회에서 단독 일인의 의결권 행사 결과만을 가지고 위원회 전체의 심의 결과가 확정되지는 않으므로, 준법감시인의 의결권 행사 행위 자체만으로 여신 및 투자 결정 관련 최종적(단독적) 의사결정(승인) 권한을 가진다고 보기 어려움

　　○ 다만 본질적 업무 수행과 관련한 최종적(단독적) 의사결정 권한을 갖는 것은 본연의 업무범위를 초과하므로 불가합니다.

▌금융위원회 질의회신(문서번호 180087, 회신일자 20180607)

[질의]

　　□ 금융사지배구조법 제29조에 따라 위험관리 책임자와 동일한 법규정 적용을 받는 회사의 준법감시인이 투자심사위원회의 위원으로 투자심사위원회의 기업대출 등과 관련한 안건에 의결권을 행사할 수 있는지 여부

[회신]

　　□ 준법감시인 금융사지배구조법 제25조에 따른 본연의 업무인 내부통제기준의 준수 여부 점검 등을 수행하기 위해 투자심사위원회에 참여하여 의결권을 행사하는 것은 허용됩니다.

[이유]

　　□ 금융사지배구조법 제29조에 따라 금융회사의 준법감시인은 직무전념성 보장 및 업무상 이해상충 방지 등을 위해 자산운용에 관한 업무, 해당 금융회사의 본질적 업무 등의 겸직이 원칙적으로 제한됩니다.

　　□ 다만, 준법감시인은 금융사지배구조법 제25조에 따라 내부통제기준의 준수 여부 점검 등 내부통제기준 위반행위에 대한 조사 업무를 수행할 직무상 책임이 있으므로,

○ 여신심사나 자산운용 등의 과정에서 내부통제기준 준수 여부 점검 등 본연의 업무를 수행하기 위해 투자심사위원회에 참석하여 의견을 개진하거나, 의결권을 행사하는 것은 허용됩니다.

▌ 금융위원회 질의회신(문서번호 170233, 회신일자 20170718)

[질의]

□ 위험관리책임자의 겸직금지 조항의 해석: 위험관리책임자가 다음의 업무를 수행하는 것이 금융사지배구조법 제29조에 따른 위험관리책임자의 겸직금지 의무에 위배되는 것인지 해석을 요청함

① (질의 1) 여신심사 및 여신승인 단계에서 여신심사부서가 금융회사의 여신취급 내규에 벗어나는 업무처리를 할 수 있도록 위험관리책임자가 승인권을 행사하는 것이 겸직금지 의무에 위배되는지

* ① 내부신용등급평가시 특례 승인: 특정 차주에 대한 1단계 이상의 등급 상향 조정(Override), 신용등급평가모형 적용이 불분명할 경우 어떠한 방식으로 신용등급을 평가하여야 하는지에 대한 결정권한, 모회사 지원요건에 대한 예외승인

② 적격담보/보증 인정요건에 미치지 못하는 담보/보증에 대한 예외승인

④ 상품규정에서 정한 최대여신기간을 초과하는 여신을 실행하는 것에 대한 예외승인

② (질의 2) 여신심사 이전 단계 또는 여신실행 이후 사후관리 단계에서 관련부서가 금융회사의 내규에 벗어나는 업무처리를 할 수 있도록 위험관리책임자가 승인권을 행사하는 것이 겸직금지 의무에 위배되는지

* ④ 여신심사단계 이전: 여신실행을 위한 채권/약정 서류가 완비되기 전에 여신실행을 할 수 있도록 예외승인

⑤ 여신실행단계 이후: 차주 사후관리업무와 관련하여 정해진 요건에 대한 예외승인

[회신]

□ (질의 1 관련) 여신심사 내규에 대한 제개정 권한을 갖는 위험관리위원회

또는 그 위임을 받은 하부위원회에서 여신심사 내규에 대한 예외조치의 승인 권한을 위험관리책임자에게 부여하는 경우에는 위험관리책임자가 상기 예외조치에 대한 승인 권한을 가질 수 있을 것입니다. 다만, 이 경우에도 금융사지배구조법 제29조에 따른 위험관리책임자의 겸직 금지 의무를 형해화하는 수준의 권한을 행사해서는 안 될 것입니다.

  □ (질의 2 관련) 여신심사 내규에 대한 제개정 권한을 갖는 위험관리위원회 또는 그 위임을 받은 하부위원회에서 여신심사 이전 및 여신실행 이후 단계에서의 업무 취급내규와 관련한 예외조치의 승인 권한을 위험관리책임자에게 부여하는 경우에는 위험관리책임자가 상기 예외조치에 대한 승인 권한을 가질 수 있을 것입니다. 다만, 이 경우에도 지배구조법 제29조에 따른 위험관리책임자의 겸직 금지 의무를 형해화하는 수준의 권한을 행사해서는 안 될 것입니다.

  [이유]

  □ (질의 1 관련) 지배구조법 제21조 제4호에 따라 금융회사의 여신취급 내규 등 위험관리와 관련한 사항을 규율하는 위험관리기준에 대한 제·개정 권한은 위험관리위원회에 귀속됩니다. 따라서 여신심사 내규에 대한 제개정 권한을 갖는 위험관리위원회 또는 그 위임을 받은 하부위원회에서 여신심사 내규에 대한 예외조치의 승인 권한을 위험관리책임자에게 부여하는 경우에는 위험관리책임자가 상기 예외조치에 대한 승인 권한을 가질 수 있을 것입니다.

  ○ 다만, 지배구조법 제29조 및 시행령 제24조는 위험관리책임자가 금융회사의 자산운용에 관한 업무나 인허가받은 본질적 업무 등을 겸임하는 것을 금지하고 있습니다. 이를 감안할 때, 위험관리책임자가 여신심사 내규와 관련한 예외조치 승인 권한을 행사하는 경우에도 그 내용이 대출 승인여부의 최종적인 결정과 관련되는 등 위험관리책임자의 겸직 금지 의무를 형해화하는 수준의 권한을 행사하는 것이어서는 안 될 것입니다.

  □ (질의 2 관련) 여신실행과 관련한 서류의 점검이나 여신실행 단계 이후의 차주에 대한 사후관리 업무 등과 관련한 내규가 금융회사의 위험관리기준에 포함되는 경우, 이에 대한 최종적인 결정 권한은 위험관리위원회에 귀속됩니다. 따라서 위험관리위원회 또는 그 위임을 받은 하부위원회에서 동 내규에 대한 예외조치의 승인 권한을 위험관리책임자에게 부여하는 경우에는 위험관리책임자가 상기 예외조치에 대한 승인 권한을 가질 수 있을 것입니다.

○ 다만, 지배구조법 제29조 및 시행령 제24조는 위험관리책임자가 금융회사의 자산운용에 관한 업무나 인허가받은 본질적 업무 등을 겸임하는 것을 금지하고 있습니다. 이를 감안할 때, 위험관리책임자가 동 내규에 대한 예외조치 승인 권한을 행사하는 경우에도 그 내용이 대출실행 및 대출채권 관리와 관련한 최종적인 의사결정을 포함하는 등 위험관리책임자의 겸직 금지 의무를 형해화하는 수준의 권한을 행사하는 것이어서는 안 될 것입니다.

▌ 금융위원회 질의회신(문서번호 160775, 회신일자 20161019)

[질의]

▫ 금융사지배구조법 제29조 제2호 및 동법 시행령 제24조 제1항 제3호 나목에 해당하는 "보험계리에 관한 업무"를 위험관리책임자가 겸직할 수 있다면 이 보험계리에 관한 업무에 "보험수리에 관한 업무"도 포함되는 것인지 여부

* 입법연혁 및 표준 대국어사전상 의미로 보아 보험계리와 보험수리는 비슷한 개념

○ 당사의 조직은 보험수리팀과 계리지원파트로 분리하여 업무를 수행하고 있음

[회신]

위험관리책임자의 겸직제한 업무 여부는 업무의 명칭이 아닌 업무의 성격에 따라 판단되어야 합니다.

○ 귀사가 수행하는 보험수리에 관한 업무가 보험업법상 보험계리 업무의 정의와 사실상 동일한 업무이거나, 그 외 이 법 또는 다른 법령에서 제한하고 있지 않은 업무라면 위험관리책임자가 겸직할 수 있습니다.

○ 그러나 언급하신 보험수리 업무가 보험상품 개발 등 법령에서 위험관리책임자의 겸직이 금지된 금융회사의 본질적 업무를 포함하는 경우에는 위험관리책임자가 해당 업무를 수행하는 부서를 관할할 수 없다고 판단됩니다.

[이유]

▫ 보험업법은 "보험수리"업무에 대해 별도로 정의하고 있지 않으므로, 귀사가 언급하신 보험수리 업무가 위험관리책임자의 겸직이 금지되는 본질적 업무인지 여부를 판단하기 위해서는 그 명칭이 아니라 그 업무의 성격을 구체적으로 따져 보아야 할 것입니다.

□ 보험업법령은 "보험계리"를 "보험료 산출 및 책임준비금 계상의 적정성을 확인하는 등 위험보장 등과 관련하여 보험회사가 수입하거나 적립하는 금액을 통계적·수리적 방법으로 계산하거나 평가하는 행위를 말한다"고 정의하고 있습니다.

○ 언급하신 보험수리에 관한 업무가 상기 보험업법령상 보험계리 업무와 동일하거나 이에 포함되는 업무라면 위험관리책임자의 겸직이 가능할 것입니다.

○ 그러나 언급하신 보험수리 업무가 보험상품의 개발이나 보험금 지급 등 금융사지배구조법상 보험회사의 본질적 업무를 포함하는 경우에는 위험관리책임자가 해당업무를 수행하는 부서를 관할할 수 없다고 판단됩니다.

▎**금융위원회 질의회신(문서번호 210438, 회신일자 20240425)**

[질의]

□ 위험관리 전담 부서에서 투자심사위원회 운영 업무 가능 여부 질의/자산운용사의 위험관리책임자가 관할하는 위험관리 전담 부서(리스크관리팀)에서 투자심사위원회 소집·운영 등 간사 업무를 수행하는 것이 금융사지배구조법상 겸직 금지 규정에 반하는지 여부

[회신]

□ 위험관리책임자가 금융지배구조법 제28조에 따라 자산의 운용이나 업무의 수행, 그 밖의 각종 거래에서 발생하는 위험을 점검하고 관리하는 업무를 넘어서 자산 운용 등에 관한 업무를 수행하는 것으로 판단된다면 겸직 금지 규정에 위반됩니다.

[이유]

□ 금융사지배구조법 제29조는 금융회사의 위험관리책임자가 자산운용에 관한 업무 및 해당 금융회사의 본질적 업무 등을 겸직하는 것을 금지하고 있습니다.

○ 다만 위험관리책임자는 제28조에 따라 자산의 운용이나 업무의 수행, 그 밖의 각종 거래에서 발생하는 위험을 점검하고 관리하는 업무를 수행하므로 위험관리책임자가 그러한 업무의 수행 차원에서 회사의 자산운용 및 본질적 업무 등에 관여하는 경우에는 겸직이 가능합니다.

○ 그러나 위험관리책임자가 본질적 업무 등을 수행하는 부서를 직접 관장

하거나 본질적 업무에 관한 최종적인 집행권한을 갖는 것은 위험관리 업무의 범위를 넘는 것으로 겸직이 제한됩니다.

ㅁ 따라서 위험관리책임자가 투자심사위원회에 참석하여 심의, 의결 업무를 수행하는 것은 위험관리책임자의 업무의 수행의 일환으로 금융사지배구조법 제29조에 따라 겸직이 금지되는 업무에 해당하지 않습니다(기존 법령해석 회신문 160781 참조).

ㅇ 다만, 투자심사위원회의 운영 등 간사 업무를 수행하는 것이 이러한 위험관리책임자의 업무 수행을 넘어서, 지배구조법 제28조에서 금지하고 있는 자산 운용에 관한 업무를 수행하는 것이 된다면 겸직 금지를 위반할 소지가 있다고 판단되며, 이는 각 자산운용사별 투자심사위원회의 기능 및 역할, 운영업무의 양태 등 구체적 사실관계에 따라 달라질 것으로 판단됩니다.

▋ 금융위원회 질의회신(문서번호 230111, 회신일자 20240617)

[질의]

ㅁ 여심심사담당 부서장의 위험관리책임자 겸직 가능 여부 질의/금융회사의 리스크관리팀이 여신심사 업무를 수행하는 경우, 리스크관리팀 부서의 장이 위험관리책임자를 겸직할 수 있는지 여부

※ (참고) 여신 및 투자 심사는 여신심사위원회(대표이사가 의장, 리스크관리부서장 참여)의 의결로 가부가 결정되고, 가결된 여신 취급은 전결규정에 따른 최종 결재권자 결재 시 실행

[회신]

ㅁ 여신심사위원회의 의결을 거친다고 하더라도, 금융회사의 위험관리자가 여신심사부서를 관할하여 겸직하는 것은 금융사지배구조법 제29조 및 동법 시행령 제24조에 따라 제한됩니다.

[이유]

ㅁ 금융사지배구조법 제29조 및 동법 시행령 제24조는 위험관리책임자에 대하여 자산운용에 관한 업무 및 해당 금융회사의 본질적 업무 등의 겸직을 제한하고 있습니다.

ㅇ 이는 위험관리책임자의 직무충실성 보장 및 업무상 이해상충 등을 방지하기 위한 것으로 겸직 가능성은 해당 업무가 위험관리책임자의 업무와 이해상

충 소지가 있는지 여부를 기준으로 개별적으로 판단합니다.

    ○ 다만, 본질적 업무라 하더라도 자산의 운용이나 업무의 수행, 그 밖의 각종 거래에서 발생하는 위험을 점검하고 관리하는 등 위험관리책임자의 고유 업무와 관련이 있는 경우에는 겸직이 가능합니다.

    – 예를 들어 위험관리책임자가 여신심사나 자산운용 등과 관련한 심사위원회에서 의결권을 행사하거나 의견을 개진하는 행위 등은 허용됩니다.

    ○ 그러나 위험관리책임자가 본질적 업무와 관련한 부서를 직접 관장하거나 본질적 업무와 관련한 최종적인 집행권한을 갖는 것은 위험관리 업무의 범위를 넘는 것으로 겸직이 제한됩니다.

    ○ 따라서 위험관리책임자가 여신심사부서를 직접 관할하는 것은 여신관리 관련 전반적인 업무를 담당하게 되는 것으로 위험관리책임자의 업무범위를 초과하기 때문에 허용되지 않는 것으로 판단됩니다.

    (금융위원회 '16. 10. 14 보도자료 '금융회사 지배구조법 관련 주요 문의사항에 대한 법령해석집 배포' 76번 위험관리책임자의 겸직① 및 77번 위험관리책임자의 겸직② 참조)

    □ 사안의 경우, 여신심사위원회의 의결을 거친다고 하더라도 위험관리 책임자가 여신심사를 담당하는 조직을 관할하는 경우, 위험관리책임자의 업무 수행 시 위험관리 측면뿐 아니라 대출실적 등 경영실적 측면도 함께 고려하게 됨에 따라 위험관리 업무와 이해상충 소지가 발생할 우려가 있을 것으로 판단됩니다(법령해석 회신문 190065 참조).

II. 위험관리책임자 겸직

    위험관리책임자가 해당 금융회사내의 겸직금지업무로 명시되지 않은 인사, 총무, 법무 등 업무 수행 가능 여부이다. 법 제29조는 위험관리책임자의 직무충실성 보장 및 업무상 이해상충 등을 방지하기 위해 겸직금지 업무(자산운용, 해당 금융회사의 본질적업무·그 부수업무 등)를 규정하고 있다. 인사, 총무, 법무 등의 업무는 법상 겸직이 제한되는 업무로 보기 어려운 만큼, 다른 법령상 제한이 없다면 겸직이 가능하다. 다만, 준법감시인과 위험관리책임자는 선량한 관리자의 주의로 그 직무를 수행하여야 하며, 업무의 중요도를 감안할 때 꼭 필요한 경우가 아니라면 겸직을 하지 않는 것이 바람직하다.[20]

    본질적 업무 등이라 하더라도 위험관리책임자의 고유업무와 관련이 있는 경

우에는 위험관리책임자가 수행할 수 있다. 예를 들어 위험관리책임자가 여신심
사나 자산운용 등과 관련한 심사위원회에서 의결권을 행사하거나 의견을 개진하
는 행위 등은 가능하다. 다만, 위험관리책임자가 본질적 업무와 관련한 부서를
직접 관장하거나 본질적 업무와 관련한 최종적인 집행권한을 갖는 것은 위험관
리 업무의 범위를 넘는 것으로 허용되기 어렵다.[21]

III. 위반시 제재

법 제29조를 위반하여 준법감시인 또는 위험관리책임자가 같은 조 각 호의
어느 하나에 해당하는 업무를 수행하는 직무를 담당하거나 준법감시인 또는 위
험관리책임자에게 이를 담당하게 한 자(제7호)에게는 3천만원 이하의 과태료를
부과한다(법43②).

제4절 금융회사의 의무

I. 직무의 독립 수행 보장의무

금융회사는 준법감시인 및 위험관리책임자가 그 직무를 독립적으로 수행할
수 있도록 하여야 한다(법30①).

준법감시인 및 위험관리책임자가 그 직무를 "독립적으로 수행할 수 있도록
하여야 한다"의 의미가 독립적인 기구를 편제하거나 다른 조직에 소속됨이 없이
대표이사 직속이어야 한다는 의미인지 여부이다. 내부통제·위험관리업무에 대한
독립성을 보장하라는 취지이지, 반드시 대표이사의 직속이어야 한다는 의미는
아니다. 즉 법 제30조 제1항은 "금융회사는 준법감시인 및 위험관리책임자가 그
직무를 독립적으로 수행할 수 있도록 하여야 한다"고 규정하고 있다. 이는 준법
감시인 및 위험관리책임자를 그 업무와 이해상충 소지 등이 발생할 수 있는 업
무를 관할하는 상위임원 산하에 배속하는 등 독립적 직무수행이 어려운 조직편
제를 하여서는 아니된다는 의미이다. 조직편제상 이해상충 방지 장치 등이 충분
히 갖추어진 경우에는 위험관리책임자 및 준법감시인을 반드시 대표이사 직속으

---

20) 금융위원회(2016b), 65쪽.
21) 금융위원회(2016b), 77쪽.

로 둘 필요는 없으며 다른 임원 산하에 두는 것도 가능하다.[22]

II. 임면 보고

금융회사는 준법감시인 및 위험관리책임자를 임면하였을 때에는 그 사실을 금융위원회에 보고하여야 한다(법30②).

1. 보고기한

금융회사는 준법감시인 또는 위험관리책임자를 임면하였을 때에는 그 사실을 금융위원회에 임면일부터 7영업일 이내에 보고하여야 한다(법30②, 영25①). 이에 따라 임면 보고는 선임 또는 해임일로부터 7영업일 이내에 [별지 제7호서식]으로 한다(영25②, 감독규정14②, 감독규정 시행세칙6).

2. 보고 내용

금융회사는 준법감시인 및 위험관리책임자를 임면하였을 때에는 ⅰ) 선임한 경우: 성명 및 인적사항, 법에서 정한 자격요건에 적합하다는 사실, 임기 및 업무범위에 대한 사항(제1호), ⅱ) 해임한 경우: 성명, 해임 사유, 향후 선임일정 및 절차(제2호)를 감독원장에게 보고하여야 한다(영25①, 감독규정14①).

III. 자료 또는 정보 제출 요구시 응할 의무

금융회사 및 그 임직원은 준법감시인 및 위험관리책임자가 그 직무를 수행할 때 필요한 자료나 정보의 제출을 요구하는 경우 이에 성실히 응하여야 한다(법30③).

IV. 부당한 인사상 불이익 금지의무

금융회사는 준법감시인 및 위험관리책임자였던 사람에 대하여 그 직무수행과 관련된 사유로 부당한 인사상의 불이익을 주어서는 아니 된다(법30④).

---

22) 금융위원회(2016b), 89쪽.

V. 위반시 제재

법 제30조 제2항을 위반하여 준법감시인 및 위험관리책임자의 임면사실을 보고하지 아니하거나 거짓으로 보고한 자(제8호)에게는 3천만원 이하의 과태료를 부과한다(법40②).

제3장 임원의 내부통제등 관리의무 등

제1절 임원의 내부통제등 관리의무

임원의 내부통제등 관리의무에 관한 아래 내용은 2024년 1월 2일 신설되어 2024년 7월 3일부터 시행된다.[23]

I. 임원의 관리조치

금융회사의 임원(해당 금융회사의 책무에 사실상 영향력을 미치는 다른 회사 임원을 포함하며, 금융회사의 자산규모, 담당하는 직책의 특성 등을 고려하여 "대통령령으로 정하는 임원"을 제외하거나 "대통령령으로 정하는 직원"을 포함한다. 이하 이 조, 제30조의3 및 제35조의2에서 같다)은 책무구조도에서 정하는 자신의 책무와 관련하여 내부통제 및 위험관리("내부통제등")가 효과적으로 작동할 수 있도록 다음의 관리조치를 하여야 한다(법30의2①).

1. 이 법 및 금융관계법령에 따른 내부통제기준 및 위험관리기준("내부통제기준등")이 적정하게 마련되었는지 여부에 대한 점검
2. 내부통제기준등이 효과적으로 집행·운영되고 있는지 여부에 대한 점검
3. 임직원이 법령 또는 내부통제기준등을 충실하게 준수하고 있는지 여부에 대한 점검

---

23) [신설 2024.1.2] [시행일 2024.7.3.]. 부칙[2024.1.2. 제19913호] 제4조(내부통제등 관리의무에 대한 적용례) 제30조의2 및 제30조의4의 개정규정은 부칙 제6조에 따라 최초로 책무구조도를 작성하여 금융위원회에 제출한 경우부터 적용한다.

4. 제1호부터 제3호까지에 따른 점검 과정에서 알게 된 법령 및 내부통제기준 등의 위반사항이나 내부통제등에 관한 미흡한 사항에 대한 시정·개선 등 필요한 조치

5. 제1호부터 제4호까지에 따른 조치에 준하는 조치로서 내부통제등의 효과적 작동을 위하여 "대통령령으로 정하는 관리조치"

여기서 "대통령령으로 정하는 임원", "대통령령으로 정하는 직원", "대통령령으로 정하는 관리조치"는 아래와 같다.

1. 대통령령으로 정하는 임원

"대통령령으로 정하는 임원"이란 사외이사(법 제13조 제1항에 따른 이사회 의장인 사외이사는 제외)를 말한다(영25의2①).

2. 대통령령으로 정하는 직원

"대통령령으로 정하는 직원"이란 다음의 자를 말한다(영25의2②).

1. 법 제25조 제2항 단서에 따라 선임되는 준법감시인
2. 법 제28조 제2항에서 준용하는 법 제25조 제2항 단서에 따라 선임되는 위험관리책임자
3. 그 밖에 금융회사의 자산규모, 담당하는 직책의 특성 등을 고려하여 금융위원회가 정하여 고시하는 자

앞의 제3호에서 "그 밖에 금융위원회가 정하여 고시하는 자"란 담당 업무에서 임원에 준하여 해당 업무를 수행하는 직원을 말하며, 해당 업무를 담당하는 임원이 없는 경우에 한한다(감독규정14의2).

실무적으로 임원에 준하여 해당 업무를 수행하는 직원은 시행령 [별표 1]의 Ⅰ. 지정 책임자가 총괄적으로 수행하는 책무를 담당하는 직원과 대표이사 직할 부서로서 해당 부서의 장이 직원인 경우가 해당된다.

3. 대통령령으로 정하는 관리조치

위 제5호에서 "대통령령으로 정하는 관리조치"란 다음의 조치를 말한다(영

25의2③).

1. 법 제30조의2 제1항 제4호에 따른 조치의 이행 여부에 대한 점검
2. 임직원이 법령 또는 법 제30조의2 제1항 제1호에 따른 내부통제기준등("내부통제기준등")을 준수하도록 하기 위하여 필요한 교육·훈련 등의 지원
3. 법 제30조의2 제1항 제1호부터 제3호까지의 규정에 따른 점검 과정에서 임직원의 법령 또는 내부통제기준등의 위반 사항이나 내부통제 및 위험관리("내부통제등")에 관한 미흡 한 사항을 알게 된 경우 해당 임직원에 대해 조사 및 제재조치를 할 것을 소속 금융회사에 요구하는 것

II. 임원의 대표이사등에 대한 보고사항

금융회사의 임원은 다음의 사항에 관하여 대표이사(상법에 따른 집행임원을 둔 경우에는 대표집행임원, 외국금융회사의 국내지점의 경우 그 대표자를 포함하며, 이하 "대표이사등")에게 보고하여야 한다(법30의2②).

1. 제1항 각 호에 따른 관리조치의 내용과 결과
2. 제1항에 따른 관리조치를 수행하는 과정에서 알게 된 내부통제등에 관한 사항
3. 제1호 및 제2호에 준하는 사항으로서 대통령령으로 정하는 사항

III. 관리조치와 보고 등에 관한 사항

앞의 제1항에 따른 관리조치 및 제2항에 따른 보고 등에 관하여 필요한 사항은 대통령령으로 정한다(법30의2③).

제2절 책무구조도

책무구조도에 관한 아래 내용은 2024년 1월 2일 신설되어 2024년 7월 3일부터 시행된다.[24]

---

24) [신설 2024.1.2] [시행일 2024.7.3.].

I. 책무구조도의 도입배경

앞으로 심각한 불완전판매나 직원의 대규모 횡령 같은 대형 금융사고가 발생할 경우 금융지주 회장이나 은행장 같은 최고경영자(CEO)도 법적 책임을 지고 금융당국의 제재를 받는다. 지금은 금융사고가 터져도 행위자와 상위 감독자만 제재를 받을 뿐 CEO에게는 책임을 물을 수 없어 처벌 "무풍지대"에 있다는 지적이 많았다.

윤석열 정부는 2019년 외국 금리 연계 파생결합펀드(DLF) 사태, 2020년 라임·옵티머스 사건, 은행 직원 횡령 등의 금융사고가 잇따르자 금융사고 예방 및 원천 봉쇄를 주요 국정 과제로 정했다. 이후 학계·법조계 전문가, 금융회사들과 문제 해결을 위한 논의를 시작해 2023년 6월 "금융회사 내부통제 제도개선 방안"을 발표하고 관련 법령 개정을 추진해왔다. 당시 개선안의 핵심 내용이 책무구조도 제도의 도입이었다. 이사회의 내부통제 책임을 강화하는 내용도 포함되었다. 내부통제 관련 사항을 이사회 심의·의결 대상에 넣고, 이사회 내에 내부통제위원회를 신설하는 조치 등이다.

개정 전 금융사지배구조법에도 내부통제 기준 마련 의무와 관련 절차 등이 명시되어 있지만, 구체적 책무가 임원별로 정해져 있지 않아 유명무실하다는 지적이 많았다. 사고가 터지면 담당 임원이나 CEO들은 "하급자의 위법 행위를 알 수 없었다"고 하면서 빠져나갈 수 있기 때문이다. 하지만 책무구조도가 도입되면 금융회사가 수십 가지 책무 예시를 참고해 임원별 책무를 정한 뒤 금융당국에 제출해야 한다. CEO에게는 책무구조도 작성의무가 따른다. 또 조직적이고 장기간에 걸쳐 반복적으로 문제가 발생할 경우 시스템적 실패에 대한 최종 책임을 CEO가 져야 한다. 2019년 우리은행 DLF 사태 당시 은행장이었던 손태승 전 우리금융 회장은 내부통제 제도를 제대로 운용하지 못한 책임으로 금융당국의 중징계를 받았다가 징계취소 소송을 내서 승소했는데, 앞으론 이런 사례가 다시 나오기 어렵게 되는 것이다. 금융위원회 관계자는 "앞으로는 CEO나 임원이 금융사고에 대해 '몰랐다'고 하면 끝나는 것이 아니라 어떤 노력을 기울였는지 소명해야 면직·정직 등의 제재를 피할 수 있다"고 말했다.[25]

---

25) 조선일보(2024), "직원 횡령사고 터지면 은행장도 처벌받는다", 2024. 6. 12. 조선일보 기사.

Ⅱ. 대표이사등의 책무구조도 마련의무

1. 책무구조 관련 법령

금융회사의 대표이사등은 제30조의2(임원의 내부통제등 관리의무)에 따른 관리의무를 이행하여야 하는 임원과 임원의 직책별로 금융사지배구조법, 상법, 형법, 금융관계법령 및 그 밖에 대통령령으로 정하는 금융 관련 법령에서 정한 사항으로서 대통령령으로 정하는 책무를 배분한 문서("책무구조도")를 마련하여야 한다(법30의3①)...

위에서 "대통령령으로 정하는 금융 관련 법령"이란 ⅰ) 개인정보 보호법(제1호), ⅱ) 공익신고자 보호법(제2호), ⅲ) 공정거래법(제3호), ⅳ) 마약거래방지법(제4호), ⅴ) 범죄수익은닉규제법(제5호), ⅵ) 약관규제법(제6호), ⅶ) 통신사기피해환급법(제7호), ⅷ) 특정경제범죄법(제8호), ⅸ) 그 밖에 금융위원회가 정하여 고시하는 법률(제9호)을 말한다(영25의3①).

2. 책무의 구체적인 내용

위 1.에서 "대통령령으로 정하는 책무"란 [별표 1]에 따른 책무를 말한다(영25의3②).

책무구조도에 포함되어야 할 책무는 금융관계법령등[26]에 따라 금융회사 또는 금융회사 임직원이 준수해야 하는 사항에 대한 내부통제등의 집행 및 운영에 대한 책임을 의미하며, ⅰ) 특정 책임자를 지정하여 수행하게 하는 업무와 관련한 책무, ⅱ) 금융회사가 인허가 등을 받은 업무와 관련한 책무, ⅲ) 금융회사가 인허가 등을 받은 업무의 영위를 위해 수행하는 경영관리 관련 책무로 구분하였다.

[별표 1] 책무(제25조의3 제2항 관련)

구분	책무
1. 지정 책임자가 총괄적으로 수행하는 책무	가. 책무구조도의 마련·관리 업무와 관련된 책무
	나. 내부감사업무와 관련된 책무
	다. 위험관리업무와 관련된 책무
	라. 준법감시업무와 관련된 책무

---

26) 금융사지배구조법, 상법, 형법, 지배구조법 제2조 제7호에 따른 금융관계법령, 금융사지배구조법 시행령 제25조의3 제1항 각 호의 법령.

	마. 자금세탁방지업무와 관련된 책무
	바. 내부회계관리업무와 관련된 책무
	사. 정보보안업무와 관련된 책무
	아. 개인정보 및 신용정보 등 보호업무와 관련된 책무
	자. 그 밖에 금융관계법령등에 따른 지정 책임자가 수행하는 책무
2. 금융영업 관련 책무	가. 자금 대출 또는 어음 할인 업무와 관련된 책무
	나. 예금 및 적금 업무와 관련된 책무
	다. 유가증권 그 밖의 채무증서의 발행업무와 관련된 책무
	라. 내국환·외국환 업무와 관련된 책무
	마. 투자매매업무와 관련된 책무
	바. 투자중개업무와 관련된 책무
	사. 집합투자업무와 관련된 책무
	아. 투자자문업무와 관련된 책무
	자. 투자일임업무와 관련된 책무
	차. 신탁업무와 관련된 책무
	카. 보험상품 개발업무와 관련된 책무
	타. 보험계리업무와 관련된 책무
	파. 보험모집 및 보험계약 체결 업무와 관련된 책무
	하. 보험계약 인수업무와 관련된 책무
	거. 보험계약 관리업무와 관련된 책무
	너. 보험금 지급업무와 관련된 책무
	더. 신용카드업무와 관련된 책무
	러. 시설대여업무와 관련된 책무
	머. 할부금융업무와 관련된 책무
	버. 신기술사업금융업무와 관련된 책무
	서. 전자금융업무와 관련된 책무
	어. 혁신금융서비스업무와 관련된 책무
	저. 본인신용정보 관리업무와 관련된 책무
	처. 연금(개인연금 및 퇴직연금을 포함한다) 업무와 관련된 책무
	커. 그 밖에 금융관계법령등에 따른 금융영업 관련 책무
3. 경영관리 관련 책무	가. 이사회 운영업무와 관련된 책무
	나. 인사업무와 관련된 책무
	다. 보수업무와 관련된 책무
	라. 고유자산 운용업무와 관련된 책무
	마. 건전성 및 재무관리 업무와 관련된 책무
	바. 공시업무와 관련된 책무

사. 업무의 위탁 및 수탁 업무와 관련된 책무	
아. 광고업무와 관련된 책무	
자. 자회사 관리업무와 관련된 책무	
차. 영업점 관리업무와 관련된 책무	
카. 영업점 외 판매채널 관리업무와 관련된 책무	
타. 전산시스템 운영·관리 업무와 관련된 책무	
파. 그 밖에 금융관계법령등에 따른 경영관리 관련 책무	

비고
1. "금융관계법령등"이란 다음 각 목의 법령을 말한다.
　가. 법
　나. 상법
　다. 형법
　라. 금융관계법령
　마. 제25조의3 제1항 각 호의 법령
2. "책무"란 금융관계법령등에 따라 금융회사 또는 금융회사 임직원이 준수해야 하는 사항에 대한 내부통제등의 집행 및 운영에 대한 책임을 말한다.
3. "지정 책임자가 총괄적으로 수행하는 책무"란 금융관계법령등에서 준법감시인, 위험관리책임자 등 금융회사의 특정 책임자를 지정하여 수행하게 하는 업무와 관련한 책무를 말한다.
4. "금융영업 관련 책무"란 금융회사가 허가·인가·승인·등록·신고 등("허가등")을 받은 업무와 그 부수업무 및 겸영(兼營)업무와 관련한 책무를 말한다.
5. "경영관리 관련 책무"란 금융회사가 허가등을 받은 업무와 그 부수업무 및 겸영업무의 영위를 위해 수행하는 경영관리 업무와 관련한 책무를 말한다.
6. 금융회사는 위 표에 따른 책무를 각 금융회사별 조직, 업무특성, 업무범위 등에 맞게 세분하거나 병합하는 등 적절히 조정할 수 있다.

Ⅲ. 책무구조도의 구비 요건

책무구조도는 다음의 요건을 갖추어야 한다(법30의3②).

1. 책무별로 담당하는 임원이 반드시 존재할 것
2. 책무별로 담당하는 임원이 복수로 존재하지 아니할 것
3. 제1호 및 제2호에 준하는 요건으로서 내부통제등의 효과적 작동을 위하여 대통령령으로 정하는 요건

위 제3호에서 "대통령령으로 정하는 요건"이란 책무를 배분할 때 특정 임원에게 편중되지 않을 것을 말한다(영25의3③).

Ⅳ. 책무구조도 마련과 이사회 의결

대표이사등이 책무구조도를 마련하려는 경우에는 이사회의 의결을 거쳐야 한다(법30의3③ 본문). 다만, 외국금융회사의 국내지점의 경우에는 대통령령으로 정하는 절차에 따른다(법30의3③ 단서). 이에 따라 외국금융회사의 국내지점은 책무구조도를 마련하려는 경우에는 해당 외국금융회사의 국내지점의 대표자가 참여하는 내부 의사결정기구의 의결을 거쳐야 한다(영25의3④).

대표이사등이 책무구조도 마련하려는 경우에서는 이사회의 의결을 거쳐야 한다고 규정되어 있으나, 이사회의 의결 시점이 명확하지 않다. 현재는 보수적으로 책무 배분일자가 시작되기 전에 이사회의 의결을 거치고 있지만, 현실적으로는 어려움이 많은 상황이다. 이에 대표이사등이 책무구조도를 마련하고, 30일 이내에서 이사회 의결을 거치는 것으로 이사회 의결 시점을 명확히 할 필요가 있다.

V. 책무구조도의 제출 및 정정 또는 보완 요구

1. 책무구조도의 제출의무

금융회사는 대표이사등이 마련한 책무구조도를 금융위원회에 제출하여야 한다(법30의3④). 책무구조도 제출은 법 시행 후 6개월 후부터 은행 및 금융지주회사에 적용되는 것을 시작으로 금융업권·규모별로 시행시기를 달리하여 규모가 큰 금융회사부터 시행하도록 할 예정이다.[27]

---

27) 금융사지배구조법 부칙[2024.1.2. 제19913호] 제6조(책무구조도 마련·제출에 관한 경과조치) 금융회사는 제30조의3의 개정규정에도 불구하고 다음 각 호에 규정된 기간 이내에 같은 개정규정에 따른 책무구조도를 금융위원회에 제출하여야 한다.
  1. 제2조 제1호 가목에 따른 은행 및 같은 호 바목에 따른 금융지주회사: 이 법 시행 이후 6개월
  2. 제2조 제1호 나목에 따른 금융투자업자(최근 사업연도 말 현재 자산총액이 5조원 이상이거나 운영하는 집합투자재산, 투자일임재산 및 신탁재산의 전체 합계액이 20조원 이상인 금융투자업자에 한정) 및 종합금융회사: 이 법 시행 이후 1년
  3. 제2조 제1호 다목에 따른 보험회사(최근 사업연도 말 현재 자산총액이 5조원 이상인 보험회사에 한정): 이 법 시행 이후 1년
  4. 그 밖의 금융회사: 5년을 넘지 아니하는 범위에서 대통령령으로 정하는 기간
  금융사지배구조법 시행령 부칙 제2조(책무구조도 마련·제출 기한) 법률 제19913호 금융사지배구조법 일부개정법률 부칙 제6조 제4호에서 "대통령령으로 정하는 기간"이란 다음 각 호의 구분에 따른 기간을 말한다.

　　법률에서 위임한 각 금융업권별 책무구조도 제출시기와 관련하여, 금융회사의 부담을 감안하여 특성 및 규모에 따라 책무구조도 마련·제출시점을 차등하여 규정하였다. 법률에서 책무구조도 제출시기가 규정된 은행·금융지주회사·금융투자업자(자산 5조원 이상 등)·보험회사(자산 5조원 이상)를 제외한 금융투자업자(자산 5조원 미만 등)·보험회사(자산 5조원 미만)·여신전문금융회사(자산 5조원 이상)·상호저축은행(자산 7천억원 이상)은 법률 시행일인 '24. 7.3 일 이후 2년까지('26. 7. 2일까지), 나머지 금융회사는 법률 시행일 이후 3년까지('27. 7. 2일까지) 책무구조도를 제출해야 한다. 법률 개정에 따른 임원의 내부통제등 관리의무는 최초로 책무구조도를 마련하여 금융당국에 제출한 경우부터, 임원의 적극적 자격요건 확인·공시·보고는 최초로 책무구조도를 마련하여 금융당국에 제출한 후에 임원을 선임하는 경우 등부터 적용된다.

〈금융업권별 책무구조도 제출 시기〉[28]

은행	금융지주회사	금융투자업자	보험회사	여신전문금융회사	상호저축은행
전체	전체	자산총액 5조원↑ / 운용재산 20조원↑ + 종합금융회사	자산총액 5조원↑	자산총액 5조원↑	자산총액 7천억↑
		자산총액 5조원↓ / 운용재산 20조원↓	자산총액 5조원↓	자산총액 5조원↓	자산총액 7천억↓

* □ 1단계('25. 1. 2일까지) → □ 2단계('25. 7. 2일까지) → □ 3단계('26. 7. 2일까지) → □ 4단계('27. 7. 2일까지)

---

1. 법 제2조 제1호 나목에 따른 금융투자업자(법률 제19913호 금융사지배구조법 일부개정법률 부칙 제6조 제2호에 해당하는 금융투자업자는 제외): 이 영 시행일 이후 2년
2. 법 제2조 제1호 다목에 따른 보험회사(법률 제19913호 금융사지배구조법 일부개정법률 부칙 제6조 제3호에 해당하는 보험회사는 제외): 이 영 시행일 이후 2년
3. 법 제2조 제1호 라목에 따른 상호저축은행: 다음 각 목의 구분에 따른 기간
   가. 이 영 시행일이 속하는 사업연도의 직전 사업연도 말 현재 자산총액이 7천억원 이상인 상호저축 은행: 이 영 시행일 이후 2년
   나. 가목에 따른 상호저축은행을 제외한 상호저축은행: 이 영 시행일 이후 3년
4. 법 제2조 제1호 마목에 따른 여신전문금융회사: 다음 각 목의 구분에 따른 기간
   가. 이 영 시행일이 속하는 사업연도의 직전 사업연도 말 현재 자산총액이 5조원 이상인 여신전문금융회사: 이 영 시행일 이후 2년
   나. 가목에 따른 여신전문금융회사를 제외한 여신전문금융회사: 이 영 시행일 이후 3년
5. 법 제2조 제1호 사목에 따른 금융회사: 이 영 시행일 이후 6개월
28) 금융위원회·금융감독원(2024), "지배구조법 시행령 개정안 국무회의 통과", 금융위원회·금융감독원(2024, 6), 1쪽 참조.

2. 책무구조도의 정정 또는 보완 요구

금융위원회는 제출된 책무구조도가 다음의 어느 하나에 해당하는 경우에는 책무구조도의 기재내용을 정정하거나 보완하여 제출할 것을 요구할 수 있다(법30의3⑤).

1. 형식을 제대로 갖추지 아니한 경우
2. 중요사항을 누락한 경우
3. 기재내용이 불분명한 경우
4. 제1호부터 제3호까지에 준하는 사항으로서 금융위원회가 정하여 고시하는 사항[29]

VI. 책무구조도의 기재내용 변경

앞의 법 제30조의3 제1항부터 제5항까지는 제출된 책무구조도의 기재내용에 대통령령으로 정하는 변경이 있는 경우에도 적용한다(법30의3⑥). 여기서 "대통령령으로 정하는 변경"이란 ⅰ) 책무구조도에서 정하는 책무를 배분받은 임원의 변경(제1호), ⅱ) 책무구조도에서 정하는 임원 직책의 변경(제2호), ⅲ) 책무구조도에서 정하는 임원 책무의 변경 또는 추가(제3호)를 말한다(영25의3⑤ 본문). 다만, 법 제30조의3 제1항에 따른 책무구조도("책무구조도")에서 정하는 임원 직책 명칭의 변경 및 그 밖에 금융위원회가 정하여 고시하는 경미한 사항의 변경은 제외한다(영25의3⑤ 단서).

회사의 조직구조, 업무등에 대한 변화가 없는 단순한 직책명칭의 변경(ex. 전략총괄→전략담당), 직위, 현직책부여일, 겸직여부, 겸직사항의 변경, 임원 소관 부서의 기능은 동일하나 부서명이 변경되는 경우, 주관 회의체의 변경, 책무는 그대로이나 책무이행을 위한 주요 관리의무가 변경되는 경우는 경미한 사항으로 판단할 수 있으며, 추후 책무기술서 제출시 수정할 수 있을 것으로 판단된다.

VII. 책무구조도의 작성방법 등

책무구조도의 작성방법, 기재내용, 제출방법 및 정정·보완 요구 등에 관하

---

29) "금융위원회가 정하여 고시하는 사항"이란 다음을 말한다(감독규정14의3①).
   1. 책무구조도에 오류가 있는 경우
   2. 책무구조도의 기재내용이 사실과 다른 경우

여 필요한 사항은 금융위원회가 정하여 고시한다(법30의3⑦).

1. 책무구조도 작성시 준수의무

대표이사등은 책무구조도의 작성과 관련하여 다음을 준수하여야 한다(감독 규정14의3②).

1. 대표이사등은 임원별로 책무의 상세내용을 기술한 문서("책무기술서")와 임 원의 직책별 책무체계를 일괄적으로 파악할 수 있는 도표("책무체계도")를 작성한다.
2. 책무기술서와 책무체계도의 내용은 일치하여야 하며 각 책무가 명확하게 구 분되도록 작성해야 한다.
3. 대표이사등은 임원의 책무 현황을 일괄하여 파악할 수 있도록 도식화하여 책 무체계도를 작성하여야 한다.
4. 책무기술서에는 소관부서, 겸직 여부·내용, 주관회의체, 유관법령, 소관내규 등을 포함한 임원 및 직책의 기본정보, 책무의 상세 내용 등이 포함되어야 한다.
5. 책무체계도에는 임원별 성명, 직책, 책무 등이 포함되어야 한다.
6. 책무기술서와 책무체계도에는 임원의 책무 배분일자를 명확하게 표기해야 한다.

2. 책무구조도의 제출기간

책무구조도의 제출기간은 이사회 의결일로부터 7영업일 이내로 한다(감독규 정14의3③ 본문). 다만, 법 제3조제2항에 따른 외국금융회사 국내지점은 영 제25 조의3 제4항에 따른 내부 의사결정기구 의결일로부터 7영업일 이내로 한다(감독 규정14의3③ 단서).

3. 책무구조도의 제출 양식

감독규정 제14조의3 제4항에 따른 책무구조도의 제출은 [별지 제7호의2 서 식]으로 한다(감독규정 시행세칙6의2).

제3절 대표이사등의 내부통제등 총괄 관리의무

대표이사등의 내부통제등 총괄 관리의무에 관한 아래 내용은 2024년 1월 2일 신설되어 2024년 7월 3일부터 시행된다.[30]

Ⅰ. 대표이사등의 총괄 관리조치의 내용

금융회사의 대표이사등은 내부통제등의 전반적 집행 및 운영에 대한 최종적인 책임자로서 다음의 총괄적인 관리조치를 실효성 있게 하여야 한다(법30의4①).

1. 내부통제등 정책·기본방침 및 전략의 집행·운영
2. 임직원이 법령 및 내부통제기준등을 준수하기 위하여 필요한 인적·물적 자원의 지원 및 그 지원의 적정성에 대한 점검
3. 임직원의 법령 또는 내부통제기준등 위반사실을 대표이사등이 적시에 파악할 수 있도록 하기 위한 제보·신고 및 보고 등에 대한 관리체계의 구축·운영
4. 각 임원이 제30조의2에 따른 관리의무를 적절하게 수행하고 있는지 여부에 대한 점검
5. 임직원의 법령 또는 내부통제기준등 위반을 초래할 수 있는 대통령령으로 정하는 잠재적 위험요인 또는 취약분야[31]에 대한 점검
6. 임직원의 법령 또는 내부통제기준등 위반이 장기화 또는 반복되거나 조직적

---

30) [신설 2024.1.2] [시행일 2024.7.3.]. 부칙[2024.1.2. 제19913호] 제4조(내부통제등 관리의무에 대한 적용례) 제30조의2 및 제30조의4의 개정규정은 부칙 제6조에 따라 최초로 책무구조도를 작성하여 금융위원회에 제출한 경우부터 적용한다.
31) "대통령령으로 정하는 잠재적 위험요인 또는 취약분야"란 다음의 사항을 말한다(영25의4①).
   1. 금융회사의 업무가 신규로 추가되는 등의 사유로 해당 업무와 관련된 내부통제기준등의 제정·개정이 필요한 사항
   2. 내부통제등과 관련하여 임원이 담당하는 업무 간 또는 임직원과 소속 금융회사 간의 이해상충이 발생했거나 발생할 우려가 있는 사항
   3. 금융회사의 특정 사업 부문 또는 취급 상품과 관련된 자산 또는 영업수익의 급격한 변동 또는 이상 징후가 있는 사항
   4. 복수의 임원이 법 제30조의2 제2항에 따라 보고한 동일하거나 유사한 내부통제등에 관한 사항
   5. 금융회사가 특정 사업 부문 또는 취급 상품과 관련하여 임직원의 성과보수체계 또는 성과평가지표를 신설하거나 상당한 수준으로 변경 또는 조정하는 경우 해당 성과보수체계 또는 성과평가지표에 관한 사항
   6. 그 밖에 제1호부터 제5호까지에 준하는 사항으로서 금융위원회가 정하여 고시하는 사항

으로 또는 광범위하게 이루어지는 것을 방지하기 위한 조치로서 대통령령으로 정하는 조치[32]

7. 제1호부터 제6호까지 및 제8호에 따른 관리조치를 하는 과정에서 알게 된 법령 및 내부 통제기준등의 위반사항이나 내부통제등에 관한 미흡한 사항에 대한 시정·개선 등 필요한 조치

8. 그 밖에 내부통제등의 효과적 작동을 위한 대통령령으로 정하는 조치[33]

[실무적용 예시]

1) 대표이사등의 총괄 관리조치의 수행방안

대표이사등의 총괄 관리조치는 업무 위임을 통해서 수행할 수밖에 없으며, 해당 내용을 반영한 규정도 마련되어야 한다.

대표이사	임원	
금융사지배구조법상 총괄 관리의무	담당 임원	주요 관리의무 또는 지원활동
내부통제등 정책·기본방침 및 전략의 집행·운영	준법감시인, 위험관리책임자	• 이사회에서 수립된 내부통제 및 위험관리정책과 내부통제위원회에서 수립된 내부통제 및 위험관리에 대한 기본방침 및 전략의 집행 및 운영상황에 대해 준법감시인 및 위험관리책임자가 검토하고, 내부통제협의회를 통하여 대표이사에게 보고
임직원이 법령 및 내부통제기준등을 준수하기 위하여 필요한 인적·물적 자원지원 및 자원의 적정성에 대한 점검	전체 임원 (인사담당, 예산담당)	• 소관부서가 인적자원을 요청하는 경우 임원은 적정 여부를 확인하고, 이사담당 임원 및 준법감시인에게 관련 내용을 통지함 • 인사담당 임원은 통지내용의 적정 여부를 확인하고, 관련 임원과 준법감시인에게 확인 결과 등을 통지하고, 내부통제협의회를 통하여 대표이사에게 보고

---

32) "대통령령으로 정하는 조치"란 다음의 조치를 말한다(영25의4②).
  1. 임직원의 법령 또는 내부통제기준등 위반사항을 알게 된 경우 다음 각 목의 조치
    가. 해당 위반행위와 연관된 다른 임직원이 있는지에 대한 점검
    나. 동일하거나 유사한 위반행위가 발생할 가능성에 대한 점검
    다. 동일하거나 유사한 위반행위의 발생을 방지하기 위한 조치
  2. 특정 임직원이 동일하거나 유사한 업무를 장기간 수행함에 따라 발생할 수 있는 법령 또는 내부통제기준등의 위반행위를 방지하기 위한 조치
  3. 법령 또는 내부통제기준등의 위반행위가 금융회사 본점의 여러 부서 또는 지점이나 그 밖의 영업소에 걸쳐 발생할 가능성에 대한 점검
  4. 그 밖에 임직원의 법령 또는 내부통제기준등 위반이 장기적, 반복적 또는 조직적으로 이루어지거나 광범위하게 이루어지는 것을 방지하기 위한 조치로서 금융위원회가 정하여 고시하는 조치
33) "대통령령으로 정하는 조치"란 제1항 제7호에 따른 조치의 이행 여부에 대한 점검을 말한다(영25의4③).

		• 물적자원은 예산담당 임원
임직원의 법령 또는 내부통제기준등 위반사실을 대표이사등이 적시에 파악할 수 있도록 제보·신고 및 보고 등에 대한 관리체계의 구축·운영	전체 임원 (준법감시인)	• 임원은 제보·신고·보고 등을 통해 소관부서업무에 대한 임직원의 법령 또는 내부통제기준등 위반과 관련된 사항을 파악하거나 접수되는 경우, 준법감시인에게 통지 • 준법감시인은 내부고발제도 운영을 통해 식별한 임직원의 법령 또는 내부통제기준등 위반사항 등이 접수되는 경우와 위의 통지에 대해 점검을 수행 • 준법감시인은 식별된 법령 및 내부통제기준등의 위반 접수사항의 추이와 사후관리에 대한 내역을 내부통제 협의를 통하여 대표이사에게 보고
각 임원이 내부통제등 관리의무를 적절하게 수행하고 있는지 여부에 대한 점검	전체 임원	• 각 임원이 내부통제등 관리조치 수행 내역을 내부통제협의회를 통하여 대표이사에게 보고 • 보고 여부, 의사록 등 증빙에 대해 내부통제협의회 담당 임원이 관리

■■■ 임원 주요 관리의무
■■■ 대표이사, 임원 활동

2) 각자대표인 경우 대표이사등의 총괄 관리조치의 수행방안

각자대표의 총괄 관리의무는 지배구조법 제30조의4 제1항 각호에 열거된 의무단위로(즉 각호별로) 적합한 대표이사에게 분장하되, 총괄 관리의무의 성격상 소관조직을 기준으로 분장하는 것이 보다 타당한 경우에는 소관조직을 기준으로 배분하는 것이 적절하다고 판단된다.

3) 공동대표의 경우 대표이사등의 총괄 관리조치의 수행방안

공동대표의 총괄 관리의무는 지배구조법 제30조의4 제1항 각호에 열거된 의무단위를 같이 책임을 부담하는 것으로 보아, 공동대표에게 동일하게 배분하는 것이 적절하다고 판단된다.

II. 대표이사등의 이사회 보고사항

금융회사의 대표이사등은 다음의 사항에 관하여 이사회에 보고하여야 한다(법30의4②).

1. 제1항 각 호에 따른 관리조치의 내용과 결과
2. 제1항에 따른 관리조치를 수행하는 과정에서 알게 된 내부통제등에 관한 중요한 사항

3. 제30조의2 제2항에 따라 임원이 보고하는 사항 중 중요한 사항
4. 제1호 및 제2호에 준하는 사항으로서 대통령령으로 정하는 사항

제 5 편

/

대주주의 건전성 유지 등

제1장 서설

　금융기관은 업종별로 진입규제와 건전성규제, 영업행위규제 등이 다르게 마련되어 있는데, 영위하는 업무에 따라 특별한 보호를 필요로 하는 금융소비자의 존부나 범위, 금융시스템에 대한 영향 등이 다르기 때문에 영위하는 업무에 맞추어 적정한 요건을 요구하고 있다. 업종별로 다르지만 대부분 자본금 요건, 업무수행에 필요한 인적·물적 시설의 구비, 사업계획의 타당성 등과 함께 주주 또는 출자자의 출자능력, 재무건전성 및 사회적 신용 등을 심사요건으로 하고 있다. 특히 대주주 또는 주요 출자자에 대한 심사는 ⅰ) 금융기관의 설립 및 인허가단계에서의 자격심사, ⅱ) 기존 금융기관의 경영권 변동에 따른 변경승인 심사, ⅲ) 금융기관 존속기간 중 자격유지의무 및 주기적 심사의 3단계로 나눌 수 있다.

　설립 및 인허가단계에서의 대주주 요건은 업권별로 요구하는 내용이 다르기 때문에 개별 업권을 규율하는 법에서 업권별로 정하고 있다. 진입규제에서 인허가를 요구하지 않고 등록제로 운용하는 업권(금융투자업과 여신전문금융업 중 일부)에서는 대체로 이에 맞추어 대주주 변경도 승인대상이 아닌 신고대상으로 규정한다.

　은행, 은행지주회사 및 상호저축은행은 해당 법률에서 인허가단계, 변경승인단계 및 주기적 적격성에 대하여 규정하고 있으며, 금융사지배구조법의 적용

대상이 되는 것은 금융투자업자, 보험회사, 신용카드사와 비은행금융지주 등 제2
금융권이다. 특히 이들 제2금융권에 대하여는 금융사지배구조법에 따라 주기적
적격성심사가 새로 도입되었다. 자본시장법에 의한 금융투자업자와 여신전문금
융업법에 의한 신용카드사의 경우 인허가요건을 유지할 의무를 법률에서 규정하
고 있었으나, 구체적인 심사규정이 없었으므로 금융사지배구조법에 따라 신설된
것으로 보아야 할 것이다.[1]

제2장 대주주 변경승인제도

제1절 의의

금융기관의 대주주는 해당 금융기관의 건전성과 영업행위를 비롯한 조직문
화 전반에 걸쳐 영향을 미칠 수 있다. 따라서 금융감독당국은 대주주가 금융회사
를 건전하게 영위할 만한 자격이 있는지 여부를 정기적으로 또는 수시로 점검하
고 있다. 이와 관련하여 개별 금융업법은 최초 인허가·등록시에 대주주의 적격
요건을 심사하고, 대주주 변경시에는 금융사지배구조법에서 금융위원회가 이를
승인하거나 금융위원회에 사후 보고를 하도록 하고 있다.

제2금융권에 속하는 금융회사[2]가 발행한 주식을 취득·양수하여 새로이 대
주주가 되려는 자는 금융사지배구조법 제31조에 따라 사전에 변경승인을 받아야
한다. 변경승인의 요건은 금융사지배구조법 시행령 별표 1에서 상세하게 규정하
고 있는데, 대주주가 금융기관인지 개인인지 외국인인지 집합투자기구인지 등에
따라 재무건전성 등 여러 요건을 다르게 요구한다. 대주주의 분류에도 불구하고
일반적으로 적용되는 내용으로 대주주의 법령위반이 없는 등 사회적 신용요건이
있다.

---

1) 김연미(2016), "금융회사 지배구조법에 따른 대주주 건전성 및 소수주주권", 금융법연구
제13권 제 3호(2016. 12), 40－41쪽.
2) 인허가대상 금융투자업자, 보험회사, 신용카드사와 비은행금융지주회사가 이에 속하며,
은행, 은행지주회사 및 상호저축은행은 각각 은행법, 금융지주회사법, 상호저축은행법에
서 규율한다. 등록대상 금융기관은 적용범위에 들어가지 않는다.

변경승인제도에 위반하면 금융위원회의 처분명령의 대상이 될 수 있으며, 의결권행사가 제한된다. 다만 불가피한 사유로 변경대상 대주주가 된 경우에는 사후승인을 신청할 수 있다.

■ **금융위원회 질의회신(문서번호 180431, 회신일자 20190215)**

[질의]

□ 금융사지배구조법상 대주주의 특수관계인을 정의하는 출자요건*을 판단함에 있어 의결권이 배제된 주식도 포함하는지 여부

* "본인이 혼자서 또는 그와 특수관계에 있는 자와 합하여 다른 법인이나 단체에 30% 이상 출자한 경우의 해당 법인, 단체와 그 임원" 등

[회신]

□ 지배구조법상 특수관계인 규정의 입법취지 등을 고려할 때, 특수관계인의 출자요건은 의결권 있는 주식을 기준으로 판단합니다.

[이유]

□ 지배구조법상 대주주란 ① 본인 및 특수관계인을 합하여 의결권 있는 주식 수가 가장 많은 경우의 그 본인(최대주주), ② 의결권 있는 발행주식 10% 이상을 소유하거나 임원의 임면 등의 방법으로 금융회사의 중요 경영사항에 대하여 사실상 영향력을 행사하는 주주(주요주주)를 말합니다(지배구조법 제2조 제6호).

○ 한편, 지배구조법 시행령 제3조에서는 특수관계인의 범위에 대하여 배우자, 6촌 이내의 혈족 및 4촌 이내의 인척 등 일정한 범위의 친인척 등과, 이러한 친인척 등과 합하여 30% 이상 출자하거나 중요 경영사항에 대해 사실상 영향력을 행사하고 있는 법인이나 단체 및 그 임원 등으로 규정하고 있습니다.

○ 이와 같은 특수관계인 규정은 본인과 일정한 관계를 형성하고 있는 자의 경우 본인과 경제적 동일체로서 동일한 이해관계를 형성하게 되는 것을 감안한 것입니다.

□ 이러한 입법취지 등을 고려할 때, 본인 및 특수관계인이 30% 이상 "출자한 법인" 등에서 그 출자요건은 원칙적으로 의결권 있는 주식을 기준으로 판단합니다.

○ 본인 및 특수관계인이 출자주식 등을 통해 해당 법인의 중요 경영사항에

대해 일정한 영향력을 행사할 수 있는 경우, 그 출자법인도 본인과 동일한 이해관계를 형성하는 특수관계인에 포함된다 할 것이고, 그러한 영향력 행사가 가능하기 위해서는 본인 및 그 특수관계인이 해당 법인의 의결권 있는 주식을 일정 규모 이상 보유해야하기 때문입니다.

제2절 승인대상

금융회사3)가 발행한 주식을 취득·양수(실질적으로 해당 주식을 지배하는 것을 말하며, 이하 "취득등")하여 대주주4)(최대주주의 경우 최대주주의 특수관계인인 주주를 포함하며, 최대주주가 법인인 경우 그 법인의 중요한 경영사항에 대하여 사실상 영향력을 행사하고 있는 자로서 대통령령으로 정하는 자5)를 포함)가 되고자 하는 자는 건전한 경영을 위하여 공정거래법, 조세범 처벌법 및 금융관련법령(영26②)을 위반하지 아니하는 등 대통령령으로 정하는 요건6)을 갖추어 미리 금융위원회의 승인을 받아야 한다(법31① 본문). 다만, 대통령령으로 정하는 자7)는 그러하지 아니하다(법

---

3) 은행법에 따른 인가를 받아 설립된 은행, 금융지주회사법에 따른 은행지주회사, 상호저축은행법에 따른 인가를 받아 설립된 상호저축은행, 자본시장법에 따른 투자자문업자 및 투자일임업자, 여신전문금융업법에 따른 시설대여업자, 할부금융업자, 신기술사업금융업자는 제외한다(법31①).
4) "대주주"란 다음의 어느 하나에 해당하는 주주를 말한다(법2(6)).
　가. 금융회사의 의결권 있는 발행주식(출자지분을 포함) 총수를 기준으로 본인 및 그와 대통령령으로 정하는 특수한 관계가 있는 자("특수관계인")가 누구의 명의로 하든지 자기의 계산으로 소유하는 주식(그 주식과 관련된 증권예탁증권을 포함)을 합하여 그 수가 가장 많은 경우의 그 본인(이하 "최대주주"라 한다)
　나. 다음 각 1) 및 2)의 어느 하나에 해당하는 자("주요주주")
　　1) 누구의 명의로 하든지 자기의 계산으로 금융회사의 의결권 있는 발행주식총수의 10% 이상의 주식(그 주식과 관련된 증권예탁증권을 포함)을 소유한 자
　　2) 임원(업무집행책임자는 제외)의 임면 등의 방법으로 금융회사의 중요한 경영사항에 대하여 사실상의 영향력을 행사하는 주주로서 대통령령으로 정하는 자
5) "대통령령으로 정하는 자"란 다음의 자를 말한다(영26①).
　1. 최대주주인 법인의 최대주주(최대주주인 법인의 주요 경영사항을 사실상 지배하는 자가 그 법인의 최대주주와 명백히 다른 경우에는 그 사실상 지배하는 자를 포함)
　2. 최대주주인 법인의 대표자
6) "대통령령으로 정하는 요건"이란 별표 1의 요건을 말한다(영26③).
7) "대통령령으로 정하는 자"란 다음의 어느 하나에 해당하는 자를 말한다(영26④).
　1. 국가
　2. 예금보험공사
　3. 한국산업은행(금융산업구조개선법에 따라 설치된 금융안정기금의 부담으로 주식을 취득하는 경우만 해당)

31① 단서).

▌ 금융위원회 질의회신(문서번호 170342, 회신일자 20170829)

[질의]

▢ 여신전문금융업법상 대주주의 "특수관계인" 정의: 여신전문금융업법에서는 대주주의 "특수관계인"을 어떻게 정의하는지?

[회신]

▢ 여신전문금융업법 제49조의2 제1항 및 동법 시행령 제19조의2 제1항에 따른 대주주의 특수관계인이란 금융사지배구조법 제2조 제6호 가목 및 동법 시행령 제3조 제1항에 따른 "특수관계인"을 말합니다.

[이유]

▢ 여신전문금융업법 제2조 제17호에 따르면 "대주주"란 금융사지배구조법 제2조 제6호에 따른 주주를 말합니다.

▢ 동법 제49조의2 제1항에 따르면 여신전문금융회사가 그의 대주주(대통령령으로 정하는 대주주의 특수관계인을 포함한다. 이하 이 조에서 같다)에게 제공할 수 있는 신용공여의 합계액은 그 여신전문금융회사의 자기자본의 100분의 50을 넘을 수 없으며, 대주주는 그 여신전문금융회사로부터 그 한도를 넘겨 신용공여를 받아서는 아니 되고

○ 동법 시행령 제19조의2 제1항에 따르면 동법 제49조의2 제1항에서 '대통령령으로 정하는 대주주의 특수관계인'이란 최대주주의 특수관계인을 말합니다.

▢ 따라서 여신전문금융회사의 대주주는 여신전문금융업법 제2조 제17호에 따라 금융사지배 구조법에 의하여 정의되며

○ 여신전문금융업법 시행령 제19조의2 제1항에서 언급되는 "최대주주의

---

4. 자본시장법에 따른 전문사모집합투자업자 및 온라인소액투자중개업자의 대주주가 되려는 자. 다만, 자본시장법 시행령 별표 1에 따른 금융투자업 인가를 받은 자의 대주주가 되려는 자는 제외 한다.
5. 최대주주 또는 그의 특수관계인인 주주로서 금융회사의 의결권 있는 발행주식총수 또는 지분의 1% 미만을 소유하는 자. 다만, 제4조 각 호의 어느 하나에 해당하는 자는 제외한다.
6. 한국자산관리공사
7. 국민연금공단
8. 회사의 합병·분할에 대하여 금융관련법령에 따라 금융위원회의 승인을 받은 금융회사의 신주를 배정받아 대주주가 된 자

특수 관계인" 또한 금융사지배구조법에 따라 정의되는 것으로 보는 것이 타당할 것입니다.

  □ 이 경우 "최대주주의 특수관계인"이란 금융사지배구조법 제2조 제6호 가목 및 동법 시행령 제3조 제1항에 따른 "특수관계인"을 말할 것입니다.

  □ 한편, 귀사가 문의하신 사안에서 특정인 또는 특정 업체가 귀사 대주주의 특수관계인에 해당하는지 여부는 구체적인 사실 관계를 검토하여 판단할 사항으로서

  ○ 본 법령해석 회신문에서 일률적으로 세부적인 판단 기준을 정하기 어려운 점을 양해하여 주시기 바랍니다.

❚ 금융위원회 질의회신(문서번호 200472, 회신일자 20210120)

[질의]

  □ 온라인투자연계금융업자의 특수관계인 유권해석 요청: 온라인투자연계금융업 감독규정(이하 "감독규정") 제13조 제3호 온라인투자연계금융업자의 특수관계인과 관련하여 준용 중인 금융지배구조법 시행령 제3조 제1항 제2호의 해석과 관련하여

  □ 온라인투자연계금융업자의 대주주가 법인인 경우, 여기에서 말하는 "본인"이 누구를 지칭하는 것인지

  ① 온라인투자연계금융업자의 대주주인 법인인지

  ② 온라인투자업자인지

[회신]

  □ 감독규정 제13조 제3호에서 인용하고 있는 "금융사지배구조법 시행령 제3조 제1항 제2호 각목"과 관련하여, 금융사지배구조법 시행령 제3조 제1항 제2호 본문의 "본인"은 온라인투자연계금융업자를 지칭하는 것입니다.

[이유]

  □ 감독규정 제13조는 법령의 위임에 따라 연계대출·연계투자 계약의 체결이 제한되는 상품 및 이용자의 범위를 규정하고 있으며, 동조 제3호는 제한되는 이용자로서 온라인투자연계금융업자의 금융사지배구조법령에 따른 특수관계인을 규정하고 있습니다.

  ○ 한편, 금융사지배구조법 시행령 제3조는 "본인"을 기준으로 한 특수관계

인의 범위를 규정하고 있으며, "본인"이 개인인 경우는 제3조 제1항 제1호가, 법인이나 단체인 경우는 동항 제2호가 각 적용됩니다.

□ 온라인투자연계금융업자는 상법에 따른 주식회사일 것을 등록요건으로 하고 있는바(법 제5조 제1항 제1호) 온라인투자연계금융업자는 모두 법인에 해당하고, 따라서 감독규정 제13조 제3호 상의 "온라인투자연계금융업자의(금융사지배구조법상) 특수관계인"에는 법인이 "본인"인 경우의 특수관계인 규정(금융사지배구조법 시행령 제3조 제1항 제2호 각목)만이 적용되는 것입니다.

○ 따라서 "본인"은 온라인투자연계금융업자를 지칭하는 것입니다.

제3절 승인요건과 승인신청

Ⅰ. 승인요건

대주주가 금융기관인 경우 승인요건은 다음과 같다(영26③ 별표1 요건).

가. 해당 금융기관에 적용되는 재무건전성에 관한 기준으로서 금융위원회가 정하는 기준을 충족할 것

나. 해당 금융기관이 상호출자제한기업집단등이거나 주채무계열에 속하는 회사인 경우에는 해당 상호출자제한기업집단등 또는 주채무계열의 부채비율이 300% 이하로서 금융위원회가 정하는 기준을 충족할 것

다. 다음의 요건을 충족할 것. 다만, 그 위반 등의 정도가 경미하다고 금융위원회가 인정하거나, 그 사실이 건전한 업무수행을 어렵게 한다고 볼 수 없는 경우에는 그렇지 않다.

  1) 최근 5년간 금융관련법령, 공정거래법 또는 조세범처벌법을 위반하여 벌금형 이상에 상당하는 처벌받은 사실이 없을 것

  2) 최근 5년간 채무불이행 등으로 건전한 신용질서를 저해한 사실이 없을 것

  3) 금융산업구조개선법에 따라 부실금융기관으로 지정되거나 금융관련법령에 따라 허가·인가 또는 등록이 취소된 금융기관의 대주주 또는 그의 특수관계인이 아닐 것. 다만, 법원의 판결에 의하여 부실책임이

없다고 인정된 자 또는 부실에 따른 경제적 책임을 부담한 경우 등
금융위원회가 정하는 기준에 해당하는 자는 제외한다.

4) 그 밖에 1)부터 3)까지의 규정에 준하는 것으로서 금융위원회가 정하
여 고시하는 건전한 금융거래질서를 저해한 사실이 없을 것

한편 대주주가 법인인 경우 형식적으로는 사회적 신용에 관한 결격사유에
해당하나 현재의 법인에 대하여 그 결격사유에 대한 귀책사유가 있다고 보기 어
려운 경우에는 특례를 인정하여 결격사유에 해당하지 않는 것으로 본다.8)

II. 승인신청

승인을 받으려는 자는 ⅰ) 신청인에 관한 사항, ⅱ) 대주주가 되려고 금융회
사의 주식을 취득하려는 경우 그 금융회사가 발행한 주식의 소유현황, ⅲ) 대주
주가 되려는 자가 주식취득대상 금융회사가 발행하였거나 발행할 주식을 취득하
려는 경우 그 취득계획, ⅳ) 그 밖에 승인요건 심사에 필요한 사항으로서 금융위
원회가 정하여 고시하는 사항이 기재된 대주주 변경승인신청서를 금융위원회에
제출하여야 한다(영26⑥).

---

8) 금융회사 지배구조 감독규정 별표 4 [대주주 변경승인의 요건] 제8호
  (1) 대주주가 합병회사로서 합병전 피합병회사의 사유로 인하여 제1호 다목 및 제3호 마
     목에서 정하는 사실에 해당하는 경우(그 사실에 직접 또는 간접으로 관련되는 피합병
     회사의 임원, 최대 주주 및 주요주주가 합병회사의 경영권에 관여하지 아니하거나 사
     실상 영향력을 행사할 수 없는 경우에 한한다)
  (2) 대주주가 경영권이 변경된 회사로서 경영권 변경 전의 사유로 인하여 제1호 다목 및
     제3호 마목에서 정하는 사실에 해당할 경우(그 사실에 직접 또는 간접으로 관련되는
     경영권변경 전의 임직원, 최대주주 및 주요주주가 그 사실이 종료될 때까지 경영에
     관여하거나 사실상 영향력을 행사하는 경우는 제외한다. 이와 관련하여 금융회사는
     그 사실에 직접 또는 간접으로 관련되는 경영권변경 전의 임직원, 최대주주 및 주요
     주주를 그 사실이 종료될 때까지 경영에 관여하는 직 위에 임명할 수 없다.)
  (3) 그 밖에 (1) 및 (2)와 유사한 경우로서 지분변동 등으로 실질적으로 대주주의 동일성
     이 유지되고 있다고 인정하기 어려운 경우에 지배주주가 지분변동 등의 전의 사유로
     인하여 제1호 다목 및 제3호 마목에서 정하는 사실에 해당하는 경우

제4절 승인심사기간

I. 원칙

금융위원회는 변경승인신청서를 제출받은 경우에는 그 내용을 심사하여 60일 이내에 승인 여부를 결정하고, 그 결과와 이유를 지체 없이 신청인에게 문서로 통지하여야 한다(영26⑨ 전단). 이 경우 변경승인신청서에 흠결이 있는 경우에는 보완을 요구할 수 있다(영26⑨ 후단).

II. 예외

심사기간을 계산할 때 변경승인신청서의 흠결 보완기간 등 금융위원회가 정하여 고시하는 기간은 심사기간에 넣지 아니한다(영26⑩).

여기서 "금융위원회가 정하여 고시하는 기간"이란 다음의 어느 하나에 해당하는 기간을 말한다(금융회사 지배구조 감독규정16③). 실무에서는 심사대상자가 아래 제3호의 사유에 해당하여 심사가 중단되는 경우가 종종 있다.

1. 법 제31조 제1항의 요건을 충족하는지를 확인하기 위하여 다른 기관 등으로부터 필요한 자료를 제공받는 데에 걸리는 기간
2. 영 제26조 제9항 후단에 따라 변경승인신청서 흠결의 보완을 요구한 경우에는 그 보완기간
3. 금융회사의 대주주가 되려는 자를 상대로 형사소송 절차가 진행되고 있거나 금융위, 공정거래위원회, 국세청, 검찰청 또는 감독원 등(외국 금융회사인 경우에는 이들에 준하는 본 국의 감독기관 등을 포함)에 의한 조사·검사 등의 절차가 진행되고 있고, 그 소송이나 조사·검사 등의 내용이 심사에 중대한 영향을 미칠 수 있다고 인정되는 경우에는 그 소송이나 조사·검사 등의 절차가 끝날 때까지의 기간
4. 천재·지변 그 밖의 사유로 불승인사유를 통지할 수 없는 기간

제5절 사후승인과 보고대상

I. 사후승인

금융사지배구조법에서는 불가피한 사유에 의한 대주주 변경의 경우 사후승인을 얻도록 규정하고 있다. 이는 상호저축은행에 대하여 규정하던 내용을 모든 금융기관에 확대한 것이다. 주식의 취득등이 기존 대주주의 사망 등 대통령령으로 정하는 사유로 인한 때에는 취득등을 한 날부터 3개월 이내에서 대통령령으로 정하는 기간 이내에 금융위원회에 승인을 신청하여야 한다(법31②). 승인을 신청하려는 자는 다음의 구분에 따른 기간 이내에 금융위원회에 승인을 신청하여야 한다(영26⑤).

1. 기존 주주의 사망에 따른 상속·유증·사인증여로 인하여 주식을 취득·양수(실질적으로 해당 주식을 지배하는 것을 말하며, 이하 이 항에서 "득등"이라 한다)하여 대주주가 되는 경우: 기존 주주가 사망한 날부터 3개월. 다만, 불가피한 사유가 있으면 금융위원회의 승인을 받아 3개월의 범위에서 그 기간을 연장할 수 있다.
2. 담보권의 실행, 대물변제의 수령 또는 그 밖에 이에 준하는 것으로서 금융위원회가 정하여 고시하는 원인에 의하여 주식의 취득등을 하여 대주주가 되는 경우: 주식 취득등을 한 날부터 1개월
3. 다른 주주의 감자(減資) 또는 주식처분 등의 원인에 의하여 대주주가 되는 경우: 대주주가 된 날부터 1개월

II. 보고대상

금융기관의 진입규제가 인가제가 아닌 등록제인 경우에는 대주주 변경의 경우에도 승인대상이 아니고 사후적 보고의무만을 부담한다. 즉 투자자문업자 및 투자일임업자, 시설대여업자, 할부금융업자, 신기술사업금융업자는 대주주가 변경된 경우에는 이를 2주 이내에 금융위원회에 보고하여야 한다(법31⑤).

제6절 의결권행사 제한 및 처분명령

Ⅰ. 의결권행사 제한

대주주 변경승인을 받지 아니한 자는 승인 없이 취득하거나 취득 후 승인을 신청하지 아니한 주식에 대하여 의결권을 행사할 수 없다(법31④).

Ⅱ. 주식처분명령

승인을 받지 아니하고 취득등을 한 주식에 대하여 6개월 이내의 기간을 정하여 처분을 명할 수 있다(법31③). 이에 따라 금융위원회는 처분을 명하는 경우에는 처분대상 주식의 수, 처분 기한 등을 명시한 서면으로 하여야 한다(영26⑪).

제7절 위반시 제재

법 제31조 제1항 또는 제2항을 위반하여 승인을 받지 아니한 자 또는 승인 신청을 하지 아니한 자(제1호), 법 제31조 제3항에 따른 주식처분명령을 위반한 자(제2호)는 1년 이하의 징역 또는 1천만원 이하의 벌금에 처한다(법42①)

▌ 금융위원회 질의회신(문서번호 190386, 회신일자 20201112)

[질의]

□ 지배구조법상 대주주 변경승인 대상 및 그 면제 범위: 금융사지배구조법 제31조 대주주 변경승인 관련하여 대주주의 친인척*이 금융회사 주식을 소유하고자 하는 경우로서 아래의 사항에 대해 질의

> * 지배구조법 시행령 제3조 제1항 제1호의 특수관계인(6촌 이내의 혈족, 4촌 이내의 인척 등)에 해당

① 의결권 있는 발행주식 총수의 100분의 1 미만을 소유하고자 하는 경우 대주주 변경승인을 받아야 하는지 여부

② 의결권 있는 발행주식 총수에 자기주식이 포함되는지 여부

③ 대주주의 친인척인 미성년자(내국인)가 의결권 있는 발행주식을 취득할

수 있는지 여부

④ 대주주의 친인척인 외국인이 의결권 있는 발행주식을 취득할 수 있는지
여부

[회신]

① 대주주의 특수관계인이 1% 미만의 주식을 취득하고자 하는 경우,

- 기존 보유 주식과 새로이 취득하는 주식을 합하여 1% 미만인 경우에는
시행령 제4조 각호에 해당하지 않는 이상, 대주주 변경 승인이 필요하지 않으나
시행령 제4조(주요주주의 범위) 법 제2조 제6호 나목 2)에서 "대통령령으로 정하
는 자"란 다음 각 호의 어느 하나에 해당하는 자를 말한다.

1. 혼자서 또는 다른 주주와의 합의·계약 등에 따라 대표이사 또는 이사의
   과반수를 선임한 주주
2. 다음 각 목의 구분에 따른 주주
   가. 금융회사가 자본시장법 제8조 제1항에 따른 금융투자업자(겸영금융투
       자업자는 제외하며 이하 "금융투자업자"라 한다)인 경우: 다음의 구분에
       따른 주주
       1) 금융투자업자가 자본시장법에 따른 투자자문업, 투자일임업, 집합
          투자업, 집합투자증권에 한정된 투자매매업·투자중개업 또는 온
          라인소액투자중개업 외의 다른 금융투자업을 겸영하지 아니하는
          경우: 임원(상법 제401조의2 제1항 각 호의 자를 포함한다. 이하 이 호
          에서 같다)인 주주로서 의결권 있는 발행주식 총수의 100분의 5 이
          상을 소유하는 사람
       2) 금융투자업자가 자본시장법에 따른 투자자문업, 투자일임업, 집합
          투자업, 집합투자증권에 한정된 투자매매업·투자중개업 또는 온
          라인소액투자중개업 외의 다른 금융투자업을 영위하는 경우: 임원
          인 주주로서 의결권 있는 발행주식 총수의 100분의 1 이상을 소유
          하는 사람
   나. 금융회사가 금융투자업자가 아닌 경우: 금융회사(금융지주회사인 경우
       그 금융지주회사의 금융지주회사법 제2조 제1항 제2호 및 제3호에 따른 자
       회사 및 손자회사를 포함)의 경영전략·조직변경 등 주요 의사결정이나

업무집행에 지배적인 영향력을 행사한다고 인정되는 자로서 금융위원회가 정하여 고시하는 주주

- 기존 주식과 새로이 취득하는 주식을 합하여 1% 이상이 된 경우에는 과거 대주주 적격 심사를 받은 적이 없는 이상 대주주 변경 승인이 필요한 것으로 판단됩니다.

② 회사가 가진 자기주식은 의결권이 없으므로* 의결권 있는 발행주식 총수에 포함되지 않습니다.

* 회사가 가진 자기주식은 의결권이 없다(상법 제369조 제2항)

③ 미성년자가 의결권 있는 발행주식을 취득하는 것은 가능합니다.

- 다만, 미성년자가 주식 취득으로 인해 대주주 변경 승인 대상이 될 경우에는 지배구조법 시행령 [별표 1]에 따라 지배구조법 제5조 제1항 각 호의 요건에 해당하지 않아야 하며, 지배구조법 제5조 제1항 제1호에서는 미성년자를 결격 사유로 규정하고 있습니다.

④ 외국인이 의결권 있는 발행주식을 취득하는 것은 가능합니다.

- 다만, 외국인이 주식 취득으로 인해 대주주 변경 승인 대상이 될 경우에는 주식취득대상 금융회사가 금융지주회사여야 하는 등 지배구조법 시행령 [별표 1]에서 정한 요건을 충족하여야 합니다.

[이유]

□ 지배구조법상 대주주란 ① 본인 및 특수관계인을 합하여 의결권 있는 주식 수가 가장 많은 경우의 그 본인(최대주주), ② 의결권 있는 발행주식 10% 이상을 소유하거나 임원의 임면 등의 방법으로 금융회사의 중요 경영사항에 대하여 사실상 영향력을 행사하는 주주(주요주주)를 말합니다(지배구조법 제2조 제6호).

○ 한편, 지배구조법 시행령 제3조에서는 특수관계인의 범위에 대하여 배우자, 6촌 이내의 혈족 및 4촌 이내의 인척 등 일정한 범위의 친인척 등과, 이러한 친인척 등과 합하여 30%이상 출자하거나 중요 경영사항에 대해 사실상 영향력을 행사하고 있는 법인이나 단체 및 그 임원 등으로 규정하고 있습니다.

○ 이와 같은 특수관계인 규정은 본인과 일정한 관계를 형성하고 있는 자의 경우 본인과 경제적 동일체로서 동일한 이해관계를 형성하게 되는 것을 감안한

것입니다.

　① 지배구조법 시행령 제26조 제4항 제5호에서는 1% 미만의 주식을 소유하는 최대주주 또는 그의 특수관계인인 주주의 경우 대주주 변경심사의 예외로 규정하고 있습니다(이 경우에도 시행령 제4조 각 호에 해당하지 않아야 함).

　○ 이에 질의하신 바와 같이, 대주주의 특수관계인이 1% 미만의 주식을 취득하고자 하는 경우, 기존 보유 주식과 새로이 취득하는 주식을 합하여 1% 미만인 경우에는 대주주 변경 승인이 필요하지 않으나,

　○ 기존 주식과 새로이 취득하는 주식을 합하여 1% 이상이 된 경우에는, 과거 대주주 적격 심사를 받은 적이 없는 이상, 대주주 변경 승인이 필요한 것으로 판단됩니다.

　② 상법 제369조 제2항에 따라 회사가 가진 자기주식은 의결권이 없으므로, 지배구조법 시행령 제26조 제4항 제5호의 의결권 있는 발행주식 총수에 포함되지 않습니다.

　③ 지배구조법은 미성년자가 의결권 있는 발행주식을 취득하는 것 자체를 막고 있지는 않으므로 대주주의 친인척인 미성년자(내국인)도 의결권 있는 발행주식을 취득할 수 있습니다.

　○ 다만, 미성년자가 주식 취득으로 인해 대주주 변경 승인 대상이 될 경우에는 지배구조법 시행령 별표1에 따라 지배구조법 제5조 제1항 각 호의 요건에 해당하지 않아야 하며, 지배구조법 제5조 제1항 제1호에서는 미성년자를 결격사유로 규정하고 있습니다.

　○ 만일, 주식 취득으로 대주주 변경 승인 대상이 되었으나, 대주주 변경 승인 요건을 갖추지 못한 경우에는 지배구조법 제31조 제3항 내지 제4항에 따른 불이익을 받을 수도 있습니다.

　④ 지배구조법은 외국인이 의결권 있는 발행주식을 취득하는 것 자체를 막고 있지는 않으므로 대주주의 친인척인 외국인도 의결권 있는 발행주식을 취득할 수 있습니다.

　○ 다만, 외국인이 주식 취득으로 인해 대주주 변경 승인 대상이 될 경우에는 주식취득대상 금융회사가 금융지주회사여야 하는 등 지배구조법 시행령 별표1에서 정한 요건을 충족하여야 합니다.

　○ 만일, 주식 취득으로 대주주 변경 승인 대상이 되었으나, 대주주 변경 승

인 요건을 갖추지 못한 경우에는 지배구조법 제31조 제3항 내지 제4항에 따른 불이익을 받을 수도 있습니다.

제3장 대주주 적격성 심사제도

제1절 의의

대주주의 적격성 심사제도는 은행에 대하여 규정되어 있던 제도로, 2011년 상호저축은행사태 이후 저축은행에도 도입되었으며, 2013년 동양그룹사태 이후 제2금융권 전반에 확대해야 한다는 논의가 촉발되어 금융사지배구조법에 도입되었다. 도입 과정에서 적용대상이 되는 제2금융권 중 특히 보험업계에서 반발이 심하였다.[9]

대주주 적격성 심사제도의 적용대상은 대주주 변경승인 대상과 동일한 제2금융권 금융기관이다. 금융위원회가 해당 금융기관에 대하여 주기적으로 최대주주 중 최다출자자 1인의 자격요건 유지 여부를 심사하여, 자격 미달의 경우 금융위원회는 적격성 유지요건을 충족하기 위한 조치를 취할 것을 명할 수 있고, 2년 이내의 기간으로 심사대상이 보유한 주식의 일정 부분에 대하여 의결권행사를 제한할 수 있다.

은행, 은행지주회사, 상호저축은행은 금융사지배구조법이 아닌 은행법 등에서 대주주 적격성 심사를 받고 있다. 또한 자본시장법에 따른 투자자문업자 및 투자일임업자, 여신전문금융업법에 따른 할부금융업자, 시설대여업자, 신기술사업금융업자는 제외되는데, 이들은 진입규제에서 인가제가 아닌 등록제를 취하고 있기 때문에 더 엄격한 주기적 심사의 대상이 되지 않는다.

---

9) 김연미(2016), 47쪽.

제2절 승인대상과 적격성 유지요건 불충족 사유의 보고

I. 승인대상

최대주주(특수관계인을 포함하며, 법인인 경우 그 최대주주 및 대표자를 포함)와 주요주주에 대하여 모두 요건 충족을 요구하는 대주주 변경승인과 달리, 대주주의 주기적 적격성은 최대주주의 최다출자자 개인에 한정하여 적용된다.

금융위원회는 금융회사(제31조 제1항의 적용대상인 금융회사에 한정)의 최대주주 중 최다출자자 1인(최다출자자 1인이 법인인 경우 그 법인의 최대주주 중 최다출자자 1인을 말하며, 그 최다출자자 1인도 법인인 경우에는 최다출자자 1인이 개인이 될 때까지 같은 방법으로 선정한다. 다만, 법인 간 순환출자 구조인 경우에는 최대주주 중 대통령령으로 정하는 최다출자자[10] 1인으로 한다. 이하 "적격성 심사대상")에 대하여 대통령령으로 정하는 기간[11]마다 변경승인요건 중 공정거래법, 조세범 처벌법 및 금융관련법령(영27③)을 위반하지 아니하는 등 대통령령으로 정하는 요건("적격성 유지요건")에 부합하는지 여부를 심사하여야 한다(법32①).

법 제32조 제1항에 규정된 법령의 위반에 따른 죄와 다른 죄의 경합범에 대하여는 형법 제38조에도 불구하고 이를 분리 심리하여 따로 선고하여야 한다(법32⑥).

관련 판례 ─────────────────────────────

① 대법원 2018. 3. 15. 선고 2017도21513 판결

[1] 금융회사의 지배구조에 관한 법률(이하 '금융사지배구조법'이라 한다) 제32조 제1항에는, 금융위원회는 해당 조항의 적용을 받는 금융회사의 최대주주 중

---

10) "대통령령으로 정하는 최다출자자"란 순환출자 구조의 법인이 속한 기업집단(공정거래법 제2조 제2호에 따른 기업집단)의 동일인(같은 호에 따른 동일인) 또는 그 밖에 이에 준하는 자로서 금융위원회가 정하는 자를 말한다. 다만, 동일인이 법인인 경우에는 그 법인의 최대주주 중 최다출자자 1인을 말하며, 그 최다출자자 1인도 법인인 경우에는 최다출자자 1인이 개인이 될 때까지 같은 방법으로 선정한다(영27①).

11) "대통령령으로 정하는 기간"이란 2년을 말한다. 다만, 법 제32조 제2항에 따라 해당 금융회사가 금융위원회에 보고하는 경우 또는 법 제32조 제1항에 따른 적격성 심사대상과 금융회사의 불법거래 징후가 있는 등 특별히 필요하다고 인정하는 경우에는 2년 이내의 기간으로 할 수 있다(영27②).

최다출자자 1인(이하 '적격성 심사대상'이라 한다)에 대하여 대통령령으로 정하는 기간마다 독점규제 및 공정거래에 관한 법률, 조세범 처벌법 및 '금융과 관련하여 대통령령으로 정하는 법령'을 위반하지 아니하는 등 대통령령으로 정하는 요건(이하 '적격성 유지요건'이라 한다)에 부합하는지 여부를 심사하여야 한다고 규정되어 있다. 같은 조 제4항에는, 금융위원회는 제1항에 따른 심사 결과 적격성 심사대상이 적격성 유지요건을 충족하지 못하고 있다고 인정되는 경우 해당 적격성 심사대상에 대하여 해당 금융회사의 경영건전성을 확보하기 위한 일정한 조치를 이행할 것을 명할 수 있다고 규정되어 있다. 또한 같은 조 제5항에는, 금융위원회는 제1항에 따른 심사 결과 '적격성 심사대상이 제1항에 규정된 법령의 위반으로 금고 1년 이상의 실형을 선고받고 그 형이 확정된 경우' 등 일정한 경우 법령 위반 정도를 감안할 때 건전한 금융질서와 금융회사의 건전성이 유지되기 어렵다고 인정되면 해당 적격성 심사대상이 보유한 금융회사의 의결권 있는 발행주식 총수의 100분의 10 이상에 대하여는 의결권을 행사할 수 없도록 명할 수 있다고 규정되어 있다. 한편 같은 조 제6항에는, 제1항에 규정된 법령의 위반에 따른 죄와 다른 죄의 경합범에 대하여는 형법 제38조 에도 불구하고 이를 분리 심리하여 따로 선고하여야 한다고 규정되어 있다.

위와 같은 금융사지배구조법 제32조 제1항, 제4항, 제5항의 규정을 종합하여 보면, 같은 조 제1항의 적격성 심사 규정은 적격성 심사대상에 대한 주기적인 적격성 심사를 통하여 건전한 금융질서와 금융회사의 경영건전성을 유지하는 것을 그 입법 목적으로 한다고 볼 수 있다. 위와 같은 입법 목적을 고려하면, 같은 조 제6항의 분리 심리·선고 규정은 피고인이 같은 조 제1항의 적격성 심사대상에 해당하는 경우에만 적용되는 규정이라고 보는 것이 타당하다.

[2] 이 사건 범죄사실에는 유사수신행위의 규제에 관한 법률 위반죄가 포함되어 있는데, 금융사지배구조법 시행령 제27조 제3항, 금융사지배구조법 제2조 제7호, 금융사지배구조법 시행령 제5조 제33호에 의하면, 유사수신행위의 규제에 관한 법률은 금융사지배구조법 제32조 제1항에 규정된 '금융과 관련하여 대통령령으로 정하는 법령'에 해당한다.

그런데 이 사건 기록상 피고인이 금융사지배구조법 제32조 제1항의 적격성 심사대상에 해당한다고 볼 수 있는 자료가 보이지 아니한다. 위와 같은 사정을 앞서 본 법리에 비추어 살펴보면, 피고인에 대하여 이 사건 범죄사실 중 유사수신행위의 규제에 관한 법률 위반죄와 다른 죄를 분리 심리·선고하지 아니한 원심판결에 금융사지배구조법 제32조 제6항에 관한 법리를 오해한 잘못이 있다고 볼 수 없다.

　② 대법원 2018. 3. 29. 선고 2017도20605 판결

　[1] 「금융회사의 지배구조에 관한 법률」(이하 '금융사지배구조법'이라고 한다) 제32조는 '최대주주의 자격 심사 등'이라는 표제 아래, 제1항에서 금융위원회가 금융회사의 최대주주 중 최다출자자 1인(적격성 심사대상)에 대하여 일정한 기간마다 「독점규제 및 공정거래에 관한 법률」, 조세범 처벌법 및 금융과 관련하여 대통령령으로 정하는 법령을 위반하지 아니하는 등 대통령령으로 정하는 요건(적격성 유지요건)에 부합하는지 여부를 심사하여야 한다고 규정하고 있다. 이어 같은 조 제2항에서 제5항까지 적격성 심사대상의 적격성 유지요건 미충족 사유 발견 시 금융회사의 금융위원회에 대한 보고의무, 금융위원회의 적격성 심사를 위한 자료 또는 정보의 제공 요구, 심사 결과 적격성 유지요건을 충족하지 못한 경우의 조치 이행명령 및 건전성이 유지되기 어려운 경우의 의결권 행사 제한명령 등을 규정하고, 제6항에서 제1항에 규정된 법령의 위반에 따른 죄와 다른 죄와의 경합범에 대하여는 형법 제38조에도 불구하고 이를 분리 심리하여 따로 선고하여야 한다고 규정하고 있다.

　　위와 같은 규정의 형식과 내용을 종합하여 보면, 금융사지배구조법 제32조는 금융회사의 경영건전성을 유지하기 위하여 금융위원회로 하여금 적격성 심사대상에 대하여 주기적인 적격성 심사를 하도록 하면서, 그 심사와 조치에 필요한 사항들을 규정한 것으로 보인다. 그런데 그 적격성 심사대상을 금융회사의 최대주주 중 최다출자자 1인으로 규정하여, 결국 금융사지배구조법 제32조에서 규정한 사항들은 그와 같은 적격성 심사대상인 최다출자자에 대하여 주기적으로 일정한 법령위반 등을 적격성 유지요건으로서 심사하는 사항 및 그 심사를 위하여 필요하거나 심사 결과에 따른 조치를 취하는데 필요한 사항을 규정한 것으로 볼 수 있다.

　　따라서 금융사지배구조법 제32조 제6항에서 말하는 '제1항에 규정된 법령의 위반에 따른 죄'는 적격성 심사대상인 최다출자자에 대한 적격성 유지요건이 되는 법령의 위반에 따른 죄를 의미하고, 같은 조 제6항은 피고인이 같은 조 제1항의

적격성 심사대상에 해당하는 경우에 적용되는 규정이라고 해석함이 타당하다.

　　[2] 이 사건 변경된 공소사실은 「유사수신행위의 규제에 관한 법률」(이하 '유사수신행위규제법'이라고 한다)위반죄를 포함하고 있는데, 금융사지배구조법 제2조 제7호, 금융사지배구조법 시행령 제5조 제33호, 제27조 제3항에 의하면, 유사수신행위규제법은 금융사지배구조법 제32조 제1항에 규정된 '금융과 관련하여 대통령령으로 정하는 법령'에 해당한다. 그러나 기록에 의하더라도 피고인이 금융사지배구조법 제32조 제1항의 적격성 심사대상에 해당한다고 볼 자료가 없다. 위와 같은 사정을 앞서 본 법리에 비추어 살펴보면, 피고인의 유사수신행위규제법위반죄는 금융사지배구조법 제32조 제6항에서 규정한 분리 심리하여 따로 선고하여야 하는 경우에 해당하지 아니한다. 원심이 피고인에 대하여 유사수신행위규제법위반죄와 다른 죄를 분리 심리하여 따로 선고하지 아니한 것은 정당하다. 거기에 금융사지배구조법 제32조 제6항에 관한 법리를 오해한 잘못이 없다.

　　③ 대법원 2018. 7. 24. 선고 2018도4022 판결

　　[1] 판결이 확정되지 아니한 수 개의 죄를 동시에 판결할 때에는 형법 제38조가 정하는 처벌례에 따라 처벌하여야 하므로, 경합범으로 공소제기된 수 개의 죄에 대하여 형법 제38조의 적용을 배제하고 위 처벌례와 달리 따로 형을 선고하려면 예외를 인정한 명문의 규정이 있어야 한다(대법원 2004. 4. 9. 선고 2004도606 판결 참조).

　　[2] 금융회사의 지배구조에 관한 법률(이하 '금융사지배구조법'이라 한다) 제32조는 '최대주주의 자격 심사 등'이라는 표제 아래, 제1항에서 금융위원회가 금융회사의 최대주주 중 최다출자자 1인(적격성 심사대상)에 대하여 일정한 기간마다 독점규제 및 공정거래에 관한 법률, 조세범 처벌법 및 금융과 관련하여 대통령령으로 정하는 법령을 위반하지 아니하는 등 대통령령으로 정하는 요건(적격성 유지요건)에 부합하는지 여부를 심사하여야 한다고 규정하고 있다. 이어 같은 조 제2항부터 제5항까지 적격성 심사대상의 적격성 유지요건 미충족 사유 발견 시 금융회사의 금융위원회에 대한 보고의무, 금융위원회의 적격성 심사를 위한 자료 또는 정보의 제공 요구, 심사 결과 적격성 유지요건을 충족하지 못한 경우의 조치 이행명령 및 건전성이 유지되기 어려운 경우의 의결권 행사 제한명령 등을 규정하고, 제6항에서 제1항에 규정된 법령의 위반에 따른 죄와 다른 죄와의 경합

범에 대하여는 형법 제38조에도 불구하고 이를 분리 심리하여 따로 선고하여야 한다고 규정하고 있다.

위와 같은 규정의 형식과 내용을 종합하여 보면, 금융사지배구조법 제32조는 금융회사의 경영건전성을 유지하기 위하여 금융위원회로 하여금 적격성 심사대상인 금융회사의 최대주주 중 최다출자자 1인에 대하여 주기적으로 일정한 법령위반 등 적격성 심사를 하도록 하고 그 심사와 조치에 필요한 사항들을 규정한 것으로 보인다.

따라서 금융사지배구조법 제32조 제6항은 피고인이 제1항에 규정된 적격성 심사대상인 최다출자자에 해당하는 경우에 적용되는 규정이라고 해석함이 타당하다(대법원 2018. 3. 27. 선고 2017도20616 판결 참조).

[3] 이 사건 공소사실에는 원심판결문 별지 범죄일람표 순번 1번, 3번 기재 각 근로자퇴직급여 보장법 위반죄가 포함되어 있는데, 금융사지배구조법 제2조 제7호, 금융사지배구조법 시행령 제5조 제3호, 제27조 제3항에 의하면, 근로자퇴직급여 보장법은 금융사지배구조법 제32조 제1항에 규정된 '금융과 관련하여 대통령령으로 정하는 법령'에 해당한다. 그러나 기록에 의하더라도 피고인이 금융사지배구조법 제32조 제1항의 적격성 심사대상인 최다출자자에 해당한다고 볼 자료가 없다.

위와 같은 사정을 앞서 본 법리에 따라 살펴보면, 피고인의 위 각 근로자퇴직급여 보장법 위반죄는 금융사지배구조법 제32조 제6항에서 규정한 분리 심리하여 따로 선고하여야 하는 경우에 해당하지 아니한다.

그런데도 원심이 피고인에 대한 이 사건 공소사실 중 위 각 근로자퇴직급여 보장법 위반의 점 및 이와 상상적 경합 관계에 있는 원심판결문 별지 범죄일람표 순번 1번, 3번 기재 각 근로기준법 위반의 점과 나머지 부분의 변론을 분리하여 심리한 후 위 각 근로자퇴직급여 보장법 위반죄, 근로기준법 위반죄와 나머지 각 죄에 대하여 별개의 형을 선고한 것은 금융사지배구조법 제32조 제6항 및 형법 제38조의 경합범의 처벌례에 관한 법리를 오해한 위법이 있고, 이는 판결 결과에 영향을 미쳤음이 분명하다.

II. 적격성 유지요건 불충족 사유의 보고

금융회사는 해당 금융회사의 적격성 심사대상이 적격성 유지요건을 충족하지 못하는 사유가 발생한 사실을 알게 된 경우에는 그 사실을 알게 된 날부터 7영업일 이내에 ⅰ) 적격성 심사대상이 충족하지 못하는 적격성 유지요건의 내용 및 충족하지 못하게 된 사유(제1호), ⅱ) 향후 적격성 유지요건 충족 가능 여부(제2호), ⅲ) 적격성 심사대상과 해당 금융회사의 거래 관계(제3호) 등을 금융위원회에 보고하여야 한다(법32②, 영27⑤).[12)]

III. 자료 또는 정보 제공 요구

금융위원회는 심사를 위하여 필요한 경우에는 금융회사 또는 적격성 심사대상에 대하여 필요한 자료 또는 정보의 제공을 요구할 수 있다(법32③). 이에 따라 금융위원회가 해당 금융회사 또는 해당 적격성 심사대상에게 다음의 구분에 따른 자료 또는 정보의 제출을 요구하는 경우 해당 금융회사 또는 해당 적격성 심사대상은 10영업일 이내에 자료 또는 정보를 제출하여야 하며, 제출하기 어려운 경우에는 그 사유를 소명하여야 한다(영27⑨).

1. 금융회사: 해당 금융회사 또는 그 최대주주 중 최다 출자자 1인인 법인 등의 주주명부, 해당 적격성 심사대상 및 그 특수관계인에 대한 정보
2. 적격성 심사대상: 주식예탁증서, 주식실물 사본, 특수관계인 범위 확인에 필요한 자료
3. 그 밖에 심사에 필요한 자료 또는 정보로서 금융위원회가 정하는 자료 또는 정보

---

12) 법 제32조 제2항 등에 의하면 금융회사는 자신의 최대주주에게 대주주 적격성 유지요건 결격사유가 발생하였다는 사실을 인지한 경우 7영업일 이내에 그 사실을 금융위원회에 보고하여야 함에도, A자산운용은 최대주주인 전 대표이사 Y가 2016. 10. 1. 한국신용정보원에 국세체납자로 등록되어 대주주 적격성 유지요건 결격사유가 발생하였다는 사실을 2016. 12. 21. 인지하였음에도 그 사실을 금융위원회에 보고하지 아니한 사실이 있어 과태료 제재를 받았다.

제3절 적격성 유지요건

"대통령령으로 정하는 요건"(적격성 유지요건)이란 다음의 요건을 말한다(영 27④).

1. 법 제5조 제1항 제1호·제2호·제5호·제6호·제7호에 해당하지 아니할 것[13]
2. 다음의 요건을 모두 충족할 것. 다만, 그 위반 등의 정도가 경미하다고 인정되거나 해당 금융회사의 건전한 업무 수행을 어렵게 한다고 볼 수 없는 경우는 제외한다.

   가. 최근 5년간 금융관계법령, 공정거래법 또는 조세범 처벌법을 위반하여 벌금형 이상에 상당하는 형사처벌을 받은 사실이 없을 것

   나. 금융산업구조개선법에 따라 부실금융기관으로 지정되었거나 금융관계법령에 따라 영업의 허가·인가·등록 등이 취소된 금융기관의 대주주 또는 그 특수관계인이 아닐 것. 다만, 법원의 판결에 따라 부실책임이 없다고 인정된 자 또는 부실에 따른 경제적 책임을 부담하는 등 금융위원회가 정하여 고시하는 기준에 해당하는 자는 제외한다.

   다. 최근 5년간 부도발생 및 그 밖에 이에 준하는 사유로 은행거래정지처분을 받은 사실이 없을 것

   라. 최근 3년간 신용정보법에 따른 종합신용정보집중기관에 금융질서 문란 정보 거래처 또는 약정한 기일 내에 채무를 변제하지 아니한 자로 등록

---

13) 다음의 어느 하나에 해당하는 사람은 금융회사의 임원이 되지 못한다(법5①).
  1. 미성년자·피성년후견인 또는 피한정후견인
  2. 파산선고를 받고 복권되지 아니한 사람
  5. 금융사지배구조법 또는 금융관계법령에 따라 벌금 이상의 형을 선고받고 그 집행이 끝나거나 (집행이 끝난 것으로 보는 경우를 포함) 집행이 면제된 날부터 5년이 지나지 아니한 사람
  6. 다음의 어느 하나에 해당하는 조치를 받은 금융회사의 임직원 또는 임직원이었던 사람 (그 조치를 받게 된 원인에 대하여 직접 또는 이에 상응하는 책임이 있는 사람으로서 대통령령으로 정하는 사람으로 한정)으로서 해당 조치가 있었던 날부터 5년이 지나지 아니한 사람
    가. 금융관계법령에 따른 영업의 허가·인가·등록 등의 취소
    나. 금융산업구조개선법 제10조 제1항에 따른 적기시정조치
    다. 금융산업구조개선법 제14조 제2항에 따른 행정처분
  7. 금융사지배구조법 또는 금융관계법령에 따라 임직원 제재조치(퇴임 또는 퇴직한 임직원의 경우 해당 조치에 상응하는 통보를 포함)를 받은 사람으로서 조치의 종류별로 5년을 초과하지 아니하는 범위에서 대통령령으로 정하는 기간이 지나지 아니한 사람

된 사실이 없을 것[14]

　마. 최근 5년간 채무자회생법에 따른 회생절차 또는 파산절차를 진행 중인 기업의 최대주주 또는 주요주주로서 해당 기업을 회생절차 또는 파산절차에 이르게 한 책임이 인정되지 아니하고 이에 직접 또는 간접으로 관련된 사실이 없을 것

제4절 요건 미충족시의 조치

I. 조치 이행명령

위반분 전체에 대한 의결권 제한과 처분명령을 규정하고 있는 대주주 변경승인의 경우와 달리, 주기적 적격성 심사에서는 금융위원회에 6개월 이내의 기간을 정하여 해당 금융회사의 경영건전성을 확보하기 위한 ⅰ) 적격성 유지요건을 충족하기 위한 조치, ⅱ) 해당 적격성 심사대상과의 거래의 제한 등 이해상충 방지를 위한 조치, ⅲ) 적격성 심사대상의 적격성 유지조건을 충족하지 못하는 사유 및 법 제32조 제4항 제1호 및 제2호의 조치와 관련한 사항을 해당 금융회사의 주주 및 금융소비자들이 알 수 있도록 인터넷 홈페이지 등에 공시, ⅳ) 그 밖에 금융회사의 경영건전성을 위하여 필요하다고 인정되는 조치로서 금융위원회가 정하여 고시하는 조치[15]를 이행할 것을 명하는 권한만이 부여되어 있다(법 32④, 영27⑥).

II. 의결권행사 금지명령

금융위원회는 심사 결과 적격성 심사대상이 ⅰ) 제1항에 규정된 법령의 위

---

14) 금융위원회는 금융회사의 최대주주 중 최다출자자 1인에 대하여 2년마다 적격성 유지요건을 심사하여야 하는데, A자산운용의 적격성 심사대상인 Y의 국세체납 등록 사실은 "최근 3년간 종합신용정보집중기관에 약정한 기일 내에 채무를 변제하지 아니한 자로 등록된 사실이 없을 것"이라는 적격성 유지요건의 불충족에 해당하여 적격성 유지요건을 충족하지 못하는 사유를 A자산운용의 주주 및 금융소비자들이 알 수 있도록 A자산운용 및 한국금융투자협회 인터넷 홈페이지에 지체 없이 공시(6개월간 공시)하는 조치를 취하였다.
15) "금융위원회가 정하여 고시하는 조치"란 다음의 어느 하나를 말한다(금융회사 지배구조 감독규정17①).
　1. 금융회사의 경영건전성을 위한 계획의 제출 요구
　2. 제1호에 따른 계획의 수정 요구
　3. 제1호 또는 제2호에 따른 계획의 이행 촉구

반으로 금고 1년 이상의 실형을 선고받고 그 형이 확정된 경우(제1호), ii) 그 밖에 건전한 금융질서 유지를 위하여 대통령령으로 정하는 경우(제2호)[16]로서 법령위반 정도를 감안할 때 건전한 금융질서와 금융회사의 건전성이 유지되기 어렵다고 인정되는 경우 5년 이내의 기간으로서 대통령령으로 정하는 기간[17] 내에 해당 적격성 심사대상이 보유한 금융회사의 의결권 있는 발행주식(최다출자자 1인이 법인인 경우 그 법인이 보유한 해당 금융회사의 의결권 있는 발행주식을 말한다) 총수의 10% 이상에 대하여는 의결권을 행사할 수 없도록 명할 수 있다(법32⑤). 의결권 행사금지는 5년 이내의 기간으로 명할 수 있으며, 대상은 해당 적격성 심사대상이 보유한 금융회사의 의결권 있는 발행주식 총수의 10% 이상이다.

최대주주 적격성 심사 결과 법령위반 행위가 발견되었을 경우 발행주식 총수의 10% 이상에 대해 의결권 행사가 제한되는데, 여기서 발행주식은 금융회사가 발행한 의결권 있는 주식 총수의 10% 이상인지, 최다출자자 1인이 보유한 의결권 있는 발행주식의 10% 이상을 의미하는지 여부이다. 의결권 행사 제한과 관련하여서는 법 제32조 제5항에서 적격성 심사대상이 보유한 금융회사의 의결권 있는 발행주식 총수의 10% 이상에 대하여 제한하고 있다. 예컨대, 금융회사의 의결권 있는 발행주식 총수가 10,000주이며, 이 중 적격성 심사대상이 1,500주를 보유한 경우라면 발행주식 총수(10,000주)의 10%(1,000주) 이상에 해당하는 501주에 대하여 의결권이 제한된다.[18]

제5절 위반시 제재

법 제32조 제2항을 위반하여 보고를 하지 아니하거나 거짓으로 보고한 자

---

16) "대통령령으로 정하는 경우"란 다음의 어느 하나에 해당하는 경우를 말한다. 다만, 제2호 및 제3호는 그 사실이 발생한 날부터 1개월 이내에 그 사실이 해소된 경우는 제외한다(영 27⑧).
   1. 제4항 제2호 나목의 요건을 충족하지 못하는 경우
   2. 최근 5년간 부도발생 및 그 밖에 이에 준하는 사유로 인하여 은행거래정지처분을 받은 경우
   3. 최근 3년간 신용정보법에 따른 종합신용정보집중기관에 금융질서 문란정보 거래처 또는 약정한 기일내에 채무를 변제하지 아니한 자로 등록된 경우
17) "대통령령으로 정하는 기간"이란 5년을 말한다. 다만, 금융위원회는 적격성 심사대상의 법령 위반 정도를 고려하여 그 기간을 줄일 수 있다(영27⑦).
18) 금융위원회(2016b), 94쪽.

(제23호), 법 제32조 제3항에 따른 금융위원회의 자료 또는 정보의 제공 요구에 따르지 아니하거나 거짓 자료 또는 정보를 제공한 자(제24호)에게는 1억원 이하의 과태료를 부과한다(법43①).

제4장 소수주주의 권리행사의 특례

제1절 소수주주권의 의의

소수주주권은 회사의 발행주식총수의 일정 비율을 가지는 주주만이 행사할 수 있는 권리를 말한다. 소수주주권은 주로 대주주의 전횡을 억제하여 회사의 이익을 옹호하기 위하여 소수주주에게 인정된 것이 많지만, 주주에 의한 권리의 남용을 방지하기 위한 취지에서 소수주주권으로 된 것도 있다.

제2절 소수주주권의 내용

Ⅰ. 주주제안권

1. 상법
의결권 없는 주식을 제외한 발행주식총수의 100분의 3 이상에 해당하는 주식을 가진 주주는 이사에게 주주총회일(정기주주총회의 경우 직전 연도의 정기주주총회일에 해당하는 그 해의 해당일)의 6주 전에 서면 또는 전자문서로 일정한 사항을 주주총회의 목적사항으로 할 것을 제안("주주제안")할 수 있다(상법363의2①).

2. 금융사지배구조법
금융회사의 경우에는 6개월 전부터 계속하여 금융회사의 의결권 있는 발행주식 총수의 1만분의 10 이상에 해당하는 주식을 보유한 자는 상법 제363조의2에 따른 주주의 권리를 행사할 수 있다(법33①). 이에 따라 다음의 어느 하나의 방법, 즉 i) 주식의 소유(제1호), ii) 주주권 행사에 관한 위임장의 취득(제2호), iii) 주주 2인 이상의 주주권 공동행사(제3호)로 주식을 보유한 자는 법 제33조 제1항에 따른 주주의 권리를 행사할 수 있다(영28①).

II. 주주총회 소집청구권과 업무 및 재산상태 검사를 위한 검사인선임 청구권

1. 상법

상법 제366조는 소수주주의 청구에 의해 주주총회가 소집될 수 있음을 규정하고 있다. 발행주식총수의 100분의 3 이상에 해당하는 주식을 가진 주주는 회의의 목적사항과 소집의 이유를 적은 서면 또는 전자문서를 이사회에 제출하여 임시총회의 소집을 청구할 수 있다(상법366①).

상법 제467조는 회사의 업무집행에 관하여 부정행위 또는 법령이나 정관에 위반한 중대한 사실이 있음을 의심할 사유가 있는 때에는 발행주식의 총수의 100분의 3 이상에 해당하는 주식을 가진 주주는 회사의 업무와 재산상태를 조사하게 하기 위하여 법원에 검사인의 선임을 청구할 수 있다(상법467①).

2. 금융사지배구조법

6개월 전부터 계속하여 금융회사의 발행주식 총수의 1만분의 150 이상(대통령령으로 정하는 금융회사[19]의 경우에는 1만분의 75 이상)에 해당하는 주식을 보유한 자는 상법 제366조 및 제467조에 따른 주주의 권리를 행사할 수 있다(법33② 전단). 이 경우 상법 제366조에 따른 주주의 권리를 행사할 때에는 의결권 있는 주식을 기준으로 한다(법33② 후단). 이에 따라 다음의 어느 하나의 방법, 즉 i) 주식의 소유(제1호), ii) 주주권 행사에 관한 위임장의 취득(제2호), iii) 주주 2인 이

---

19) "대통령령으로 정하는 금융회사"란 각각 다음 각 호의 어느 하나에 해당하는 금융회사를 말한다(영28②).
   1. 최근 사업연도 말 현재 자산총액이 5조원 이상인 은행
   2. 최근 사업연도 말 현재 자본금이 1천억원 이상인 금융투자업자
   3. 최근 사업연도 말 현재 자산총액이 5조원 이상으로서 자본금이 1천억원 이상인 보험회사
   4. 최근 사업연도 말 현재 자산총액이 7천억원 이상인 상호저축은행
   5. 최근 사업연도 말 현재 자본금이 1천억원 이상인 신용카드업자
   6. 최근 사업연도 말 현재 자산총액이 5조원 이상으로서 최근 사업연도 말 현재 자산총액이 2조원 이상인 자회사를 둘 이상 지배하는 금융지주회사

상의 주주권 공동행사(제3호)로 주식을 보유한 자는 법 제33조 제2항에 따른 주주의 권리를 행사할 수 있다(영28①).

III. 이사·감사·청산인에 대한 해임청구권

1. 상법

이사·감사는 대주주의 의사에 의해 선임되는 경우가 많으므로 이사의 부정행위가 있더라도 대주주의 비호를 받아 해임결의가 부결되는 일이 있을 수 있으므로 소수주주가 주도하여 시정할 수 있는 기회를 준 것이다.

이사 또는 감사가 그 직무에 관하여 부정행위 또는 법령이나 정관에 위반한 중대한 사실이 있음에도 불구하고 주주총회에서 그 해임을 부결한 때에는 발행주식의 총수의 100분의3 이상에 해당하는 주식을 가진 주주는 총회의 결의가 있은 날부터 1월내에 그 이사의 해임을 법원에 청구할 수 있다(상법385②, 상법415). 청산인이 그 업무를 집행함에 현저하게 부적임하거나 중대한 임무에 위반한 행위가 있는 때에는 발행주식의 총수의 100분의 3 이상에 해당하는 주식을 가진 주주는 법원에 그 청산인의 해임을 청구할 수 있다(상법539②).

2. 금융사지배구조법

6개월 전부터 계속하여 금융회사의 발행주식 총수의 10만분의 250 이상(대통령령으로 정하는 금융회사[20])의 경우에는 10만분의 125 이상)에 해당하는 주식을 대통령령으로 정하는 바에 따라 보유한 자는 상법 제385조(같은 법 제415조에서 준용하는 경우를 포함) 및 제539조에 따른 주주의 권리를 행사할 수 있다(법33③). 이에 따라 다음의 어느 하나의 방법, 즉 ⅰ) 주식의 소유(제1호), ⅱ) 주주권 행사에 관한 위임장의 취득(제2호), ⅲ) 주주 2인 이상의 주주권 공동행사(제3호)로 주식을

---

20) "대통령령으로 정하는 금융회사"란 각각 다음 각 호의 어느 하나에 해당하는 금융회사를 말한다(영28②).
　　1. 최근 사업연도 말 현재 자산총액이 5조원 이상인 은행
　　2. 최근 사업연도 말 현재 자본금이 1천억원 이상인 금융투자업자
　　3. 최근 사업연도 말 현재 자산총액이 5조원 이상으로서 자본금이 1천억원 이상인 보험회사
　　4. 최근 사업연도 말 현재 자산총액이 7천억원 이상인 상호저축은행
　　5. 최근 사업연도 말 현재 자본금이 1천억원 이상인 신용카드업자
　　6. 최근 사업연도 말 현재 자산총액이 5조원 이상으로서 최근 사업연도 말 현재 자산총액이 2조원 이상인 자회사를 둘 이상 지배하는 금융지주회사

보유한 자는 법 제33조 제3항에 따른 주주의 권리를 행사할 수 있다(영28①).

Ⅳ. 이사에 대한 위법행위유지청구권

1. 상법

이사가 법령 또는 정관에 위반한 행위를 하여 이로 인하여 회사에 회복할 수 없는 손해가 생길 염려가 있는 경우에는 감사 또는 발행주식의 총수의 100분의 1이상에 해당하는 주식을 가진 주주는 회사를 위하여 이사에 대하여 그 행위를 유지할 것을 청구할 수 있다(상법402).

2. 금융사지배구조법

6개월 전부터 계속하여 금융회사의 발행주식 총수의 100만분의 250 이상(대통령령으로 정하는 금융회사21)의 경우에는 100만분의 125 이상)에 해당하는 주식을 보유한 자는 상법 제402조에 따른 주주의 권리를 행사할 수 있다(법33④). 이에 따라 다음의 어느 하나의 방법, 즉 ⅰ) 주식의 소유(제1호), ⅱ) 주주권 행사에 관한 위임장의 취득(제2호), ⅲ) 주주 2인 이상의 주주권 공동행사(제3호)로 주식을 보유한 자는 법 제33조 제4항에 따른 주주의 권리를 행사할 수 있다(영28①).

Ⅴ. 대표소송 제기권

1. 상법

발행주식의 총수의 100분의 1이상에 해당하는 주식을 가진 주주는 회사에 대하여 이사의 책임을 추궁할 소의 제기를 청구할 수 있다(상법403①). 100분의 1의 주식에 의결권 없는 주식도 포함되며, 제소주주에 관하여 이와 같은 제한을 한 이유는 유지청구와 같이 남소를 방지하기 위한 것이다. 제소 당시에 소수주주

---

21) "대통령령으로 정하는 금융회사"란 각각 다음 각 호의 어느 하나에 해당하는 금융회사를 말한다(영28②).
　1. 최근 사업연도 말 현재 자산총액이 5조원 이상인 은행
　2. 최근 사업연도 말 현재 자본금이 1천억원 이상인 금융투자업자
　3. 최근 사업연도 말 현재 자산총액이 5조원 이상으로서 자본금이 1천억원 이상인 보험회사
　4. 최근 사업연도 말 현재 자산총액이 7천억원 이상인 상호저축은행
　5. 최근 사업연도 말 현재 자본금이 1천억원 이상인 신용카드업자
　6. 최근 사업연도 말 현재 자산총액이 5조원 이상으로서 최근 사업연도 말 현재 자산총액이 2조원 이상인 자회사를 둘 이상 지배하는 금융지주회사

의 요건을 구비한 이상 제소 후에는 지주수가 100분의 1 이하로 감소하여도 무
방하다(상법403⑤).

2. 금융사지배구조법

6개월 전부터 계속하여 금융회사의 발행주식 총수의 10만분의 1 이상에 해
당하는 주식을 보유한 자는 상법 제403조(같은 법 제324조, 제415조, 제424조의2, 제
467조의2 및 제542조에서 준용하는 경우를 포함)에 따른 주주의 권리를 행사할 수 있
다(법33⑤). 이에 따라 다음의 어느 하나의 방법, 즉 ⅰ) 주식의 소유(제1호), ⅱ)
주주권 행사에 관한 위임장의 취득(제2호), ⅲ) 주주 2인 이상의 주주권 공동행사
(제3호)로 주식을 보유한 자는 법 제33조 제5항에 따른 주주의 권리를 행사할 수
있다(영28①).

주주가 상법 제403조(같은 법 제324조, 제415조, 제424조의2, 제467조의2 및 제
542조에서 준용하는 경우를 포함)에 따른 소송을 제기하여 승소한 경우에는 금융회
사에 소송비용, 그 밖에 소송으로 인한 모든 비용의 지급을 청구할 수 있다(법33
⑦).

관련 판례 ─────────────────────────────

① 대법원 2018. 11. 29. 선고 2017다35717 판결

[1] 상법 제403조 제1항은 "발행주식의 총수의 100분의 1 이상에 해당하는
주식을 가진 주주는 회사에 대하여 이사의 책임을 추궁할 소의 제기를 청구할
수 있다.", 같은 조 제2항은 "제1항의 청구는 그 이유를 기재한 서면으로 하여야
한다.", 같은 조 제3항은 "회사가 전항의 청구를 받은 날로부터 30일 내에 소를
제기하지 아니한 때에는 제1항의 주주는 즉시 회사를 위하여 소를 제기할 수 있
다."라고 규정하고 있다. 이어 같은 조 제5항은 "제3항과 제4항의 소를 제기한
주주의 보유주식이 제소 후 발행주식 총수의 100분의 1 미만으로 감소한 경우(발
행주식을 보유하지 아니하게 된 경우를 제외한다)에도 제소의 효력에는 영향이 없
다."라고 규정하고 있다. 그리고 구 은행법(2015. 7. 31. 법률 제13453호로 개정되기
전의 것, 이하 '구 은행법'이라 한다) 제23조의5 제1항은 "6개월 이상 계속하여 은행
의 발행주식 총수의 10만분의 5 이상에 해당하는 주식을 대통령령으로 정하는
바에 따라 보유한 자는 상법 제403조에서 규정하는 주주의 권리를 행사할 수 있

다.”라고 규정하고 있다.

이러한 규정들을 종합하여 보면, 주주가 대표소송을 제기하기 위하여는 회사에 대하여 이사의 책임을 추궁할 소의 제기를 청구할 때와 회사를 위하여 그소를 제기할 때 상법 또는 구 은행법이 정하는 주식보유요건을 갖추면 되고, 소제기 후에는 보유주식의 수가 그 요건에 미달하게 되어도 무방하다. 그러나 대표소송을 제기한 주주가 소송의 계속 중에 주식을 전혀 보유하지 아니하게 되어주주의 지위를 상실하면, 특별한 사정이 없는 한 그 주주는 원고적격을 상실하여그가 제기한 소는 부적법하게 되고(상법 제403조 제5항, 대법원 2013. 9. 12. 선고 2011다57869 판결 참조), 이는 그 주주가 자신의 의사에 반하여 주주의 지위를 상실하였다 하여 달리 볼 것은 아니다.

[2] 원심은, 다음과 같은 이유로 이 사건 대표소송 제기 후 주식회사 외환은행(이하 ‘외환은행’이라고 한다)의 주식을 전혀 보유하지 않게 된 원고는 이 사건원고적격을 상실하였다고 판단하였다. 즉 원고는 이 사건 소 제기 당시 제1심 공동원고들과 함께 외환은행 발행주식의 약 0.013%인 84,080주를 보유한 주주였다. 그러나 이 사건 소송의 계속 중 외환은행과 주식회사 하나금융지주(이하 ‘하나금융지주’라고 한다)가 이 사건 주식교환을 완료하여 하나금융지주가 외환은행의100% 주주가 되고 원고는 더 이상 외환은행의 주주가 아니게 되었다. 앞에서 본법리와 기록에 비추어 살펴보면, 원심의 판단에 상고이유 주장과 같은 상법 제403조의 주주대표소송의 원고적격에 관한 법리오해 등의 위법이 없다.

② 대법원 2019. 5. 10. 선고 2017다279326 판결

[1] 상법 제403조 제1항은 “발행주식의 총수의 100분의 1 이상에 해당하는주식을 가진 주주는 회사에 대하여 이사의 책임을 추궁할 소의 제기를 청구할수 있다.”, 같은 조 제2항은 “제1항의 청구는 그 이유를 기재한 서면으로 하여야한다.”, 같은 조 제3항은 “회사가 전항의 청구를 받은 날로부터 30일 내에 소를제기하지 아니한 때에는 제1항의 주주는 즉시 회사를 위하여 소를 제기할 수 있다.”라고 규정하고 있다. 이어 같은 조 제5항은 “제3항과 제4항의 소를 제기한주주의 보유주식이 제소 후 발행주식 총수의 100분의 1 미만으로 감소한 경우(발행주식을 보유하지 아니하게 된 경우를 제외한다)에도 제소의 효력에는 영향이 없다.”라고 규정하고 있다. 그리고 금융회사의 지배구조에 관한 법률 제33조는 “6

개월 전부터 계속하여 금융회사의 발행주식 총수의 10만분의 1 이상에 해당하는 주식을 대통령령으로 정하는 바에 따라 보유한 자는 상법 제403조에 따른 주주의 권리를 행사할 수 있다."고 규정하고 있다.

이러한 규정들을 종합하여 보면, 주주가 대표소송을 제기하기 위하여는 회사에 대하여 이사의 책임을 추궁할 소의 제기를 청구할 때와 회사를 위하여 그 소를 제기할 때 상법 또는 금융회사의 지배구조에 관한 법률이 정하는 주식보유요건을 갖추면 되고, 소 제기 후에는 보유주식의 수가 그 요건에 미달하게 되어도 무방하다. 그러나 대표소송을 제기한 주주가 소송의 계속 중에 주식을 전혀 보유하지 아니하게 되어 주주의 지위를 상실하면, 특별한 사정이 없는 한 그 주주는 원고적격을 상실하여 그가 제기한 소는 부적법하게 되고, 이는 그 주주가 자신의 의사에 반하여 주주의 지위를 상실하였다 하여 달리 볼 것은 아니다(대법원 2018. 11. 29. 선고 2017다35717 판결 등 참조).

[2] 원심은, 다음과 같은 이유로 이 사건 대표소송 제기 후 현대증권 주식회사(이하 '현대증권'이라고 한다)의 주식을 전혀 보유하지 않게 된 원고들은 이 사건 원고적격을 상실하였다고 판단하였다. 즉 원고들은 이 사건 소 제기 당시 제1심 공동원고들과 함께 현대증권 발행주식의 약 0.7607%인 1,800,090주를 보유한 현대증권의 주주였다. 그러나 이 사건 소송의 계속 중 현대증권과 주식회사 케이비금융지주(이하 '케이비금융지주'라고 한다)가 이 사건 주식교환을 완료함으로써 케이비금융지주가 현대증권의 100% 주주가 되고 원고들은 현대증권의 주주의 지위를 상실하게 되었다.

앞에서 본 법리와 기록에 비추어 살펴보면, 원심의 판단에 상고이유 주장과 같은 상법 제403조에서 정한 주주대표소송의 원고적격에 관한 법리오해 등의 위법이 없다.

VI. 회계장부열람권

1. 상법

재무제표 등 공시서류는 회사가 공시를 의식하고 작성하는 것인만큼 분식의 가능성이 있을 뿐만 아니라 역시 간접적인 정보에 불과하므로 상법은 소수주주에게 직접 회계의 장부와 서류를 열람할 수 있는 권리를 부여하고 있다. 이를 주주의 회계장부열람권이라고 말하며, 이를 본안으로 하는 가처분도 허용된다. 발행주식의 총수의 100분의 3 이상에 해당하는 주식을 가진 주주는 이유를 붙인 서면으로 회계의 장부와 서류의 열람 또는 등사를 청구할 수 있다(상법466①).

2. 금융사지배구조법

6개월 전부터 계속하여 금융회사의 발행주식 총수의 10만분의 50 이상(대통령령으로 정하는 금융회사[22]의 경우에는 10만분의 25 이상)에 해당하는 주식을 보유한 자는 상법 제466조에 따른 주주의 권리를 행사할 수 있다(법33⑥). 이에 따라 다음의 어느 하나의 방법, 즉 ⅰ) 주식의 소유(제1호), ⅱ) 주주권 행사에 관한 위임장의 취득(제2호), ⅲ) 주주 2인 이상의 주주권 공동행사(제3호)로 주식을 보유한 자는 법 제33조 제4항에 따른 주주의 권리를 행사할 수 있다(영28①).

제3절 상법상 소수주주권 행사

앞의 금융사지배구조법상 소수주주권 행사에 관한 법 제33조 제1항부터 제6항까지의 규정은 그 각 항에서 규정하는 상법의 해당 규정에 따른 소수주주권의 행사에 영향을 미치지 아니한다(법33⑧).

---

22) "대통령령으로 정하는 금융회사"란 각각 다음 각 호의 어느 하나에 해당하는 금융회사를 말한다(영28②).
   1. 최근 사업연도 말 현재 자산총액이 5조원 이상인 은행
   2. 최근 사업연도 말 현재 자본금이 1천억원 이상인 금융투자업자
   3. 최근 사업연도 말 현재 자산총액이 5조원 이상으로서 자본금이 1천억원 이상인 보험회사
   4. 최근 사업연도 말 현재 자산총액이 7천억원 이상인 상호저축은행
   5. 최근 사업연도 말 현재 자본금이 1천억원 이상인 신용카드업자
   6. 최근 사업연도 말 현재 자산총액이 5조원 이상으로서 최근 사업연도 말 현재 자산총액이 2조원 이상인 자회사를 둘 이상 지배하는 금융지주회사

제 6 편

처분 및 제재절차 등

제1장 처분 및 제재절차

제1절 금융회사에 대한 조치

I. 금융회사

금융위원회는 금융회사가 아래 [별표] 각 호의 어느 하나에 해당하는 경우에는 ⅰ) 위법행위의 시정명령, ⅱ) 위법행위의 중지명령, ⅲ) 금융회사에 대한 경고, ⅳ) 금융회사에 대한 주의, ⅴ) 위법행위로 인하여 조치를 받았다는 사실의 공표명령 또는 게시명령, ⅵ) 경영이나 업무방법의 개선요구 또는 개선권고, ⅶ) 금융사지배구조법을 위반한 경우 수사기관에의 고발 또는 통보 조치를 할 수 있다(법34①, 영29).

[별표] 금융회사 및 임직원에 대한 조치(제34조 및 제35조 관련)
1. 제5조를 위반하여 임원 선임과 관련된 의무를 이행하지 아니하는 경우
2. 제6조를 위반하여 사외이사 선임과 관련된 의무를 이행하지 아니하는 경우
3. 제7조 제1항을 위반하여 임원의 자격요건 적합 여부를 확인하지 아니한 경우
4. 제7조 제2항을 위반하여 공시 또는 보고를 하지 아니하거나 거짓으로 공시 또는 보고를 한 경우

5. 제7조 제3항을 위반하여 해임(사임을 포함)사실을 공시 또는 보고를 하지 아니하거나 거짓으로 공시 또는 보고를 한 경우

6. 제8조 제1항을 위반하여 이사회의 의결을 거치지 아니하고 주요업무집행책임자를 임면한 경우

7. 제10조를 위반하여 겸직하는 경우

8. 제11조 제1항 및 제2항을 위반하여 겸직 승인을 받지 아니한 경우 또는 겸직 보고를 하지 아니하거나 거짓으로 보고하는 경우

9. 제11조 제3항에 따른 금융위원회의 명령을 따르지 아니한 경우

10. 제12조를 위반하여 이사회의 구성과 관련된 의무를 이행하지 아니하는 경우

11. 제13조 제2항을 위반하여 공시를 하지 아니하거나 거짓으로 공시를 한 경우 또는 선임사외이사를 선임하지 아니하는 경우

12. 제13조 제4항을 위반하여 선임사외이사의 업무를 방해하거나 협조를 거부하는 경우

13. 제14조를 위반하여 지배구조내부규범과 관련된 의무를 이행하지 아니하는 경우

14. 제15조 제1항 및 제2항을 위반하여 이사회의 심의·의결에 관한 의무를 이행하지 아니하는 경우

15. 제16조를 위반하여 이사회내 위원회 설치 및 구성과 관련된 의무를 이행하지 아니하는 경우

16. 제17조를 위반하여 임원 선임과 관련된 의무를 이행하지 아니하는 경우

17. 제18조를 위반하여 사외이사에게 자료나 정보를 제공하지 아니하거나 거짓으로 제공하는 경우

18. 제19조를 위반하여 감사위원회의 구성 및 감사위원의 선임 등과 관련된 의무를 이행하지 아니하는 경우

19. 제20조를 위반하여 감사위원회 또는 감사에 대한 지원 등과 관련된 의무를 이행하지 아니하는 경우

20. 제21조를 위반하여 위험관리위원회의 심의·의결에 관한 의무를 이행하지 아니하는 경우

21. 제22조 제1항을 위반하여 보수위원회의 심의·의결에 관한 의무를 이행하지 아니하는 경우

22. 제22조 제2항 및 제3항을 위반하여 보수체계 등에 관한 의무를 이행하지 아니하는 경우

23. 제22조 제4항 및 제5항을 위반하여 연차보고서를 작성하지 아니한 경우 또는 공시를 하지 아니하거나 거짓으로 공시하는 경우

23의2. 제22조의2 제1항을 위반하여 내부통제위원회의 심의·의결에 관한 의무를 이행하지 아니하는 경우[1]

24. 제23조 제2항 및 제3항을 위반하여 상근감사를 선임하지 아니하거나 자격요건을 갖추지 못한 상근감사를 선임하는 경우

25. 제24조를 위반하여 내부통제기준과 관련된 의무를 이행하지 아니하는 경우

26. 제25조 제1항을 위반하여 준법감시인을 두지 아니하는 경우

27. 제25조 제2항부터 제6항까지(제28조 제2항에서 준용하는 경우를 포함) 를 위반하여 준법감시인 임면 및 보수지급과 평가기준 운영에 관련된 의무를 이행하지 아니하는 경우

28. 제26조에 따른 자격요건을 갖추지 못한 준법감시인을 선임하는 경우

29. 제27조를 위반하여 위험관리기준과 관련된 의무를 이행하지 아니하는 경우

30. 제28조 제1항을 위반하여 위험관리책임자를 두지 아니하는 경우

31. 제28조 제3항 및 제4항에 따른 자격요건을 갖추지 못한 위험관리책임자를 선임하는 경우

32. 제29조를 위반하여 준법감시인 또는 위험관리책임자가 같은 조 각 호의 어느 하나에 해당하는 업무를 수행하는 직무를 담당하거나 준법감시인 또는 위험관리책임자에게 이를 담당하게 하는 경우

33. 제30조 제2항을 위반하여 준법감시인 및 위험관리책임자의 임면사실을 보고하지 아니하거나 거짓 보고하는 경우

34. 제30조 제3항을 위반하여 준법감시인 및 위험관리책임자에 자료나 정보를 제공하지 아니하거나 거짓으로 제공하는 경우

35. 제30조 제4항을 위반하여 준법감시인 및 위험관리책임자에 대하여 인사상의 불이익을 주는 경우

35의2. 제30조의3 제1항부터 제6항까지(제5항은 제외)를 위반하여 책무구조도 마련·제출 또는 변경 관련 의무를 이행하지 아니한 경우[2]

36. 제32조 제2항을 위반하여 적격성 유지요건을 충족하지 못함을 보고하지 아니하는 경우

---

1) [신설 2024.1.2] [시행일 2024.7.3.].
2) [신설 2024.1.2] [시행일 2024.7.3.].

37. 제32조 제3항에 따른 금융위원회의 자료제출 또는 정보제공 요구에 따르지 아니하거나 거짓 자료 또는 정보를 제공하는 경우

38. 제33조에 따른 소수주주권의 행사를 부당한 방법으로 방해한 경우

39. 제38조 제2항을 위반하여 조치한 내용을 기록하지 아니하거나 이를 유지·관리하지 아니하는 경우

40. 제41조 제1항을 위반하여 주주총회와 관련한 공시를 하지 아니하거나 거짓으로 공시한 경우

41. 제41조 제2항을 위반하여 주주가 주주의 권리를 행사한 내용을 공시하지 아니하거나 거짓으로 공시한 경우

II. 은행, 보험회사 및 여신전문금융회사

1. 은행

은행이 위의 [별표] 각 호의 어느 하나에 해당하는 경우에는 금융위원회는 은행에 대해서는 금융감독원장의 건의에 따라 위법행위의 시정명령, 위법행위로 인하여 조치를 받았다는 사실의 공표명령 또는 게시명령, 경영이나 업무방법의 개선요구 또는 개선권고, 또는 금융사지배구조법을 위반한 경우 수사기관에의 고발 또는 통보의 어느 하나에 해당하는 조치를 하거나, 금융감독원장으로 하여금 위법행위의 중지명령, 금융회사에 대한 경고, 또는 금융회사에 대한 주의의 어느 하나에 해당하는 조치를 하게 할 수 있다(법34②(1)).

2. 보험회사 또는 여신전문금융회사

보험회사 또는 여신전문금융회사가 위의 [별표] 각 호의 어느 하나에 해당하는 경우에는 금융위원회는 보험회사 또는 여신전문금융회사에 대해서는 금융감독원장의 건의에 따라 ⅰ) 위법행위의 시정명령, ⅱ) 위법행위의 중지명령, ⅲ) 금융회사에 대한 경고, ⅳ) 금융회사에 대한 주의, ⅴ) 위법행위로 인하여 조치를 받았다는 사실의 공표명령 또는 게시명령, ⅵ) 경영이나 업무방법의 개선요구 또는 개선권고, ⅶ) 금융사지배구조법을 위반한 경우 수사기관에의 고발 또는 통보 조치를 하거나, 금융감독원장으로 하여금 금융회사에 대한 경고 또는 금융회사에 대한 주의 조치를 하게 할 수 있다(법34②(2)).

Ⅲ. 보험회사 제재사실의 공표

금융위원회는 보험회사가 법 제34조 제1항에 따른 제재를 받은 경우 그 사실을 공표하도록 할 수 있다(감독규정18 전단). 이 경우 공표의 세부적인 절차와 방법은 보험업법 시행령 제73조의2[3])에 따른다(감독규정18 후단).

제2절 임직원에 대한 제재조치

Ⅰ. 임원에 대한 조치

1. 금융회사

금융위원회는 금융회사의 임원(업무집행책임자는 제외)이 위의 [별표] 각 호의 어느 하나에 해당하는 경우에는 해임요구, 6개월 이내의 직무정지 또는 임원의 직무를 대행하는 관리인의 선임, 문책경고, 주의적 경고, 또는 주의 조치를 할 수 있다(법35①).

2. 은행, 보험회사 및 여신전문금융회사

(1) 은행

은행의 임원에 대해서는 금융감독원장의 건의에 따라 해임요구, 또는 6개월 이내의 직무정지 또는 임원의 직무를 대행하는 관리인의 선임 조치를 할 수 있으며, 금융감독원장으로 하여금 문책경고, 주의적 경고, 또는 주의 조치를 하게 할 수 있다(법35③(1)).

---

3) 제73조의2(제재 사실의 공표) ① 금융위원회는 법 제134조 제3항에 따라 보험회사가 같은 조 제1항 및 제2항에 따른 제재를 받은 경우에는 그 사실을 다음 각 호의 구분에 따라 공표하도록 할 수 있다.
  1. 보험회사에 대한 경고, 임원의 해임권고·직무정지의 요구: 해당 보험회사의 인터넷 홈페이지에 7영업일 이상 게재
  2. 시정명령, 영업의 일부 또는 전부의 정지, 허가취소: 전국적으로 배포되는 일간신문에 1회 이상 게재 및 해당 보험회사의 본점과 영업소에 7영업일 이상 게시
  ② 제1항에서 규정한 사항 외에 제재 사실의 공표에 필요한 세부사항은 금융위원회가 정하여 고시한다.

(2) 보험회사 또는 여신전문금융회사

보험회사 또는 여신전문금융회사의 임원에 대해서는 금융감독원장의 건의에 따라 해임요구, 6개월 이내의 직무정지 또는 임원의 직무를 대행하는 관리인의 선임, 문책경고, 주의적 경고, 또는 주의 조치를 하거나, 금융감독원장으로 하여금 문책경고, 주의적 경고, 또는 주의 조치를 하게 할 수 있다(법35③(2)).

II. 직원에 대한 조치요구

1. 금융회사

금융위원회는 금융회사의 직원(업무집행책임자를 포함)이 위의 [별표] 각 호의 어느 하나에 해당하는 경우에는 면직, 6개월 이내의 정직, 감봉, 견책, 또는 주의 조치를 할 것을 그 금융회사에 요구할 수 있다(법35②).

2. 은행, 보험회사 및 여신전문금융회사

(1) 은행

금융감독원장은 은행의 직원에 대해서는 면직, 6개월 이내의 정직, 감봉, 견책, 또는 주의 조치를 할 것을 그 금융회사에 요구할 수 있다(법35④(1)).

(2) 보험회사 또는 여신전문금융회사

금융위원회는 보험회사 또는 여신전문금융회사의 직원에 대해서는 면직, 6개월 이내의 정직, 감봉, 견책, 또는 주의 조치를 할 것을 금융감독원장의 건의에 따라 그 금융회사에 요구하거나, 금융감독원장으로 하여금 요구하게 할 수 있다(법35④(2)).

III. 관리·감독 책임이 있는 임직원에 대한 조치 등

금융위원회는 금융회사의 임직원에 대하여 조치를 하거나 해당 조치를 하도록 요구하는 경우 그 임직원에 대한 관리·감독의 책임이 있는 임직원에 대한 조치를 함께 하거나, 해당 조치를 하도록 요구할 수 있다(법35⑤ 본문). 다만, 관리·감독의 책임이 있는 사람이 그 임직원의 관리·감독에 상당한 주의를 다한 경우에는 조치를 감경하거나 면제할 수 있다(법35⑤ 단서).

Ⅳ. 퇴임한 임원 또는 퇴직한 직원에 대한 조치와 통보

금융위원회(조치를 하거나 조치를 할 것을 요구할 수 있는 금융감독원장을 포함)는 금융회사의 퇴임한 임원 또는 퇴직한 직원이 재임 또는 재직 중이었더라면 조치를 받았을 것으로 인정되는 경우에는 그 조치의 내용을 해당 금융회사의 장에게 통보할 수 있다(법35⑥ 전단). 이 경우 통보를 받은 금융회사의 장은 이를 퇴임·퇴직한 해당 임직원에게 통보하여야 한다(법35⑥ 후단).

제3절 내부통제등 관리의무 위반에 대한 제재 등

내부통제등 관리의무 위반에 대한 제재 등에 관한 아래 내용은 2024년 1월 2일 신설되어 2024년 7월 3일부터 시행된다.[4]

Ⅰ. 임원 또는 대표이사등에 대한 제재조치

금융위원회는 임원이 제30조의2(임원의 내부통제등 관리의무)를 위반하거나 대표이사등이 제30조의4(대표이사등의 내부통제등 총괄 관리의무)를 위반하는 경우에는 제35조(임직원에 대한 제재조치)에 따른 조치(같은 조 제5항에 따른 조치는 제외)를 할 수 있다(법35의2①).

Ⅱ. 제재조치의 감경 또는 면제

금융위원회는 조치를 하는 경우에는 다음의 사항을 고려하여 제재조치를 감경하거나 면제할 수 있다(법35의2②).

1. 임직원의 법령 또는 내부통제기준등 위반행위의 발생 경위, 정도와 그 결과
2. 제1호에 따른 위반행위의 발생을 방지하기 위하여 상당한 주의를 다하여 제30조의2 또는 제30조의4에 따른 관리의무를 수행하였는지 여부

---

4) [신설 2024.1.2] [시행일 2024.7.3.]. 부칙[2024.1.2. 제19913호] 제4조(내부통제등 관리의무에 대한 적용례) 제30조의2 및 제30조의4의 개정규정은 부칙 제6조에 따라 최초로 책무구조도를 작성하여 금융위원회에 제출한 경우부터 적용한다.

Ⅲ. 금융회사에 대한 조치

금융위원회는 임원 또는 대표이사등에 대하여 제재조치를 하는 경우 해당 금융회사에 대하여 제34조(금융회사에 대한 조치) 제1항 각 호의 조치를 할 수 있다(법35의2③ 전단). 이 경우 제2조 제1호 가목(＝은행), 다목(＝보험회사) 및 마목(＝여신전문금융회사)에 따른 금융회사에 대한 조치는 제34조 제2항 각 호에서 정하는 바에 따른다(법35의2③ 후단).

제4절 청문 및 이의신청

Ⅰ. 청문

금융위원회는 법 제35조 제1항부터 제5항까지 및 제35조의2에 따른 조치 중 임원의 해임요구 또는 직원의 면직요구의 조치를 할 경우 청문을 하여야 한다(법36).5)

Ⅱ. 이의신청

1. 이의신청 기간

금융위원회의 금융회사에 대한 조치, 임직원에 대한 제재조치 및 내부통제 등 관리의무 위반에 대한 제재 등(해임요구 또는 면직요구의 조치는 제외)에 대하여 불복하는 자는 그 조치를 고지받은 날부터 30일 이내에 그 사유를 갖추어 금융위원회에 이의를 신청할 수 있다(법37①).

2. 이의신청에 대한 결정기간

금융위원회는 이의신청에 대하여 60일 이내에 결정을 하여야 한다(법37② 본문). 다만, 부득이한 사정으로 그 기간 이내에 결정을 할 수 없는 경우에는 30일의 범위에서 그 기간을 연장할 수 있다(법37② 단서).

---

5) [개정 2024.1.2] [시행일 2024.7.3.].

3. 행정기본법의 적용

앞의 법 제37조 제1항 및 제2항에서 규정한 사항 외에 처분에 대한 이의신청에 관한 사항은 행정기본법 제36조6)에 따른다(법37③).

제5절 기록 및 조회 등

I. 금융위원회의 조치의 기록과 유지·관리

금융위원회는 제34조(금융회사에 대한 조치), 제35조(임직원에 대한 제재조치) 및 제35조의2(내부통제등 관리의무 위반에 대한 제재 등)에 따라 조치한 경우에는 그 내용을 기록하고 이를 유지·관리하여야 한다(법38①).7)

II. 금융회사의 조치 내용 기록과 유지·관리

금융회사는 금융위원회의 조치 요구에 따라 그 임직원을 조치한 경우 및 제

---

6) 제36조(처분에 대한 이의신청) ① 행정청의 처분(행정심판법 제3조에 따라 같은 법에 따른 행정심판의 대상이 되는 처분)에 이의가 있는 당사자는 처분을 받은 날부터 30일 이내에 해당 행정청에 이의신청을 할 수 있다.

② 행정청은 제1항에 따른 이의신청을 받으면 그 신청을 받은 날부터 14일 이내에 그 이의신청에 대한 결과를 신청인에게 통지하여야 한다. 다만, 부득이한 사유로 14일 이내에 통지할 수 없는 경우에는 그 기간을 만료일 다음 날부터 기산하여 10일의 범위에서 한 차례 연장할 수 있으며, 연장 사유를 신청인에게 통지하여야 한다.

③ 제1항에 따라 이의신청을 한 경우에도 그 이의신청과 관계없이 행정심판법에 따른 행정심판 또는 행정소송법에 따른 행정소송을 제기할 수 있다.

④ 이의신청에 대한 결과를 통지받은 후 행정심판 또는 행정소송을 제기하려는 자는 그 결과를 통지받은 날(제2항에 따른 통지기간 내에 결과를 통지받지 못한 경우에는 같은 항에 따른 통지기간이 만료되는 날의 다음 날)부터 90일 이내에 행정심판 또는 행정소송을 제기할 수 있다.

⑤ 다른 법률에서 이의신청과 이에 준하는 절차에 대하여 정하고 있는 경우에도 그 법률에서 규정하지 아니한 사항에 관하여는 이 조에서 정하는 바에 따른다.

⑥ 제1항부터 제5항까지에서 규정한 사항 외에 이의신청의 방법 및 절차 등에 관한 사항은 대통령령으로 정한다.

⑦ 다음의 어느 하나에 해당하는 사항에 관하여는 이 조를 적용하지 아니한다.

1. 공무원 인사 관계 법령에 따른 징계 등 처분에 관한 사항
2. 국가인권위원회법 제30조에 따른 진정에 대한 국가인권위원회의 결정
3. 노동위원회법 제2조의2에 따라 노동위원회의 의결을 거쳐 행하는 사항
4. 형사, 행형 및 보안처분 관계 법령에 따라 행하는 사항
5. 외국인의 출입국·난민인정·귀화·국적회복에 관한 사항
6. 과태료 부과 및 징수에 관한 사항

7) [개정 2024.1.2] [시행일 2024.7.3.].

35조 제6항에 따라 퇴임한 임원 또는 퇴직한 직원에 대한 조치와 통보와 관련하여 통보를 받은 경우에는 그 내용을 기록하고 이를 유지·관리하여야 한다(법38②).

Ⅲ. 금융회사 또는 그 임직원의 조치 여부 및 그 내용 조회

금융회사 또는 그 임직원(임직원이었던 사람을 포함)은 금융위원회 또는 금융회사에 자기에 대한 제34조(금융회사에 대한 조치), 제35조(임직원에 대한 제재조치) 및 제35조의2(내부통제등 관리의무 위반에 대한 제재 등)에 따른 조치 여부 및 그 내용을 조회할 수 있다(법38③).

Ⅳ. 금융위원회 또는 금융회사의 조치 여부 및 그 내용 통보

금융위원회 또는 금융회사는 조회를 요청받은 경우에는 정당한 사유가 없으면 조치 여부 및 그 내용을 그 조회요청자에게 통보하여야 한다(법38④).

제6절 이행강제금

Ⅰ. 주식처분명령 불이행

금융위원회는 승인을 받지 아니하고 취득등을 한 주식과 취득등을 한 후 승인을 신청하지 아니한 주식에 대하여 6개월 이내의 기간을 정하여 주식처분명령(법31③)을 받은 자가 그 정한 기간 이내에 그 명령을 이행하지 아니하면 이행기간이 지난 날부터 1일당 그 처분하여야 하는 주식의 장부가액에 1만분의 3을 곱한 금액을 초과하지 아니하는 범위에서 이행강제금을 부과할 수 있다(법39①).

Ⅱ. 이행강제금 부과기간

이행강제금은 주식처분명령에서 정한 이행기간의 종료일의 다음 날부터 주식처분명령을 이행하는 날(주권지급일)까지의 기간에 대하여 이를 부과한다(법39②).

Ⅲ. 이행강제금 징수

금융위원회는 주식처분명령을 받은 자가 주식처분명령에서 정한 이행기간의 종료일부터 90일이 지난 후에도 그 명령을 이행하지 아니하면 그 종료일부터 매 90일이 지나는 날을 기준으로 하여 이행강제금을 징수한다(법39③).

Ⅳ. 은행법 준용

이행강제금의 부과 및 징수에 관하여는 은행법 제65조의4부터 제65조의8까지, 제65조의10 및 제65조의11을 준용한다(법39④).

제2장 형사제재

제1절 1년 이하의 징역 또는 1천만원 이하의 벌금

법 제31조 제1항 또는 제2항을 위반하여 승인을 받지 아니한 자 또는 승인신청을 하지 아니한 자(제1호), 법 제31조 제3항에 따른 주식처분명령을 위반한자(제2호)는 1년 이하의 징역 또는 1천만원 이하의 벌금에 처한다(법42①).

제2절 병과

징역과 벌금은 이를 병과할 수 있다(법42②).

제3절 양벌규정

법인의 대표자나 법인 또는 개인의 대리인, 사용인, 그 밖의 종업원이 그 법인 또는 개인의 업무에 관하여 제1항의 위반행위를 하면 그 행위자를 벌하는 외에 그 법인 또는 개인에게도 해당 조문의 벌금형을 과(科)한다(법42③ 본문). 다만, 법인 또는 개인이 그 위반행위를 방지하기 위하여 해당 업무에 관하여 상당한 주의와 감독을 게을리하지 아니한 경우에는 그러하지 아니하다(법42③ 단서).

제3장 과태료

제1절 1억원 이하의 과태료

다음의 어느 하나에 해당하는 자에게는 1억원 이하의 과태료를 부과한다(법 43①).

1. 제8조 제1항을 위반하여 이사회의 의결을 거치지 아니하고 주요업무집행책임자를 임면한 자
2. 제12조 제1항 및 제2항을 위반하여 같은 항에 규정된 사외이사 선임의무를 이행하지 아니한 자
3. 제12조 제3항을 위반하여 같은 조 제1항 및 제2항의 이사회의 구성요건을 충족시키지 아니한 자
4. 제13조 제2항을 위반하여 선임사외이사를 선임하지 아니한 자
5. 제13조 제4항을 위반하여 선임사외이사의 업무를 방해하거나 협조를 거부한 자
6. 제16조 제1항 및 같은 조 제2항 단서를 위반하여 이사회내 위원회를 설치하지 아니한 자
7. 제16조 제4항을 위반하여 위원회 위원의 과반수를 사외이사로 두지 아니한 자
8. 제17조 제1항을 위반하여 임원후보를 추천하지 아니한 자
9. 제17조 제2항을 위반하여 임원후보추천위원회를 구성한 자
10. 제17조 제3항에 따라 임원을 선임하지 아니한 자
11. 제17조 제4항을 위반하여 주주제안권을 행사할 수 있는 요건을 갖춘 주주가 추천한 사외이사 후보를 포함시키지 아니한 자
12. 제19조 제1항 및 제2항을 위반하여 같은 항에 규정된 요건을 모두 충족하

는 감사위원회를 설치하지 아니한 자

13. 제19조 제3항을 위반하여 같은 조 제1항 및 제2항의 감사위원회의 구성요건을 충족시키지 아니한 자

14. 제19조 제4항부터 제7항까지의 규정을 위반하여 감사위원의 선임절차를 준수하지 아니한 자

15. 제19조 제8항을 위반하여 상근감사를 두지 아니한 자

16. 제24조 제1항을 위반하여 내부통제기준을 마련하지 아니한 자

17. 제25조 제1항을 위반하여 준법감시인을 두지 아니한 자

18. 제25조 제2항에 따라 준법감시인을 선임하지 아니한 자

19. 제25조 제3항에 따른 의결절차(제28조제2항에서 준용하는 경우를 포함한다)를 거치지 아니하고 준법감시인을 임면한 자

20. 제25조 제5항을 위반하여 준법감시인을 선임한 자

21. 제27조 제1항을 위반하여 위험관리기준을 마련하지 아니한 자

22. 제28조 제1항을 위반하여 위험관리책임자를 두지 아니한 자

22의2. 제30조의3 제3항에 따른 절차를 거치지 아니하고 책무구조도를 마련한 자[8]

23. 제32조 제2항을 위반하여 보고를 하지 아니하거나 거짓으로 보고한 자

24. 제32조 제3항에 따른 금융위원회의 자료 또는 정보의 제공 요구에 따르지 아니하거나 거짓 자료 또는 정보를 제공한 자

25. 제34조에 따른 시정명령·중지명령 및 조치를 이행하지 아니한 자

26. 제35조에 따른 임직원에 대한 조치요구를 이행하지 아니한 자

제2절 3천만원 이하의 과태료

다음의 어느 하나에 해당하는 자에게는 3천만원 이하의 과태료를 부과한다 (법43②).

1. 제7조 제1항을 위반하여 임원의 자격요건 적합 여부를 확인하지 아니한 자

1의2. 1의2. 제7조제2항을 위반하여 그 사실 및 자격요건 적합 여부와 그 사유 등에 관한 공시 또는 보고를 하지 아니하거나 거짓으로 공시 또는 보고를 한 자[9]

---

8) [신설 2024.1.2] [시행일 2024.7.3.].
9) [개정 2024.1.2] [시행일 2024.7.3.].

1의3. 제7조 제3항을 위반하여 임원의 해임(사임을 포함)에 관한 공시 또는 보고를 하지 아니하거나 거짓으로 공시 또는 보고를 한 자

2. 제10조를 위반하여 겸직하게 하거나 겸직한 자

2의2. 제11조 제1항 본문을 위반하여 겸직승인을 받지 아니한 자

2의3. 제11조 제1항 단서 및 같은 조 제2항을 위반하여 겸직보고를 하지 아니하거나 거짓으로 보고한 자

2의4. 제13조 제2항을 위반하여 사외이사가 아닌 자를 이사회 의장으로 선임하면서 그 사유를 공시하지 아니하거나 거짓으로 공시한 자

2의5. 제14조 제3항을 위반하여 공시를 하지 아니하거나 거짓으로 공시한 자

3. 제18조(제20조 제4항에서 준용하는 경우를 포함)를 위반하여 자료나 정보를 제공하지 아니하거나 거짓으로 제공한 자

4. 제20조 제2항을 위반하여 담당부서를 설치하지 아니한 자

5. 제20조 제3항을 위반하여 보고서를 제출하지 아니한 자

5의2. 제22조 제4항 및 제5항에 따른 연차보고서의 공시를 하지 아니하거나 거짓으로 공시한 자

6. 제25조 제6항(제28조 제2항에서 준용하는 경우를 포함)을 위반하여 준법감시인에 대한 별도의 보수지급 및 평가 기준을 운영하지 아니한 자

7. 제29조를 위반하여 준법감시인 또는 위험관리책임자가 같은 조 각 호의 어느 하나에 해당하는 업무를 수행하는 직무를 담당하거나 준법감시인 또는 위험관리책임자에게 이를 담당하게 한 자

8. 제30조 제2항을 위반하여 준법감시인 및 위험관리책임자의 임면사실을 보고하지 아니하거나 거짓으로 보고한 자

8의2. 제30조의3 제4항을 위반하여 책무구조도를 제출하지 아니한 자[10]

9. 제41조 제1항을 위반하여 주주총회와 관련한 공시를 하지 아니하거나 거짓으로 공시한 자

10. 제41조 제2항을 위반하여 주주가 주주의 권리를 행사한 내용을 공시하지 아니하거나 거짓으로 공시한 자

제3절 2천만원 이하의 과태료

금융회사의 임직원으로서 금융사지배구조법에 따른 서류의 비치·제출·보

---

10) [신설 2024.1.2] [시행일 2024.7.3.].

고·공고 또는 공시를 게을리한 자에게는 2천만원 이하의 과태료를 부과한다(법 43③).

제4절 과태료의 부과기준

과태료는 금융위원회가 부과·징수한다(법43④). 이에 따른 과태료의 부과기준은 [별표 2]와 같다(영34).

[별표 2]
과태료의 부과기준(제34조 관련)

1. 일반기준
금융위원회는 위반행위의 정도, 위반행위의 동기와 그 결과 등을 고려하여 제2호에 따른 과태료 금액을 감경 또는 면제하거나 2분의 1의 범위에서 늘릴 수 있다. 다만, 늘리는 경우에도 법 제43조 제1항부터 제3항까지의 규정에 따른 과태료 금액의 상한을 넘을 수 없다.

2. 개별기준

(단위: 만원)

위반행위	근거 법조문	과태료금액
가. 법 제7조 제1항을 위반하여 임원의 자격요건 적합 여부를 확인하지 않은 경우	법 제43조 제2항 제1호	3,000
나. 법 제7조 제2항을 위반하여 그 사실 및 자격요건 적합 여부와 그 사유 등에 관한 공시 또는 보고를 하지 않거나 거짓으로 공시 또는 보고를 한 경우	법 제43조 제2항 제1호의2	1,800
다. 법 제7조 제3항을 위반하여 임원의 해임(사임을 포함한다)에 관한 공시 또는 보고를 하지 않거나 거짓으로 공시 또는 보고를 한 경우	법 제43조 제2항 제1호의3	1,800
라. 법 제8조 제1항을 위반하여 이사회의 의결을 거치지 않고 주요업무집행책임자를 임면한 경우	법 제43조 제1항 제1호	5,000
마. 법 제10조를 위반하여 겸직하게 하거나 겸직한 경우	법 제43조 제2항 제2호	3,000 다만, 임직원의 경우에는 600만원으로 한다.

바. 법 제11조 제1항 본문을 위반하여 겸직승인을 받지 않은 경우	법 제43조 제2항 제2호의2	3,000
사. 법 제11조 제1항 단서 및 같은 조 제2항을 위반하여 겸직보고를 하지 않거나 거짓으로 보고한 경우	법 제43조 제2항 제2호의3	1,800
아. 법 제12조 제1항 및 제2항을 위반하여 같은 항에 규정된 사외이사 선임의무를 이행하지 않은 경우	법 제43조 제1항 제2호	10,000
자. 법 제12조 제3항을 위반하여 같은 조 제1항 및 제2항의 이사회의 구성요건을 충족시키지 않은 경우	법 제43조 제1항 제3호	10,000
차. 법 제13조 제2항을 위반하여 선임사외이사를 선임하지 않은 경우	법 제43조 제1항 제4호	5,000
카. 법 제13조 제2항을 위반하여 사외이사가 아닌 자를 이사회 의장으로 선임하면서 그 사유를 공시하지 않거나 거짓으로 공시한 경우	법 제43조 제2항 제2호의4	1,800
타. 법 제13조 제4항을 위반하여 선임사외이사의 업무를 방해하거나 협조를 거부한 경우	법 제43조 제1항 제5호	10,000 다만, 임직원의 경우에는 2,000만원으로 한다.
파. 법 제14조 제3항을 위반하여 공시를 하지 않거나 거짓으로 공시한 경우	법 제43조 제2항 제2호의5	1,800
하. 법 제16조 제1항 및 같은 조 제2항 단서를 위반하여 이사회내 위원회를 설치하지 않은 경우	법 제43조 제1항 제6호	10,000
거. 법 제16조 제4항을 위반하여 위원회 위원의 과반수를 사외이사로 두지 않은 경우	법 제43조 제1항 제7호	5,000
너. 법 제17조 제1항을 위반하여 임원후보를 추천하지 않은 경우	법 제43조 제1항 제8호	10,000
더. 법 제17조 제2항을 위반하여 임원후보추천위원회를 구성한 경우	법 제43조 제1항 제9호	5,000
러. 법 제17조 제3항에 따라 임원을 선임하지 않은 경우	법 제43조 제1항 제10호	10,000
머. 법 제17조 제4항을 위반하여 주주제안권을 행사할 수 있는 요건을 갖춘 주주가 추천한 사외이사 후보를 포함시키지 않은 경우	법 제43조 제1항 제11호	10,000
버. 법 제18조(법 제20조 제4항에서 준용하는 경우를 포함한다)를 위반하여 자료나 정보를 제공하지 않거나 거짓으로 제공한 경우	법 제43조 제2항 제3호	3,000
서. 법 제19조 제1항 및 제2항을 위반하여 같은 항에 규정된 요건을 모두 충족하는 감사위원회를 설치하지 않은 경우	법 제43조 제1항 제12호	5,000
어. 법 제19조 제3항을 위반하여 같은 조 제1항 및 제2항	법 제43조	5,000

의 감사위원회의 구성요건을 충족시키지 않은 경우	제1항 제13호	
저. 법 제19조 제4항부터 제7항까지의 규정을 위반하여 감사위원의 선임절차를 준수하지 않은 경우	법 제43조 제1항 제14호	5,000
처. 법 제19조 제8항을 위반하여 상근감사를 두지 않은 경우	법 제43조 제1항 제15호	10,000
커. 법 제20조 제2항을 위반하여 담당부서를 설치하지 않은 경우	법 제43조 제2항 제4호	3,000
터. 법 제20조 제3항을 위반하여 보고서를 제출하지 않은 경우	법 제43조 제2항 제5호	1,800
퍼. 법 제22조 제4항 및 제5항에 따른 연차보고서의 공시를 하지 않거나 거짓으로 공시한 경우	법 제43조 제2항 제5호의2	1,800
허. 법 제24조 제1항을 위반하여 내부통제기준을 마련하지 않은 경우	법 제43조 제1항 제16호	5,000
고. 법 제25조 제1항을 위반하여 준법감시인을 두지 않은 경우	법 제43조 제1항 제17호	5,000
노. 법 제25조 제2항에 따라 준법감시인을 선임하지 않은 경우	법 제43조 제1항 제18호	5,000
도. 법 제25조 제3항에 따른 의결절차(법 제28조 제2항에서 준용하는 경우를 포함한다)를 거치지 않고 준법감시인을 임면한 경우	법 제43조 제1항 제19호	5,000
로. 법 제25조 제5항을 위반하여 준법감시인을 선임한 경우	법 제43조 제1항 제20호	5,000
모. 법 제25조 제6항(법 제28조 제2항에서 준용하는 경우를 포함한다)을 위반하여 준법감시인에 대한 별도의 보수지급 및 평가 기준을 운영하지 않은 경우	법 제43조 제2항 제6호	3,000
보. 법 제27조 제1항을 위반하여 위험관리기준을 마련하지 않은 경우	법 제43조 제1항 제21호	5,000
소. 법 제28조 제1항을 위반하여 위험관리책임자를 두지 않은 경우	법 제43조 제1항 제22호	5,000
오. 법 제29조를 위반하여 준법감시인 또는 위험관리책임자가 같은 조 각 호의 어느 하나에 해당하는 업무를 수행하는 직무를 담당하거나 준법감시인 또는 위험관리책임자에게 이를 담당하게 한 경우	법 제43조 제2항 제7호	3,000 다만, 준법감시인 또는 위험관리책임자의 경우에는 600만원으로 한다.
조. 법 제30조 제2항을 위반하여 준법감시인 및 위험관리책임자의 임면사실을 보고하지 않거나 거짓으로 보고한 경우	법 제43조 제2항 제8호	1,800
초. 법 제30조의3 제3항에 따른 절차를 거치지 않고 책	법 제43조	5,000

무구조도를 마련한 경우	제1항 제22호의2	
코. 법 제30조의3 제4항을 위반하여 책무구조도를 제출하지 않은 경우	법 제43조 제2항 제8호의2	1,800
토. 법 제32조 제2항을 위반하여 보고를 하지 않거나 거짓으로 보고한 경우	법 제43조 제1항 제23호	5,000
포. 법 제32조 제3항에 따른 금융위원회의 자료 또는 정보의 제공 요구에 따르지 않거나 거짓 자료 또는 정보를 제공한 경우	법 제43조 제1항 제24호	5,000
호. 법 제34조에 따른 시정명령·중지명령 및 조치를 이행하지 않은 경우	법 제43조 제1항 제25호	10,000
구. 법 제35조에 따른 임직원에 대한 조치요구를 이행하지 않은 경우	법 제43조 제1항제26호	10,000
누. 법 제41조 제1항을 위반하여 주주총회와 관련한 공시를 하지 않거나 거짓으로 공시한 경우	법 제43조 제2항 제9호	1,800
두. 법 제41조 제2항을 위반하여 주주가 주주의 권리를 행사한 내용을 공시하지 않거나 거짓으로 공시한 경우	법 제43조 제2항 제10호	1,800
루. 금융회사의 임직원으로서 법에 따른 서류의 비치·제출·보고·공고 또는 공시를 게을리한 경우	법 제43조 제3항	400

참고문헌

금융위원회(2016a), "금융회사의 지배구조에 관한 법률 주요 내용", 금융위원회(2016. 7).

금융위원회(2016b), "금융회사의 지배구조에 관한 법률 설명서", 금융위원회(2016. 10).

금융위원회(2024), "금융회사의 지배구조에 관한 법률 시행령 조문별 제·개정이유서", 금융위원회(2024. 2).

금융위원회·금융감독원(2024), "지배구조법 시행령 개정안 국무회의 통과", 금융위원회·금융감독원(2024, 6).

김연미(2016), "금융회사 지배구조법에 따른 대주주 건전성 및 소수주주권", 금융법연구 제13권 제3호(2016. 12).

조선일보(2024), "직원 횡령사고 터지면 은행장도 처벌받는다", 2024. 6. 12. 조선일보 기사.

찾아보기

ㄱ

감사위원에 대한 정보제공   110

감사위원회   97, 103

감사위원회의 구성   103

개인식별번호   12

겸직금지   163

겸직금지 업무   163

겸직기준   62

겸직승인신청서   63

겸직제한   54

과태료   238

금융사지배구조법   1

금융회사의 의무   177

기록 및 조회 등   235

ㄴ

내부통제   131

내부통제기준   131

내부통제위원회   17, 97, 126

ㄷ

대주주 변경승인제도   196

대주주 적격성 심사제도   209

대주주 건전성 유지   195

ㅁ

민감정보   12

ㅂ

보수위원회   97, 98, 116

ㅅ

사외이사   33, 83

사외이사에 대한 정보제공   102

사외이사의 자격상실   45

사후승인   204

상근감사   107

선관의무   163

성과보수의 지급   119

소규모 금융회사   6

소수주주권   219

승인심사기간   203

ㅇ

업무집행책임자   19

연차보고서   123

위험관리   153

위험관리기준   153

위험관리위원회   97, 111

위험관리책임자   58, 156

위험관리책임자의 겸직   176

위험관리책임자의 임면, 임기   157

위험관리책임자의 자격   160

위험관리책임자의 자격요건   160

의결권행사 금지명령   217

의결권행사 제한   205

이사   19

이사회   83, 86

이사회내 위원회   96

이사회의 권한   93

이사회 의장 선임의무   85

이행강제금   236

임원   19

임원의 결격사유   23

임원의 관리조치   179

임원의 내부통제등 관리의무   179

임원의 자격 상실   31

임원의 자격요건   46

임원후보추천위원회   97, 100, 129

임직원에 대한 제재조치   231

임직원의 겸직 승인   61

ㅈ

적격성 유지요건   216

전문가의 조력 요구권   109

조치 이행명령   217

주식처분명령   205

주요업무집행책임자   50

주주제안권   219

준법감시인   58, 144

준법감시인의 자격   151

준법감시인의 자격요건   151

지배구조내부규범   86

지배구조 연차보고서   90

직무의 독립 수행 보장의무   177

ㅊ

책무구조도   17, 181

책무구조도의 구비 요건   185

책무구조도의 작성방법   188

책무구조도의 제출의무   186

책무구조도 작성시 준수의무   189

청문 및 이의신청   234

ㅎ

형사제재   237

저자소개

이상복

서강대학교 법학전문대학원 교수. 서울고등학교와 연세대학교 경제학과를 졸업하고, 고려대학교에서 법학 석사와 박사학위를 받았다. 사법연수원 28기로 변호사 일을 하기도 했다. 미국 스탠퍼드 로스쿨 방문학자, 숭실대학교 법과대학 교수를 거쳐 서강대학교에 자리 잡았다. 서강대학교 금융법센터장, 서강대학교 법학부 학장 및 법학전문대학원 원장을 역임하고, 재정경제부 금융발전심의회 위원, 기획재정부 국유재산정책 심의위원, 관세청 정부업무 자체평가위원, 국토교통부 법률고문, 대한상사중재원 중재인, 한국공항공사 비상임이사, 금융감독원 분쟁조정위원, 한국거래소 시장감시위원회 비상임위원, 한국증권법학회 부회장, 한국법학교수회 부회장, 금융위원회 증권선물위원회 비상임위원으로 활동했다. 현재 공적자금관리위원회 위원으로 활동하고 있다.

저서로는 〈금융법원론〉(2025), 〈금융법입문(제2판)〉(2024), 〈부동산개발금융법(제2판)〉(2024), 〈특정금융정보법〉(2024), 〈전자금융거래법〉(2024), 〈신용정보법〉(2024), 〈판례회사법〉(2023), 〈상호금융업법〉(2023), 〈새마을금고법〉(2023), 〈산림조합법〉(2023), 〈수산업협동조합법〉(2023), 〈농업협동조합법〉(2023), 〈신용협동조합법〉(2023), 〈경제학입문〉(2023), 〈외부감사법〉(2021), 〈상호저축은행법〉(2021), 〈외국환거래법〉(개정판)(2023), 〈금융소비자보호법〉(2021), 〈자본시장법〉(2021), 〈여신전문금융업법〉(2021), 〈금융법강의 1: 금융행정〉(2020), 〈금융법강의 2: 금융상품〉(2020), 〈금융법강의 3: 금융기관〉(2020), 〈금융법강의 4: 금융시장〉(2020), 〈경제민주주의, 책임자본주의〉(2019), 〈기업공시〉(2012), 〈내부자거래〉(2010), 〈헤지펀드와 프라임 브로커: 역서〉(2009), 〈기업범죄와 내부통제〉(2005), 〈증권범죄와 집단소송〉(2004), 〈증권집단소송론〉(2004) 등 법학 관련 저술과 철학에 관심을 갖고 쓴 〈행복을 지키는 法〉(2017), 〈자유·평등·정의〉(2013)가 있다. 연구 논문으로는 '기업의 컴플라이언스와 책임에 관한 미국의 논의와 법적 시사점'(2017), '외국의 공매도규제와 법적시사점'(2009), '기업지배구조와 기관투자자의 역할'(2008) 등이 있다. 문학에도 관심이 많아 장편소설 〈모래무지와 두우쟁이〉(2005), 〈우리는 다시 강에서 만난다〉(2021)와 에세이 〈방황도 힘이 된다〉(2014)를 쓰기도 했다.

김선호

안진회계법인 파트너. 김천고등학교와 경북대학교를 졸업하고, 2008년 안진회계법인에서 회계사로 커리어를 시작한 후, 하나금융지주와 하나은행에서 9년간 내부통제 업무를 담당했다. 2021년 1월 안진회계법인으로 복귀한 뒤, 파생결합펀드(DLF) 불완전판매 사태 이후 은행의 비예금상품 통합관리시스템 구축을 주도하며 금융권 내부통제 컨설팅을 수행해왔다. 주요 프로젝트로는 KB금융그룹, 신한금융그룹에 대한 책무구조도 업무를 수행하였으며, 증권사(KB증권, 유안타증권, DB금융투자, LS증권, SK증권 등)와 자산운용사(삼성자산운용, KB자산운용, 이지스자산운용 등), 보험사(ABL생명, 아이엠라이프 등), 카드사(신한카드, KB국민카드 등), 캐피탈사(신한캐피탈 등)의 책무구조도 업무를 수행하였거나 수행하고 있으며, 딜로이트 책무구조도 지원센터에서 근무 중이다.

딜로이트 책무구조도 지원센터는 한국 딜로이트 그룹 내 금융산업통합서비스 그룹(One FSI) 산하 센터로 2024년 개정 금융사지배구조법 시행을 앞두고, 임원별 내부통제 책임을 규정한 책무구조도를 의무적으로 도입해야 하는 금융기관을 체계적으로 지원하기 위해 2024년 3월 선제적으로 출범되었다. 한국 딜로이트 그룹 내의 금융산업 내부통제 전문가 250여명을 기반으로 전 금융권 고객사들의 책무구조도 도입과 관련된 시장의 니즈에 효과적으로 대응하고, 나아가 금융산업 내부통제제도의 고도화로 이어지는 다양한 자문서비스를 함께 수행해 가고 있고, 장형수, 김학범, 권대현, 유영경, 김수환, 최경식, 이재호, 문희창 파트너 등이 업무를 수행하고 있다.

금융사지배구조법

초판발행	2025년 5월 28일
지은이	이상복·김선호
펴낸이	안종만·안상준
편 집	김선민
기획/마케팅	최동인
표지디자인	벤스토리
제 작	고철민·김원표
펴낸곳	(주)**박영사**
	서울특별시 금천구 가산디지털2로 53, 210호(가산동, 한라시그마밸리)
	등록 1959. 3. 11. 제300-1959-1호(倫)
전 화	02)733-6771
f a x	02)736-4818
e-mail	pys@pybook.co.kr
homepage	www.pybook.co.kr
ISBN	979-11-303-4989-3 93360

정 가   20,000원